编课本的『语文人』

郭戈 著

本书为全国教育科学规划『十四五』2022年度教育部重点课题『新时代统编教科书建设的理论与实践研究』（课题批准号：DHA220392）的成果之一

中国教育出版传媒集团

语文出版社

·北京·

图书在版编目（CIP）数据

编课本的"语文人" / 郭戈著. -- 北京 ：语文出
版社，2024. 12. -- ISBN 978-7-5187-2157-3

Ⅰ．K825.46

中国国家版本馆CIP数据核字第20251EM101号

BIAN KEBEN DE YUWEN REN

编课本的"语文人"

责任编辑	孙博雅　赵明　朱春玲	
特约编辑	李　喆	
装帧设计	徐晓森	
出　　版	语文出版社	
地　　址	北京市东城区朝阳门内南小街51号　　100010	
电子信箱	ywcbsywp@163.com	
排　　版	北京大有艺彩图文设计有限公司	
印刷装订	保定市中画美凯印刷有限公司	
发　　行	语文出版社　新华书店经销	
规　　格	787mm×1092mm	
开　　本	1 / 16	
印　　张	25.5	
字　　数	306千字	
版　　次	2024年12月第1版	
印　　次	2024年12月第1次印刷	
印　　数	1－1,000	
定　　价	78.00元	

☎ 010-65253954（咨询）010-65251033（购书）010-65250075（印装质量）

　　郭戈，人民教育出版社课程教材研究所研究员、博士后科研工作站合作导师，《课程·教材·教法》《中国教育科学》《教育史研究》杂志主编，叶圣陶研究会副会长，中国教育学会教育学分会理事长，西北师范大学兼职教授、博士生导师。河南大学学校教育专业学士、教育原理专业硕士，西北师范大学课程教学论专业博士，英国西敏斯特大学访问学者。曾任国家教委教育发展研究中心助理研究员、副研究员，中央办公厅调研室调研员、助理巡视员、研究员，四川省内江市副市长（挂职），教育部政策研究与法制建设司副司长，人民教育出版社党委书记、总编辑等。发表论文200余篇，出版著作10多部。

序

温儒敏

1952 年我上小学，当时年纪小，不太注意是谁编的语文课本，后来才意识到，自己的童年生活与精神成长竟然和语文课本编者有如此紧密的联系。当时的语文课本自是找不到了，但看到郭戈研究员这本论述编课本的"语文人"的著作，仿佛又回到了儿时读语文课本的场景，同时也感到人事的机缘，当时万万没有想到，几十年后自己也成了编课本的"语文人"，而且三度参加中小学语文课本编写。

第一次是 2003 年我当北京大学中文系主任时，人民教育出版社中学语文编辑室和北京大学中文系合作编写高中课标实验教材，由袁行霈先生领衔主编，人民教育出版社的顾之川和我当执行主编，历时三年编了高中必修 5 册、选修 15 册。第二次是 2012 年，我受教育部聘任担任统编义务教育语文教材总主编，和编写组用了四年时间编小学和初中语文教材。第三次是 2017 年到 2019 年，接着小学和初中的工作，继续编写高中语文统编教材。在这三次编写教材的经历中，我学到了很多书本上学不到的东西，更感到编教材如履薄冰、责任重大，想要编好并不容易。

我常说编教材是专业的事情，光靠外请专家是不够的，很多实际工作需要由专业的机构和人来做。1950 年成立人民教育出版社，就是为了专门编写供全国使用的通用教科书，并建立教科书统一编写出版制度。在这个与共和国基础教育事业特别是教材编研出版事业融为一体的文化单位，叶圣陶、宋云彬、魏建功、朱文叔、刘松涛、吕叔湘、吴伯箫、张志公、陆静山、刘御、陈伯吹、计志中、霍懋征、王微、隋树森、王泗原、张中行、杜子劲、姚韵漪等一大批语文先贤辛勤耕耘，不仅编课本，更团结、培养了一批语文教材编写专业人员，夯实了新中国语文学科发展的基石。时至今日，人民教育出版社语文学科的编辑仍是统编语文教材建设的中坚力量，可以说是继承并发扬了老一辈的光荣传统。

一代有一代之语文，一代有一代之"语文人"。这本书将新中国成立初期的一批"语文人"汇聚在一起，以他们编课本的事迹为主线，梳理他们的人生道路和学术成就，突出他们对语文教材发展的贡献，以此回顾总结那段历史中语文学科的发展，这既是一种纪念，又是一种学科史、语文教育史的书写。在论述上，全书爬梳剔抉，考证翔实，注重史论结合，把重点放在一个个"语文人"鲜活的个案研究上，力图在大量材料构建的历史语境中开掘出一段教材史的横截面，从而体认学科传统、丰富学科内涵。同时，该书还评述了手书课文的书法家邓散木，参与语文课本装帧设计和插图绘制的古元、丁井文、戴泽、靳尚谊、刘继卣、阿老等画家，以及民国时期对语文教学有突出贡献的平民教育家李廉方等，体现了作者跳出学科、时段的开阔视野与学术志向。

作者说这本书是学术性人物传记，从这个角度说，这本书非常实用，学术研究者和普通读者可以顺藤摸瓜，从中获取许多关于语文学科和语文教材的信息资源。同时，这本书又具有强烈的问题意识，对教材场域内的"语文"概念进行了充分的论述，对课本编修机制有透辟的认识，这些对摸清家底、回应学界和社会关切都具有重要意义。读这本书，可以获得历史与现实的对话感，这使我们在对前辈先贤心生敬意的同时，也对当下语文界层出不穷的各种新思想新概念保持一份清醒。

2023 年 5 月 8 日

目　录

前言："语文"的由来与编课本的"语文人"

　　语文学科的历史并不长，大概只有 120 年；"语文"二字流行的时间更短，只有 70 多年。中国古代不是没有语文教育，只是语文在学校里不是作为一门独立学科，而是作为一门涉及文史哲、带有综合性的学科进行教学的，学的是儒家经典、文选读本。其中，作为启蒙的读物是《三字经》《百家姓》《千字文》及《千家诗》，简称"三百千千"。学了"三百千千"，认识了两三千字，自然已是扫盲的水平。蒙学之后如若再扩充学问，就需要学习"四书五经"（"四书"包括《大学》《中庸》《论语》《孟子》，"五经"包括《诗经》《尚书》《礼记》《周易》《春秋》）。清末废除科举制、开办新学堂、引入新式课程与教材，才有"国文"一科，教授的仍是历代古文。文言文艰深难懂，与口语脱节，不易学习，有很大局限性，到了近代，已成了普及教育的最大障碍。新文化运动主张"言文一致""国语统一"，提倡白话文，反对文言文，于是"国文科"改为"国语科"，小学学的叫"国语"，中学学的叫"国文"。新中国一成立，课程要改造，课本要重编，主持课程标准制订和教材编辑的叶圣陶等将"国语"和"国文"合二为一，称作"语文"。从此以后，语文课程的名称就统一了起来，语文教材多数时候是一个版本，而且至今未变。这些便是语文学科和"语文"二字演进的简单过程，也是"语文人"都知道的常识。

　　名正则言顺，言顺则事成。"课程标准和教科书编纂对术语规范、固化、推广具有重要作用。"[1]"语文"一词创立后，很快成为学校教育

---

[1]　李云龙：《新中国成立初期的中小学教科书编纂与术语规范》,《中国科技术语》2019 年第 5 期，第 59 页。

乃至社会生活中的一个正式称呼、日常用语，影响了几代学子。与此同时，"国语""国文"的概念在国人的脑海中逐渐淡去，不是业界的人很少会有人提及。不仅如此，叶至善（1991）说："以'语文'取代先前的'国语'和'国文'，应该是一次划时代的实质性的改革，决不能看作仅仅是名称的变动或统一。"①其意义在于，将"国语"与"国文"合并、"语体文"与"文言文"相加、"口头语言"与"书面语言"连接，不仅成为新中国万象更新、重建学科的一个范例，更承载了前半个世纪"语文人"对于"语言"与"文字"或"文学"乃至"文化"相融合，及其对中小学一体化教育的探索和积累，并且深刻地影响着20世纪后半期以及21世纪国家通用语言文字教育的发展，尤其是指引我们从过去对语文学习工具形式的关注，转变为对工具运用的关注。从此以后，在确定了"语文"姓什么的基础上，还明确了"语文"应该教什么，以及怎么教、如何学，包括编好相应的课标、课本、教参等。因此，探寻从"国文"到"国语"再到"语文"之路，总结语文教育发展规律和特点，不失为一条回归学科本质和破解教学难题的有效路径。即便是名称的变动过程及其起因、时间、地点、人物等，对"语文人"和全社会来说也都是有意义的一个话题。比方说，中小学"国文""国语"改为"语文"到底是怎样的情形，由于没有完全说清楚，人们的认识浮于表面，流于一般，也影响了有关研究的深入，以至于现在甚至还有人发文说不相信是叶圣陶改的"语文"，认为"不足采信"，这就需要说道说道、多讲几句了。

先看看官方机构正式发布的情形。1949年新中国成立，及时供应学校课本实为一件大事。为此，华北人民政府成立教科书编审委员会，由叶圣陶任主任，周建人、胡绳任副主任，领导教科书的编订工作，

① 叶至善：《二十世纪前期中国语文教育论集·序》，载《二十世纪前期中国教育论集》，四川教育出版社，1991。

审读各个版本的课本，目录由中宣部于 1949 年 7 月发布。当年秋季学期开学的"国文""国语"课本，内容焕然一新，但课程名称则一如既往。中央人民政府成立，教科书编审委员会并入出版总署编审局，继续由副署长叶圣陶、周建人等负责，并改编了初、高中和大学的语文课本，在 1950 年 2 月公布的教科书审读意见书中，小学仍称"国语"，中学仍称"国文"。在当年 7 月由教育部、出版总署共同发布的关于全国秋季中小学教科用书的决定中，才第一次出现"语文课本"的字样。其中，《初级中学语文课本》（6 册）由叶圣陶领导的教科书编审委员会或编审局语文组（之前叫国文组）的宋云彬、朱文叔等编写，《高级中学语文课本》（6 册）由北京大学中文系教授魏建功、周祖谟等编写，由叶圣陶、宋云彬统稿，并由编审局撰写了"编辑大意"。两书均由新华书店 1950 年 8 月初版（后改由人民教育出版社修订出版），并从 1951 年开始被确定为全国初、高中语文科唯一推荐的通用教材。其中《初级中学语文课本》第一册的"编辑大意"宣称："说出来是语言，写出来是文章，文章依据语言，'语'和'文'是分不开的。语文教学应该包括听话、说话、阅读、写作四项。因此，这套课本不再用'国文'或'国语'的旧名称，改称'语文课本'。"

随后，1951 年出版了华东人民革命大学附设工农速成中学毛效同等编写的《工农速成中学语文课本》（4 册，华东人民出版社，1951 年 2 月初版；人民教育出版社，1952 年 7 月修订版）与王泗原、吴若正编写的《工农速成中学语文课本》（2 册，人民教育出版社，1951 年 11 月初版）。1952 年出版了朱文叔、刘御等编写的《小学课本语文》（3 册，人民教育出版社，1952 年 5 月初版）与鲍永瑞、张星五等编写的《农民语文课本》（4 册，林汉达、辛安亭校订，人民教育出版社，1952 年 7 月初版）。此后，"语文"一词通行全国，再无更改。

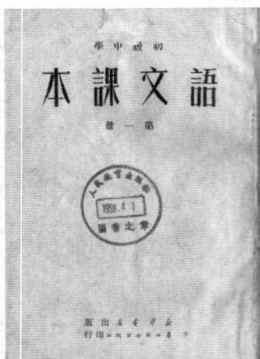

最早出版的初、高中语文课本（1950）和小学语文课本（1952）

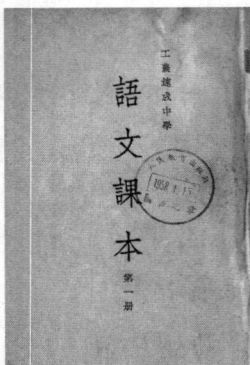

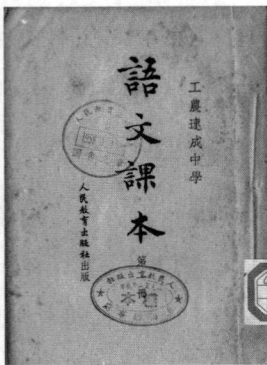

最早出版的《工农速成中学语文课本》（1951）和《农民语文课本》（1952）

极为巧合又似乎是有意为之的是，1950 年 8 月，教育部同时颁布的《小学语文课程暂行标准（草案）》（1950 年 7 月《小学课程暂行标准初稿》目录中还称"小学国语"）和《中学暂行教学计划（草案）》，也分别提出了"小学语文"和"中学语文"的课程方案。但第一本小学语文课本直到 1951 年才由人民教育出版社（简称"人教社"）的朱文叔、刘御等编写出来，并于翌年出版发行。大学的情况则比较特殊，大学语文仍叫"国文"，即新编的《大学国文·现代文之部》与《大学国文·文言之部》，分别由新华书店 1949、1950 年出版，均由叶圣陶亲自主持编写和作序，并多次同北京大学、清华大学国文系商议后选定了教材目录。以上便是官方机构正式发布和权威出版单位出版的有关情形。

再看看叶圣陶本人是怎么说的。开国大典前后，叶圣陶完成了1949 年秋季学期开学教学用书编审任务，便回过头来，开始编订中小学课程标准，既做了"中小学课程标准总纲草案"（分别由朱智贤、蒋仲仁起草初稿），又做了"中小学语文课程标准草案"（分别由宋云彬、朱文叔起草初稿）。对于后者，《叶圣陶日记》1949 年有多处记载，如：

10 月 6 日，上午。重行审订中小学语文课程标准。会谈者五人，朱文叔、宋云彬、叶蠖生、蒋仲仁及余。决以所谈结果，修改初稿，予以发表，发表之时不名"草案"，而曰"课程标准初步意见"，以征各方面之反应。

10 月 17 日，竟日治杂事，修改余所拟之中学语文课程标准，依据前此众人公商之意见。

12 月 6 日，上午，第一处开处务会议，余往参加。处中现分语文、史地、教育三组，各为报告。明年拟编小学、中学语文课本全部。

12 月 8 日，下午，与少数同人会谈，讨论着手编定初中语文课本之目录，及如何拟定大学国文古典文之部之目录，以与北大、清华两校同人共商。①

1964 年 2 月 1 日，叶老在给友人的信中进一步回忆了"语文"的由来：

---

① 叶圣陶：《叶圣陶日记》，商务印书馆，2018，第 1138、1140、1148 页。

　　"语文"一名，始用于 1949 年华北人民政府教科书编审委员会选用中小学课本之时。前此中学称"国文"，小学称"国语"，至是乃统而一之。彼时同人之意，以为口头为"语"，书面为"文"，文本于语，不可偏指，故合言之。亦见此学科"听""说""读""写"宜并重，诵习课本，练习作文，固为读写之事，而苟忽于听说，不注意训练，则读写之成效亦将减损。原意如是，兹承询及，特以奉告。其后有人释为"语言""文字"，有人释为"语言""文学"，皆非立此名之原意。第二种解释与原意为近，唯"文"字之含义较"文学"为广，缘书面之"文"不尽属于"文学"也。课文中有文学作品，有非文学之各体文章，可以证之。第一种解释之"文字"，如理解为成篇之书面语，则亦与原意合矣。①

　　"语文"一词出现于 19 世纪 80 年代，最早是"语言文字"的缩略。20 世纪二三十年代如火如荼的"中国语文运动"即为此意，新中国成立初期的"新语文改革"也是如此。如若说课程教材改称"语文"完全无其影响，显然是不实事求是，但此"语文"的确非彼"语文"也。正如叶圣陶所言，实为"国语"与"国文"统一、"口头语"与"书面文"合并，"听""说""读""写"并重。

　　最后，看看当时语文课本主要编写者和现在研究者的记载和结论。编审局具体负责大中小学语文课本编写工作的宋云彬在日记中，多次记载叶圣陶终审语文课本，其中他在 1950 年 3 月 1 日写下："语文课本修改完毕六篇，请圣陶作最后之审阅。"②如此看来，在教材业界内部早

---

① 　叶圣陶：《答滕万林》，载刘国正主编《叶圣陶教育文集》第 3 卷，人民教育出版社，1994，第 506 页。

② 　宋云彬：《宋云彬文集》第 4 卷，中华书局，2015，第 205 页。

已开始使用"语文"二字了。若环视语言文字改革界，也有同样的情况。语文教材专家刘真福在《记新中国首套中小学语文课本》（2018）一文中说："1950 年版新编语文课本参与编写的人员有些是来自解放区的教育工作者，有些是来自国统区的学者、编辑等。其中有个人在这套语文课本的编写工作中功劳最大，但未署名，那就是叶圣陶。"①

在确定"语文"名称的过程中，1950 年间所发表的有关文章的说法尚未完全一致。如王泗原《新的中学国语文课本该怎样编》（《观察》第 6 卷第 7 期）、陈治文《论中学国文课本》（《观察》第 6 卷第 10 期）、宋云彬《谈中学语文教学》（《新建设》第 2 卷第 2 期）、江山野《我在中学国文教学中找到的方法》（《人民教育》第 1 卷第 3 期）、吴奔星《试论中学国文课本的选编》（《新建设》第 2 卷第 7 期）和《语文教学新论》（察哈尔文教社，1950）、北京市中小学教职员学习委员会《语文学习讲座》（大众书店，1950）等，同时就有"国语文""国文""语文"几种说法。在 1951 年发表的中小学语文著述中，则都采用了"语文"二字，并且 1951 年 10 月开明书店创办的《语文学习》杂志是一个重要的标识。

综上所述可以确定，中小学"国文""国语"改为"语文"是在叶圣陶亲自领导下开始进行的，是由他领衔的教科书编审委员会研究提出，并由教育部、出版总署于 1950 年夏正式发文作出的决断。

中央人民政府成立后，叶圣陶先后出任出版总署副署长兼编审局局长、教育部副部长，部、署联合教科书编审委员会主任，并兼任人教社社长、总编辑，是新中国教科书的主要负责人和语文教育革新的领导人。当时参与中小学语文课本编写和课程标准起草的大都是其部下，其中不少是其亲密战友，如孙起孟、宋云彬、魏建功、孟超、朱

---

① 刘真福：《记新中国首套中小学语文课本》，《中华读书报》2018 年 9 月 26 日，第 14 版。

文叔、蒋仲仁、叶蠖生、杜子劲、王泗原、马祖武、蔡超尘、张中行、胡墨林、陈汝芬、张苑香、平润斋、王一铭、王绮等。如果再扩大当事人或知情人范围，此时与叶圣陶交往较多的"语文人"还有北京大学和清华大学国文系的罗常培、吕叔湘、周祖谟、游国恩、杨晦、赵西陆、刘禹昌、张克强、李广田、章廷谦、吴组缃、王力、王瑶、许骏斋、马汉麟、阴法鲁、浦江清，以及教育部小教司司长吴研因等。

截止到"文化大革命"之前，追随叶圣陶先生或与其共同从事教材编审工作的有一大批人。大致说来，有"开明系"的编辑，也有来自商务印书馆、中华书局、国立编译馆和高等学校的学者，还有来自解放区的教材专家。其中最早的一拨"语文人"，除了上面提到的人员之外，还有1950年底人民教育出版社成立后到任的计志中、黎明、丁酉成、张翠英、辛安亭、刘御、王微、隋树森、李光家、孙功炎、姚韵漪、张传宗、周石华等，也有20世纪50年代中期因为国家统编教材第一次会战而被选调到人教社的吴伯箫、张志公、张毕来、陈伯吹、陆静山、袁微子、霍懋征、董秋芳、刘国正、张田若、鲍永瑞、洪心衡、陈治文、郭翼舟、刘诗圣、钱琴珠、张葆华、徐萧斧、周振甫、余文、钟华、冯惠英、韩书田、文以战、刘永让、周同德、杜草甬、黄秀芬、何慧君、梁俊英、张星五、徐憋、张葖、梁伯行、庄杏珍、王秀合、邓散木等，以及20世纪60年代到人教社工作的刘松涛、张凌光、黄光硕、王少阁、朱堃华、陈国雄、刘国城、吴家谟、冲斌、章士勉、徐枢、吕梅影、陈竺英、叶桂萱、李耀宗、杨道松、黄重添、熊燕辉、李享顺等。且不说旧中国，仅新中国成立初期的"语文人"，就是一个庞大的群体，其中既有学科专家、著名学者，又有一线名师或教研员，还有专业编辑、教材编审，乃至报刊人员、领导干部等。

这是一个特殊的群体，即编舟渡海的"语文人"，过去我们对编语文课本的他们的关注是很不够的。

有鉴于此，本书从上述人中选择了一些代表加以考察和总结，只能算是对新中国成立初期"语文人"的初步探索和一点管窥。这些前辈都是为语文教育特别是语文教材作出过杰出贡献的奠基者和开拓者——既有在"国文""国语"改称"语文"过程中起到重要作用的叶圣陶、宋云彬、魏建功、朱文叔、刘御、杜子劲、王泗原，又有为开国教科书作出重要贡献的刘松涛、陆静山、陈伯吹，还有后来编订国家语文统编教材和教学大纲的重要参与者王微、隋树森、计志中、姚韵漪、霍懋征。随着"语文"的发展和拓展，现在的"语文人"也是一个大概念，可以装下与"语文"发生关系的任何人。"语文"二字是语文教育界和教材出版界在新中国诞生时的一个发明和贡献，经过半个多世纪的演化，已经被界说为"语言文字"或"语言文学"（20世纪50年代中期的汉语、文学分科教学改革说明"语言文学"概念似乎更接近"语文"二字）的缩写或简称，凡是从事语言、文字、文学，包括古代汉语、现代汉语、文学创作、文学研究的，或与之有密切关系者，都可以被称为"语文人"。如此说来，本与语文无关，却手书过统编语文课文的书法家、篆刻家邓散木，参与了语文课本装帧设计和插图绘制的著名画家古元、丁井文、戴泽、靳尚谊、刘继卣、阿老等，也就成了作者笔下的"语文人"了。

100多年来，官方和民间机构编出了不计其数的各个学科、多种形式的教材，同时也涌现出了一大批教材思想家和实践家，他们在编辑和出版教材的过程中，发表过许多关于教材的著述，其中一些人还形成了较为深入和全面的思想观点，成为我国教材建设和理论研究的一笔宝贵财富。仅就前半期的中小学国文、国语课本而言，编写者就有张元济、蒋维乔、范源廉、王云五、吕思勉、戴克敦、戴克让、高凤谦、陆费逵、庄俞、庄适、沈颐、李步青（即李廉方）、黎锦晖、沈百英、陈鹤琴、阮真、徐特立、叶圣陶、夏丏尊、朱自清、吴研因、赵欲仁、沈圻、朱经农、高梦旦、顾颉刚、俞子夷、宋云彬、范祥善、赵景深、薛天汉、戴洪恒、周予同、吴研蘅、胡适、吕叔湘、朱文叔、蒋仲仁、陆静山、陈伯吹、柳湜、董纯才、辛安亭、刘御、刘松涛等，其中不少人还提出了关于语文教材编写和使用的一系列思想认识和理论观点，值得我们去总结和研究，这也是语文教材思想理论体系建设的一项奠基工程。对此，本书也有所涉猎，并专门列举了其中较早的一位代表，他就是对民国初期语文、语文教学及教科书卓有贡献的平民教育家李廉方。李廉方虽然在新中国成立初期曾积极参与工农识字运动和识字教学研究工作，但他主要是旧中国一位有名的“语文人”。之所以将其选入进行评介，既有个人爱好、研究专长的原因，又有如下考虑：通过回顾和总结李廉方在中国近现代的所作所为，可以让读者了解一位语文大家全程参与当时“国语运动”及小学国文或国语课程、教材、教法的实践、实验和研究的历程，还可以将其作为我们进一步认识新中国“语文人”的参考和比较。

关于内容或写法也需要交代一下。总的来说，本书主要是学术性人物传记，比较注重史料的搜集和考证，在此基础上以语文教材为主线，评述传主的人生道路、历史地位和学术成就。对于闻名遐迩的名家人物，如叶圣陶、宋云彬、魏建功等，已经有许多文史论著做过全面研究了，本书采取的是“攻其一点，不及其余”的做法，突出其一方面或某一时段的成就。对于较为有名而在语文或语文教材上总结甚少的，如著名儿童文学家陈伯吹、刘御，元曲研究大家隋树森，小学特级教师霍懋征和艺术大师邓散木等，则加重语文或语文教材方面的分量，重点考察，突出新意。而对于不甚有名或人们知晓不多的人物，如朱文叔、刘松涛、王微、陆静山、计志中、姚韵漪等，则对其语文人生、教材人生、教学人生或编辑人生详细考证，全面介绍。如此一来，虽然格式不尽相同，却可以减少重复，避免雷同，体现研究的创新性、内容的独特性。

本书敦请当代语文教育大家、北京大学中文系教授温儒敏先生作序。温先生是我国目前正在使用的中小学语文统编教科书的总主编、编委会主任，又是原人教版中小学语文教科书的主编。因为编辑出版教材等工作，我与温先生渐渐熟悉，并在语文领域也有了些长进，对其学问、思想和做人，我是十分敬仰的。温先生能够为本书作序是本人的荣幸，也为本书增添了光彩。

叶圣陶：新中国教材事业领导人的不二人选

叶圣陶（1894—1988）

　　如果有人问我的职业，我会说，我的第一职业是编辑，我的第二职业是老师。

　　编写教科书，不能捡到篮子里就是菜，要像蜜蜂那样，吸取百花精华，酿出蜜来，我们要吸收有关知识，融会贯通，才能写成教科书。

——叶圣陶

说起"语文"和"教材"，就不能不提叶圣陶（1894—1988）的开创之功、奠基之作。叶圣陶先生是我国著名的作家、教育家、编辑出版家和社会活动家，也是他那个时代，尤其是新中国成立初期教科书舞台的"主角"，几乎所有出场的"教材人"都与他有关。70多年来，全国中小学使用的课本，基本上是由国家统一编审、出版和供应的通用教材或统编教材，这种"国定制"教科书格局的形成，与我国政治、经济制度相适应，是在新中国成立初期确立的。叶圣陶作为教科书事业的领导者，准确地说，作为新中国成立初期教科书编审和出版机构的主要负责人，在其中发挥了重要作用，可以说是厥功至伟。

一、领引新中国教材发展的"三步曲"

1949年初，三大战役结束，北平①和平解放，新中国建国大业在即，一批又一批民主人士历经艰险，从国统区、从香港、从国外纷纷奔赴解放区。叶圣陶于当年1月7日离开上海到香港，2月28日又与宋云彬、傅彬然、王芸生、陈叔通、郑振铎、曹禺、马寅初、柳亚子等20多人，由中共地下组织安排，从香港启程经过山东，于3月18日抵达北平，参加即将召开的全国政治协商会议，共商建国大计。其中，叶圣陶、宋云彬、傅彬然等人还肩负着一项重要使命——筹建新中国教科书编审机构，审定一套新的中小学课本。到北平后，叶圣陶出任教科书编审委员会主任，从此以后便将自己的后半生奉献给了新中国教育出版、特别是教材出版事业。

万事开头难，我国教科书编审机构的发展一开始经历了一个"三步曲"，并且都是由叶圣陶直接领导并组织实施的。

第一步，1949年4月15日，华北人民政府成立了教科书编审委

---

① 北平，北京旧称。

员会，挂靠在华北人民政府教育部，由叶圣陶任主任，周建人、胡绳任副主任，金灿然、傅彬然、宋云彬、孙起孟、王子野、孟超、叶蠖生为委员，并吸收了朱智贤、魏建功、蒋仲仁、朱文叔、丁晓先、王城、武纤生、胡墨林（叶圣陶夫人）、王蕴如（周建人夫人）等一批工作人员参与工作，其中大约一半来自解放区，一半来自国统区。他们紧锣密鼓，用了几个月时间，从当时流行的中小学和师范教材中，选定并修订了一套"开国教科书"，其中包括华北、华东、东北新华书店和开明书店出版的 4 种"小学国语""初中国文"课本，与华北新华书店出版的 1 种"高中国文"课本。1949 年 7 月，中宣部印发《中小学教科用书审读意见书》，确定了版本，并由新成立的华北联合出版社（简称"华联"）、上海联合出版社（简称"上联"）以及各地新华书店出版发行，从而使 1949 年秋季学期的师生都用上了新政权的新课本。这项工作成为建国大业的一部分，立下为新中国教科书奠基之功。

中排（坐者）左起依次为叶蠖生、朱智贤、朱文叔、胡绳、周建人、叶圣陶、
宋云彬、丁晓先、曾次亮、杜子劲。前排左五为金灿然，左七为蒋仲仁

第二步，1949 年 11 月 1 日，中央人民政府出版总署成立，当年，将教科书编审委员会并入其中，改称为编审局，局长由副署长叶圣陶兼任，副局长由副署长周建人和办公厅主任胡绳兼任，基本上沿袭了原教科书编审委员会的体制和工作。这个编审局对"开国教科书"做了进一步编订和完善，又印发了《中小学教科书审读补充意见书》（1950 年 2 月），其中小学国语增加河南新华书店和西北新华书店共 2 个版本，"初中国文"增加河南新华书店和文化供应社共 2 个版本，"高中国文"增加河南新华书店的 1 个版本，从而为 1950 年春季的师生提供了一套完整的教科书。1950 年秋季开始使用的教科书，便由中央人民政府教育部与出版总署共同决定、发布。与此同时，教科书出版发行"课前到书、人手一册"的责任也由此确立，至今仍是一项重要而艰巨的任务。

第三步，1950 年 12 月 1 日，为了加强教科书归口管理和统筹协调，教育部和出版总署在编审局、"华联"和"上联"的基础上，组建了人民教育出版社，并附设人民教育社、新华辞书社、新华地图社，由叶圣陶兼任社长、总编辑，旨在逐渐统一全国教科书的编辑出版工作。毛主席亲笔为人教社题写了社名。1951 年 2 月，政务院批准的出版总署《1951 年出版工作计划大纲》明确要求："人民教育出版社开始重编中小学课本，并于本年内建立全国中小学课本由国家统一供应的基础。"同年 5 月，政务院批准的教育部《关于一九五零年全国教育工作总结和一九五一年全国教育工作的方针和任务的报告》也明确指出任务："大力编印各级学校的教科书：根据新定学制，重编小学及中学教科书。"为此，在叶圣陶领导下，人教社于 1951—1953 年改编了一套教材（即人教版第一套教材），其中部分册次是新编的。自此以后，人教社便成为落实中央关于统一教科书大政方针的"桥头堡"和主要基地，这标志着我国教材编辑和出版工作开始走向专业化和正规化。

1954 年 9 月，出版总署第一次撤销，10 月，叶圣陶改任教育部副部长，继续兼任人教社领导职务。到 1966 年"文化大革命"之前，叶圣陶又主持编出了三套全国中小学统编教材，其中最为突出的是 1954—1957 年，根据毛主席和中央政治局会议决定，指挥了新中国第一次教材大会战，编出了新中国第一套统编教材及教学大纲，从而保障了新中国成立初期教科书的正常供应和平稳发展，形成了全国中小学课本由国家统一编辑、审查、出版、印制和发行的格局。时至今日，这一制度仍未根本改变。这一套套教科书，影响了一代代学子，惠及了广大师生，为国家、为社会、为人民作出了巨大贡献。

人教社在北京景山东街 45 号（今沙滩后街 55 号）的办公地（1955—2005）

二、有大才、有大德、有大识的"圣人"

新中国成立之初，教科书事业领导人为什么选中的是叶圣陶？或者说，叶圣陶何以成为新中国成立初期教科书事业领导人的不二人选呢？简单地说，是有才、有德、有识；准确地说，是有大才、有大德、有大识。三者同等重要，缺一不可。

首先，是有才华、有大才，尤其是在教科书编辑出版领域，是极为突出的领军人物和大学问家。

一方面，他是职业的编辑、优秀的"语文人"、出色的编辑领导人。叶圣陶说："作家不是我的职业。""如果有人问我的职业，我会说，我的第一职业是编辑，我的第二职业是老师。"可见，他是多么看重编辑工作。对他来说，做编辑出版不是一份简单的工作，而是一份最重要的职业、一项伟大的事业。他从20多岁开始为商务印书馆编小学课本，到做开明书店总编辑，再到执掌人教社，即便担任出版总署和教育部领导职务，也没有离开过编辑岗位，始终是在看稿子、改稿子，编书、审书，办报、办刊等，经过他手编出的文章著作不计其数、浩如烟海。所以，他一生致力于编辑和出版，从未停止过对于自己"最初和最终"的职业的热爱。仅就其文字水平而言，散文家、人教社编辑张中行说过："在我认识的一些前辈和同辈里，重视语文，努力求完美，并且以身作则，鞠躬尽瘁，叶圣陶先生应该说是第一位。"

另一方面，他是专业化、职业化的教材编写者、领导者，参与或主持编出过最高水平的语文等学科教科书。叶圣陶长期从事编辑工作，主要编写、编审了一系列教科书，具备了作为一名教科书编辑和领导人的所有核心素养或关键能力。他主要靠自学成才，国文和语法修辞基础扎实，学科专业精湛；当过多年中小学、师范和大学教员，具有丰富的教学经验，了解从教者、学习者的需求；编辑能力强、文字水平高，具有广深的文学和汉语素养，能够准确、形象、简明地表达教科书的内容；学术造诣深，研究成果多，是大学问家，能够反映学科的前沿问题和关键要害；还编写过多种、多套、多学科课本，有着丰富的教科书编写、出版与组织、领导经验。正因为如此，叶圣陶长年主持的开明书店编出了质量很高的教科书，尤其是文史地教科书。作家曹聚仁在香港发表的文章《悼念朱文叔兄》（1966）中讲过一段话："单就语文史地教本来说，'开明'第一，'中华'次之，'世界'则好坏不一定，'商务'总是那么老大。语文方面，文叔兄所编注的，倒可以和叶圣陶、朱自清、吕叔湘诸公之所编注的相颉颃。"叶圣陶领导的"开明系"教科书名列前茅，由此可见一斑。

对教材本身，包括教材与课程教学的关系，编审、出版、发行诸问题等，叶圣陶也不断关注和琢磨。2020年我们编出的"中国教材研究文库"中的《叶圣陶论教材》一书，集中反映了叶老在这些方面的思想观点和实践历程。其中他最有名的话就是："编写教科书，不能捡到篮子里就是菜，要像蜜蜂那样，吸取百花精华，酿出蜜来，我们要吸收有关知识，融会贯通，才能写成教科书。"教材编写是一门专业，也是一门学问，有其自身规律和特点。尤其是中小学教材，不是随随便便就可以编的，即便是大作家、大学问家也未必编得好。新中国的教材是国家教材、通用教材、统编教材，要求的条件不是一般的、平平的，必须是一批最优秀的、超一流的教材人、编辑人、出版人、学科人来参与其中，走在前列。而且，每一个编写团队也应该是优秀的学科专家、一线名师和专业编辑三结合的队伍。

简而言之，叶老长期做编辑、做教师，再加上长期做的是教材编辑，并且研究的也有教材问题，还编出过最好的教材，这些都是他脱颖而出的主要原因。

自称最爱编辑工作的叶圣陶在工作中

上海开明书店总店旧照

上海开明书店同人 1946 年合影。右边最前者为叶圣陶

其次，是有德行、有德望，有大德、有大爱，以"圣人"而著称于世。

叶圣陶先生人格高尚、大家风范，严于律己、宽以待人。其名字"绍钧""圣陶"就是德的直接反映。"圣陶"取自"圣人陶钧万物"，意为有贤德的圣人，才能够造就世界上的一切事物，这影响了他的一生。无论是"开明系"、人教社，还是整个出版界，乃至他工作过的所有地方，都是名人荟萃、大家云集，但能够称得上"圣人"的极少，可叶圣陶就人如其名，恰是一位真正的、实实在在的"圣人"。对此，他身边与他接触过的同事，都高度认同这一点，这是极其难得的。著名诗人臧克家说过："温、良、恭、俭、让这五个大字是做人的一种美德，我觉得叶老身上兼而有之。"著名文史学家宋云彬在日记中对人、对事要求完美无缺，甚至求全责备，但对叶圣陶的为人、做事则称赞有加，佩服得五体投地。与叶圣陶一起在人教社编教材的张中行在《叶圣陶先生二三事》（本文入选现行统编语文教材七年级下册）一文中也写道："《左传》说不朽有三种，居第一位的是立德。在这方面，就我熟悉的一些前辈说，叶圣陶先生总当排在最前列。……我常常跟别人说：'叶老既是躬行君子，又能学而不厌，诲人不倦，所以确是人之师表。'凡是同叶圣陶先生有些交往的，无不为他的待人深厚而感动。"先做人，再做事；小成靠智，大成靠德。有大作为的人，往往都是德行高尚的人。叶圣陶的经历再次说明了这个道理。

再次，是有识之士，有非同凡响的大识，能识大体、顾大局、讲政治。

叶圣陶学识高，见识也高，他一生有追求、有勇气、有胆略、有定力，识大体、顾大局，始终洞察时代脉搏，顺应历史潮流，政治上坚持进步和民主，并一直为我党所信任。这不仅在他的作品中有所表现，更在他的行为中充分体现出来。叶圣陶早年在商务印书馆编译所工作的时候，深受瞿秋白、杨贤江、胡愈之、沈雁冰（茅盾）等人的影响，革命志士杨贤江就曾要发展他为共产党员；1925年"五卅惨案"的枪声，激发了叶圣陶的政治热情，也影响了他的创作走向。1927年10月他发表的《夜》，写了大革命失败后一对夫妇被屠杀，留下祖孙相依为命的惨象。随后，他对国民党反动政府的统治一步步地失望、绝望。重庆谈判的进行和政治协商会议的召开，让叶圣陶看到了国内和平的希望和中国革命的未来。他长期主持的开明书店，不仅出版了许多进步书籍和报刊，坚持"不赤膊上阵的斗争"，而且这个"小小机构，此亦一度革命矣"。[①] 这些都是叶圣陶思想进步、向党靠近的具体表现，也成为他被选为新中国教材编审机构主要领导人的重要原因，甚至是主要缘由。

1949 年 3 月 1 日，已决定勇挑此重任的叶圣陶，在乘"华中"轮船秘密北上途中写下了一首诗《自香港北上呈同舟诸公》："南运经时又北游，最欣同气与同舟。翻身民众开新史，立国规模俟共谋。簣土为山宁肯后，涓泉归海复何求？不贤识小原其分，言志奚须故自羞。"可见，他是怀着喜悦心情、美好憧憬欢迎和拥抱新中国的，这首诗也展现了他的开阔视野和深刻见识。

1949 年 2 月，叶圣陶（后排右二）、宋云彬（后排左三）、傅彬然（后排左一）等民主人士离开香港前往北平途中在"华中"轮船上合影

---

① 叶圣陶：《叶圣陶日记：一九四九年》，载朱永新主编：《叶圣陶研究年刊·2011年》，开明出版社，2011，第 71 页。

宋云彬：最早编出"语文"课本的文史学者

宋云彬（1897—1979）

说出来是语言，写出来是文章，文章依据语言，"语"和"文"是分不开的。语文教学应该包括听话、说话、阅读、写作四项。因此，这套课本不再用"国文"或"国语"的旧名称，改称"语文课本"。

——宋云彬

宋云彬（1897—1979），浙江海宁市人，著名的文史学者、杂文家、编辑出版家，也是新中国教科书特别是语文和历史课本的奠基人之一。从 1949 年 4 月到 1951 年 8 月，宋云彬先后担任华北人民政府教育部教科书编审委员会委员兼国文组长、出版总署编审局一处处长兼语文组长、人民教育出版社副总编辑兼语文组长。作为叶圣陶的"左膀右臂"，宋云彬积极协助叶圣陶组织审订了新中国第一套中小学教科书[①]，为完成 1949 年秋季到 1951 年秋季学校师生教学用书的编辑出版任务作出了重要贡献。

这期间，宋云彬直接参与的有关"语文"的编订工作主要有：起草《中学语文科课程标准》和《小学语文科课程标准》初稿，编写《大学国文·现代文之部》（1949）与《大学国文·文言之部》（1950），负责修订《新编高级小学国语课本》（1949—1950），主持编写《初级中学语文课本》（1950），协调编写《高级中学语文课本》（1950）等，在新中国成立初期语文教科书史上留下了浓重的一笔。其中，他主持编写的《初级中学语文课本》是我国最早使用"语文"字样的教科书。他还撰写了《从语文一致谈到语言的学习》（1949）、《文章为什么会写不通？》、《谈中学语文教学》、《再谈中学语文教学》、《语文学习三阶段》等文章。下面讲的，就是宋云彬在这段时间的所作所为、所思所想。

一、编审开国中小学文史教科书

在开国大典之前，确定和供应中小学新课本，以取代国民党统治时期的教科书，无疑是新政权的一项急迫任务。为此，党中央提出

[①] 新中国第一套中小学教科书，包括 1949 年秋季和 1950 年春季使用的开国教科书，以及 1951 年春季和 1951 秋季使用的人教版第一套教科书（无教学参考书）。

"教科书、马列著作、毛主席的著作都是要赶紧做到统一出版"①，中宣部暂代国家文教机关的管理职责，组织编审、出版和发行了新中国第一套教科书，也称"开国教科书"，及时供应了1949年秋季以及1950年春季的教材，为新中国教科书奠了基。这里面有宋云彬的一份功劳。

1949年3月18日，宋云彬随同叶圣陶、傅彬然、王芸生、陈叔通、郑振铎、曹禺、马寅初、柳亚子等20多人，抵达了北平，参加即将召开的全国政治协商会议，并且参与筹建新中国教科书编审机构。

4月5日，宋云彬在日记中记载："适胡绳来，谈编审教本事"，"余当……专心致志，为人民政府编纂中学教本，庶几不背'为人民服务'之原则也"。胡绳当时的身份是中宣部编审"开国教科书"的具体负责人。到京半个月后，宋云彬北上编"教本"的事情算是开始了。

4月8日晚，中宣部部长陆定一、副部长周扬，华北人民政府教育部部长晁哲甫在北京饭店宴请准备参加教科书编审工作的叶圣陶、胡绳、宋云彬、傅彬然、孙起孟、孟超、金灿然、叶蠖生等，商议教科书编审机构成立事宜。参加者还有华北人民政府主席董必武、副主席蓝公武、委员范文澜。《宋云彬日记》当日记载："商定机构名称为'教科书编审委员会'，在中央政府未成立前，暂隶华北人民政府。"4月15日又记："下午编审委员会开第一次会议。地点在六国饭店。出席者圣陶、彬然、胡绳、周建人、王子野、孙起孟、叶蠖生、金灿然、孟超。商决分国文、史地、自然三组。国文组为圣陶（兼）、孙起孟、孟超及余四人；每周开会一次，余为召集人。"

1949年4月21日《人民日报》第1版刊登一则消息——《华北人民政府成立教科书编审会》："华北人民政府为适应工作需要，决定

---

① 课程教材研究所：《新中国中小学教材建设史（1949—2000）研究丛书·出版管理卷》，人民教育出版社，2010，第26页。

在教育部领导下，成立教科书编审委员会，并聘请叶圣陶为该委员会主任；周建人、胡绳为副主任；金灿然为该委员会秘书主任；傅彬然、宋云彬、孙起孟、王子野、孟超、叶蠖生等六人为该委员会委员。"到新中国成立前夕，教科书编审委员会由 3 个组扩大为国文、史地、自然、教育、政治 5 个组，人员也由 10 人扩充为 29 人。其中，国文组在原有基础上又增加了来自中华书局的朱文叔、"开明系"的蒋仲仁、河南教科书编审委员会的杜子劲，以及特约编辑、北京大学中文系主任魏建功教授等。由民主人士、进步学者与解放区出来的宣教干部组成的新中国教科书编审机构核心成员，就这样组织起来了，他们无一例外地都是编辑出版教材的行家里手。

1950 年代初的宋云彬

　　《宋云彬日记》接着记载：4 月 22 日，"教科书编纂委员会会址已觅定东四二条五号。下午二时即在东四二条五号开会"；25 日，"迁入东四二条新居，暂与彬然同住一室"；26 日，"今日起可按时办公矣。办公时间每日为七小时，并有所谓'学习'时间，皆华北人民政府规定者也。下午三时历史组开会……晚与圣陶、胡绳饮"；27 日，"今日起开始改编初小国语课本一、三两册"。此后的工作，便是"改写课文""赶写课文"，或与北京大学中文系教授魏建功"商讨高小国语课本""共同推敲国语课文"或"商定国语课文"。后来朱文叔也参与其中，甚至"第三册高小国语由圣陶改写一课"。与此同时进行的，是宋云彬在自己的专著《中国近百年史》的基础上，将它改编成为高中课本。8月初，这两项重点工作完成后，按照国文组分工，宋云彬又转到华北版《初中国文》选文的"审阅"和新编大一国文目录的"选定"中。

就这样，宋云彬紧锣密鼓地审读"教本"的工作全部展开了。到开国大典之前，为了及时供应1949年秋季教材，在叶圣陶统领下，宋云彬负责的国文组在人数少、时间紧的情况下，主要做了以下几项工作：

一是对解放区和开明书店的一些中小学国文、国语教科书进行审读、筛选，从而确定了推荐版本，并分别而又有综括地指出这些版本的优点、缺点或错误。这些意见和结果都体现在中宣部1949年7月6日印发的《中小学教科用书审读意见书》之中。

二是以惪颙、刘松涛、黄雁星、项若愚编的华北版高小国语为基础，改编出了《新编高级小学国语课本》一、三册（1949年8月，二、四册下学期用，由朱文叔负责改编），由新华书店出版，华联印行。

三是由叶圣陶牵头，宋云彬、蒋仲仁参与，草拟了一个初步的《中学语文科课程标准》和《小学语文科课程标准》。这个草稿仅供内部交流讨论，并非国家课程的法规文件和规定，但为1950年8月教育部颁布的《中学暂行教学计划（草案）》和《小学课程暂行标准（草案）》奠定了基础，标志着中小学语文进入听、说、读、写综合训练的时代。

四是与叶圣陶一起多次同北京大学、清华大学的一些教授商议编写《大学国文·现代文之部》的选文目录，共选取了32篇文章。正如叶圣陶在该书"序"中所说:"入选的作品须是提倡为群众服务的,表现群众的生活跟斗争的,充满着向上的精神的,洋溢着健康的情感的。我们注重在文章的思想内容适应新民主主义革命的要求,希望对于读者思想认识的提高有若干帮助。就文章体裁门类说,论文、杂文、演说、报告、传叙、速写、小说,都选了几篇。这些门类是平常接触最繁的,所以我们提供了若干范例。"①

宋云彬修订的《新编高级小学国语课本》(一、三册)

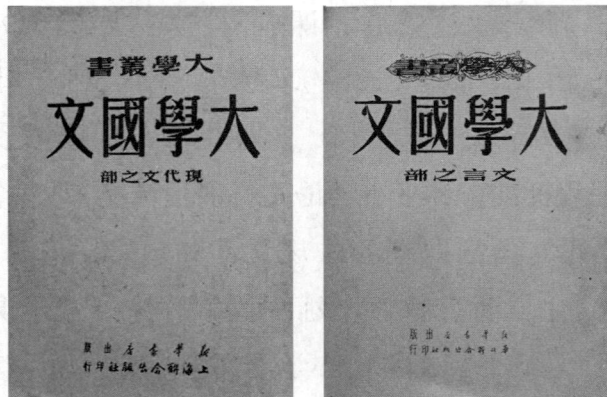

宋云彬参与主持编写的《大学国文·现代文之部》《大学国文·文言之部》

① 华北人民政府教育部教科书编审委员会:《大学国文·现代文之部·序》,新华书店,1949。

除了语文教科书之外，宋云彬在专著《中国近百年史》（新知书店，1948）的基础上，改编了一部《高中本国近代史》（上册，生活·读书·新知三联书店，1949年8月出版，华联印行），作为开国的中学历史课本供学校选用，还"审阅"了叶蠖生根据范文澜《中国通史简编》改编的《初级中学中国历史课本》（1950），以及教育部交办的《农民识字课本》（冬学课本）等。

宋云彬撰著的
《高中本国近代史》

另外，此时宋云彬还发表了《略谈写杂文》（1949）、《从语文一致谈到语言的学习》（1949）等文章。[①] 其中前文说到"杂文"因为鲁迅而兴起，并以鲁迅的"讽刺笔法"为突出特征，但是"杂文的形式并不是固定的"，而且"鲁迅笔法"也不单单是"讽刺"。现在时代不同了，"期待着进步的作家，运用他的幽默才能……写出形式崭新、内容健康的杂文来"。后文因参加新政协会议，听到有的代表照稿发言"不大容易听懂"而写，也是一篇杂文。文章说到了中国历史上语文分离和结合的历程，提出"写文章除了语文一致之外，还得求其通畅，这也不是文字问题，是语言问题"。"年长一辈的，读了一些古书，脑子里装满了'之乎者也'，写文章不能运用活的语言。年青一辈的，读多了'革命八股'（或称'人民八股'如何？），满脑子标语口号，口头说'要为工农大众写作'，写的时候可不会运用工农大众的词汇，结果都写成了新八股。也有受到外国文字的影响，'句必盈尺'，看起来费解，念出来不懂的。我以为要去掉这种毛病，没有别的办法，只有赶快从事语言的学习。"

---

① 宋云彬：《宋云彬文集》第3卷，中华书局，2015年，第55、58页。

　　宋云彬在新中国成立前曾长期在叶圣陶主持的开明书店工作，是著名的文史学者和左派民主人士，对中国历史、文学史颇有研究，编著出版过多部教材，如"开明中学讲义"《开明国文讲义》（与夏丏尊、叶圣陶、陈望道合作，开明书店，1934）、《开明中国历史讲义》（与王伯祥合著，开明书店，1934），以及《华侨初级小学适用 现代公民教学法》（8 册，与孙起孟主编，上海书局，1948）等，还在《中学生》、《国民公论》、《进修》月刊、《文艺生活》、香港《文汇报》等报刊上发表不少关于青少年文史教育方面的文章，如《怎样解决历史讲义中的疑难》（1932）、《谈谈中国历史书的体裁》（1932）、《伟大的历史变革时代的本国史教学问题》（1939）、《中学生国文程度低落吗？》（1940）、《中学生程度低落问题》（1942）、《养成看报的习惯》（1945）、《为什么要读文学史？怎样读文学史》（1947）等。[①] 他在编审开国教科书期间，又撰写了《略谈写杂文》（1949）、《学习语体文和文言文的态度》（《新世代》创刊号，1949）、《陶渊明年谱中的几个问题》（《新中华》复刊，1948）、《从旧史学到新史学》（《光明日报》1949 年 8 月 24 日）、《从新政协谈起》（《进步青年》1949 年 7 月 4 日）等文章。其中他参与的

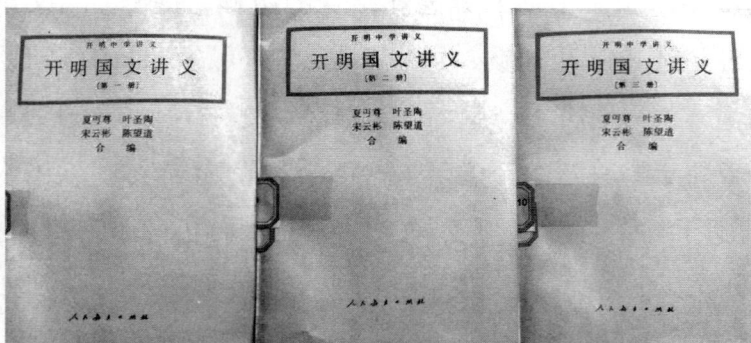

宋云彬早年与夏丏尊、叶圣陶、陈望道合编的《开明国文讲义》

① 　宋云彬:《宋云彬文集》第 3 卷，中华书局，2015 年，目录。

《开明国文讲义》1991 年由人教社再版后，又有人民文学出版社等多家出版社重印。新中国选择宋云彬以及叶圣陶等"开明系"的教材编辑出版家们参与负责开国教科书的编审工作，既有政治的原因，也有专业的考量。

二、主持编写《初级中学语文课本》

1949 年 11 月 1 日，中央人民政府成立出版总署，教科书编审委员会并入其中，改称编审局，主要工作仍然是"编审各种教本"，"旁及社会教育用书及辞典、字典、年鉴、地图等"。[①]宋云彬担任编审局一处处长（副处长为叶蠖生、朱智贤），并兼任与教育部合组的中学教科书编审委员会委员。该处主要负责教科书编审工作，初以文史地教科书为主，后下设语文、历史、数学、地理、自然、教育 6 个组，分别由宋云彬（兼，后改为蒋仲仁）、丁晓先、刘薰宇、田世英、陈同新、朱智贤（兼）任组长。按照叶圣陶在第一届全国教科书出版会议上的开幕词的说法，"编审局之第一处实际上即为华联之编辑部"，同时也是后来人教社构成的"一部分"。[②]

根据《中华人民共和国出版史料》第 2 卷（中国书籍出版社，1996）中《出版总署三个月（1949 年 11 月至 1950 年 1 月）工作简报》可知，编审局一处完成了以下工作：一是修订和新编小学教科书 37 册，其中新编的有高小国语第二、四册，高小历史第四册，高小政治第一册；二是修订和新编中学教科书 8 册，其中新编的有高中国文

---

① 叶圣陶：《叶圣陶日记》，商务印书馆，2018，第 1122 页。

② 叶圣陶：《在第一届全国教科书出版会议上的开幕词》，载郭戈、刘立德、曹周天编《叶圣陶论教材》，人民教育出版社，2020。原载人民教育出版社内部刊物《出版情况》第 5 期，1951 年。

第六册、本国近代史、初中政治课用的革命故事集。根据教育部、出版总署联合印发的《关于 1950 年秋季中小学教科用书的决定》（1950 年 7 月）及其附件《1950 年秋季中小学教科用书表》可知，小学课本国语、历史、地理、自然、算术、政治 6 科共计 26 种版本，初中国语、历史、地理、植动物学（生物）、生理学、算术、物理、化学 8 科共计 46 种版本，高中国文、历史、地理、生物学、物理、化学 6 科共计 23 种版本。这些都凝聚了宋云彬领导的第一处全体人员的心血，也是出版总署与教育部共同努力、协调一致的成果。这里，说说兼任语文组组长的宋云彬主要组织编写或修订的大中小学语文课本的情况。

一是主持改编刘松涛等编的华北版高小国语课本二、四册（1950 年 8 月），并负责约请北京大学中文系教授魏建功、周祖谟、游国恩、杨晦、赵西陆、刘禹昌编写《高级中学语文课本》（6 册，新华书店，1950 年 8 月初版，华联、上联印行），还撰写该书的“编辑大意”。

二是主持编写一套新的《初级中学语文课本》（6 册，新华书店，1950 年 8 月初版，华联、上联印行）。该书编辑者还有朱文叔、蒋仲仁、杜子劲、马祖武、蔡超尘、王泗原、张中行，助理编辑者为胡墨林、何汝芬、张苑香、平润斋、王一铭、王绮，校阅者为叶圣陶，审读者为罗常培、魏建功、吕叔湘、王泗原。这套课本与上面提到的《高级中学语文课本》是我国最早使用“语文”字样的教科书。正如宋云彬在《初级中学语文课本》“编辑大意”中所讲：“说出来是语言，写出来是文章，文章依据语言，‘语’和‘文’是分不开的。语文教学应该包括听话、说话、阅读、写作四项。因此，这套课本不再用‘国文’或‘国语’的旧名称，改称‘语文课本’。”宋云彬曾在 1950 年 3 月 1 日的日记中记载：“语文课文修改完毕者六篇，请圣陶作最后之审阅。"① 其中他具体负责的第一册《开国大典》和《黄河》两篇课文，分别为叶圣陶（朱文叔起稿）、覃必陶新写的，几次起稿，几易其稿，反复斟酌才成。宋云彬曾抱怨"编课本实大难事，人手少"且"不能专心修改课本"，于是叶圣陶又借调了教育部的王泗原，北京大学中文系毕业的中学教师、语文学者蔡超尘和张中行加入其中。可见，叶圣陶的"校阅者"绝不是挂虚名的。此外，根据《宋云彬日记》，该课本还经过中学国文教师和教育部审读，尤其是王泗原的审读让宋云彬印象深刻。

三是与叶圣陶一起多次同北京大学、清华大学的一些教授②商议编写《大学国文·文言之部》的选文目录。一开始预备了大量选文，最后淘汰了好几回，才确定下来40多篇，"有爱国思想的，反对封建迷信的，抱着正义感，反抗强权的，主张为群众服务的。就思想方法说，逻辑条理比较完整的，我们才选它"。③

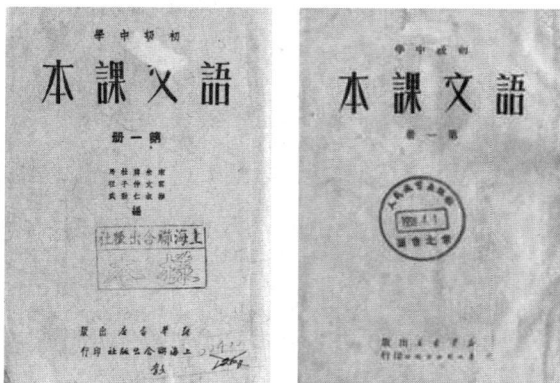

宋云彬主持编写的《初级中学语文课本》

---

① 宋云彬：《宋云彬文集》第4卷，中华书局，2015，第205页。

② 北京大学、清华大学参与者有张克强、李广田、章廷谦、游国恩、周祖谟、吴组缃、王瑶、赵西陆、许骏斋、马汉麟、阴法鲁、刘禹昌、浦江清、魏建功等，加上编审局的叶圣陶、宋云彬等，皆为一时之选的大家。

③ 华北人民政府教育部教科书编审委员会：《大学国文·文言之部·序》，新华书店，1950。

四是参与《中学语文科课程标准》的拟订工作。根据《宋云彬日记》的记载，1950 年 10 月 21 日，宋云彬与叶圣陶、魏建功一起赴教育部，出席拟订课程标准座谈会，商讨中学语文教学问题。会上推定起草员五人，除了宋云彬与魏建功之外，教育部派三人参加。①

其间，值得一提的是，宋云彬还撰写了一系列文章，并主要是杂文，如《我对于共同纲领的几点认识》（《新中华》1950 年半月刊创刊号）、《略谈整理古书》（《光明日报》1950 年 4 月 2 日）等。与语文或语文教育有关的有四篇：《文章为什么会写不通？》（《中国青年》1950 年 3 月 11 日）、《谈中学语文教学》（《新建设》1950 年第 2 卷第 2 期）、《再谈中学语文教学》（《新建设》1950 年第 2 卷第 4 期）、《语文学习三阶段》（《学习》1950 年第 2 卷第 10 期）。这些杂文主要论及中学语文教材、教学方法，以及学习语文特别是写文章的"三关"问题，集中反映了他在选编中学语文课本过程中的指导思想，是其语文教学研究的代表作，并均收入《宋云彬文集》第 3 卷（2015）中。

——鉴于"有一些青年朋友，在开会发言的时候会发一大套议论，拿起笔来写文章可就觉得困难，不是说不清楚，就是说不通畅"，宋云彬便写下了《文章为什么会写不通？》。他认为，这"恐怕是把写文章和讲话当作两回事的缘故"，并且"跟在中学校里受的国文教育大有关系"。过去文白分离时确是如此，可以为之，"但是要写一篇清通的白话文，就万万不可先存一种'我在做文章'的想头，以为做文章跟讲话全不是一回事。现在有人把作文叫作'写话'，很有道理"。最后，宋云彬指出："我是主张中学校应该教一点文言文的，但是有一个条件：初中绝对不应该教文言文。高中教一点文言文，其目的是在培养阅读用文言写的书籍的能力，但只限于阅读，绝对不可以写作。而且阅读

---

① 宋云彬:《宋云彬文集》第 4 卷，中华书局，2015，第 231 页。

的文言，也只限于一般的，基本的。"

——他在《谈中学语文教学》中认为，过去旧中国中学国文教学没有大多进展，主要原因是在教材的文言文和白话文的问题上闹不清楚，学了过多的文言文，中了文言文的毒，结果食而不化，写不通文章，没读过文言文的中学生反而写得好。他还认为，国文教材大都偏重文艺，忽略了非文艺的各类文字，使学生作文都"改用了文艺笔调"，也害人不浅。因此，改进中学语文教学，"第一步当然从改编中学国文教本做起"。宋云彬说："语文教本的选文，无论语体文言，都应该重视思想政治性；但究竟是语文科的教材，也不容忽视语文的规律。……各类文字的选录，意识方面自然得合乎时代精神，还得求其内容充实，有血有肉，思想发展正确而且精密，文字跟口语一致。""就体裁说，中学国文的教材必须包括一般人生活上所触及的各类文字……包括得很广，文艺不过一部分。"但无论哪种体裁，他认为"一定要写得流利通畅，有条有理，读起来感兴趣"。他指出，"就文字的性质说，有记叙文、论说文、说明文、抒情文等等，必须按年级作合理分配。""就程度的浅深说，必须由浅入深那是大家都知道的，但是，还得注意高小和初中，初中和高中的衔接。""初中不选文言……高中学生有通解普通文言的必要。"只要像《开明文言读本》那样，文言和白话分开，"弄清楚文言跟现代口语的异同"，让教师和学生"了解为什么要读文言，应该用怎样的态度去读文言"，就可以避免上述的问题和矛盾。此外，"修改是编辑教本的一件很重要的工作。开明书店出版的'新编国文读本'，每篇都经编者做了文句上的修改的"。他主张多请几位专家审阅，最后还得请教语文的专家来读一下。

——《再谈中学语文教学》根据《共同纲领》的文化教育政策、语文科的性质和范围，规定了中学语文教学的目标：一方面是"通过语言文字的学习"，达成一些思想政治教育的目标；另一方面是"顺应学生身心的发育和生活经验的扩展，逐步地培养他们凭我国语言文字吸收经验表达情意的知能"，"归纳起来，无非听话、说话、阅读、写作四项"。关于听话、说话，宋云彬认为："一篇好的适宜于作教材的语体文，一定能上口，可以说，能顺耳，可以听。因此教师在课堂上教单篇教材的时候，最好不作逐字逐句的机械解释，先叫一个学生取教材来念，其余的人听他念。这时候，教材在念的人就是说的教材，在听的人就是听的教材。语法、修辞法、作文法、思想方法都不作孤立的教学，要从实际的听、说、阅读之中多多提出实例，让学生自己去发现种种的法则。"在他看来，"除了课内的说话听话"，课外的演讲会、辩论会乃至日常的说话和听话，都是"语文科的重要项目"。

关于阅读，也是一样使学生"自求了解"，没法彻底了解的时候，再得到教师的帮助。为此，课堂小组学习、集体讨论，以及课外预习、阅读的指导都是重要的方式，也很需要教师指点。

关于写作，宋云彬强调"不要把作文看作特殊的事项。要养成习惯，要写就写，像口头的要说就说一样……要就学生的实际生活出发，出各式各样的题，不勉强学生写他们所没有的材料"，也"可以由学生自己命题"。他指出，其他"如写笔记、写日记、写信、写报告、给壁报写稿等等，也要随时鼓励学生们去做"。谈到修改文章，他主张"把修改看作一种思想过程"，还认为"教师修改不如学生自己修改。学生个人修改不如共同修改"。

——《语文学习三阶段》谈论的则是青少年写文章要过"三关"的问题：第一关，"不把作文当作特殊的事项，要写就写，跟要说就说一样"；第二关，"丰富我们的词汇"，把掌握的各种词汇"加以分析，比较"，并详细修改文章，"废话没有了，语意含浑的渐渐明确了，层次颠倒条理紊乱的渐渐清楚了"；第三关，"把每一句话仔细推敲"后写出来，做到"比口头说的更恰当，更扼要，更深入，更有力量"，"要通过这一关，必须很好地把握住思想训练……不但应该懂得唯物辩证法，还得学学形式逻辑"，以及读读"讲文法、讲修辞的书"。

三、参与筹办人民教育出版社

一部人教社社史，可谓一部新中国基础教育教材史，也是新中国70多年来教材建设和教育出版的缩影。人教社的筹办和创立及其第一套教材的编出，有宋云彬的一份功劳。

1950年7月10日，出版总署署长胡愈之在京津出版工作会议上提出出版和发行分工与出版事业走向专业化问题，并第一次提出要"创立人民教育出版社"。《叶圣陶日记》当年7月17日记载："与愈之谈一小时。渠告我拟与教育部合组教育出版社，专事编审教科书，以第一处诸人为其一部分人员。"由此拉开了叶圣陶主持，宋云彬、金灿然、叶蠖生等参与的人教社筹建工作的帷幕。

8月31日，胡愈之、叶圣陶、宋云彬、金灿然、叶蠖生、朱智贤等驱车前往教育部，与教育部部长马叙伦、副部长韦悫及有关部门负责人刘皑风（办公厅主任）、柳湜（视导司司长）、吴研因（初等教育司司长）、林砺儒（中等教育司司长）、葛志成（办公厅副主任）等会谈关于成立人教社的事宜，并达成以下共识：一是两家共同负责成立一个专门编辑出版教科用书和一般教育用书的出版社，定名为"人民教育出版社"；二是该社在方针政策上受教育部领导，在出版业务上受出版总署领导，旨在逐渐统一全国教科书的使用工作；三是教育部指派有关司局长兼任人教社负责人，并选调教材编审人员加入其中；四是该社出版部分由华联、上联合并组成，所需资本由其负责提供；五是决定联合成立人教社筹备委员会，由叶圣陶、刘皑风、柳湜、宋云彬、金灿然、叶蠖生、葛志成等组成，未尽事宜由筹备会负责协商，重要事项报部、署领导决定。

9月7日和11日，教育部柳湜、葛志成等两次来到出版总署，与叶圣陶、宋云彬、金灿然、叶蠖生、朱智贤等，在部长级会谈基础上，进一步协商人教社筹建工作，并就宋云彬和朱智贤起草、叶圣陶审定的人教社组织条例和组织系统表进行讨论，从而确定了人教社的方针任务、业务范围、组织设置、管理体系、人员编制、投入保障，以及领导班子成员和中层主要负责人预备人选等。这"一来二往"的沟通协调，基本达成了部、署共同组建人教社的一致意见和具体方案。

9月15日，第一届全国出版会议在京召开，会议确立了"国营出版事业的统一分工与专业化"的方针，也明确了"中小学教科书的出版工作则以原有华北与上海联合出版社为基础，成立人民教育出版社"。10月底，教育部与出版总署向政务院文化教育委员会共同呈报了关于成立人教社的函件（一个多月后获得批准）。对此，宋云彬在日记中记载："开第十七次处务会议，余报告朝鲜问题及人民教育出版社筹备情形。"

在人教社筹办的最后一个月里，《叶圣陶日记》《宋云彬日记》里有密集商讨筹办人教社的记载。如，11月6日，与宋云彬、金灿然、刘薰宇、丁晓先、蒋仲仁"谈教育出版社事"；11月7日，与宋云彬、金灿然等"商人教社事"；11月10日，"与云彬、灿然、仲仁、芷芬等谈社事，拟定秘书处与总编室之组织"；11月22日，与柳湜、宋云彬、金灿然等"谈教育出版社事"；11月25日，"人民教育出版社开编辑会议，林砺儒等均出席"；11月29日，"与云彬、灿然诸君谈社事"；11月30日，与宋云彬、金灿然等"写编辑部全体同人之工作职位分配名单"，"商定编审、编辑、助理编辑及练习编辑名单"等。

12月1日，出版总署召开署务会议，通过改制以后人教社、人民出版社等各单位负责人名单，撤销编审局，将原编审局下设的新华辞书社、新华地图社以及《人民教育》社转隶于人教社。任命叶圣陶为人教社社长，社务委员会由叶圣陶、柳湜、刘皑风、宋云彬、朱文叔、金灿然（兼秘书长）、吉少甫（兼经理部主任）、曾世英（兼新华地图社社长）和魏建功（兼新华辞书社社长）9人组成；叶圣陶兼任总编辑，副总编辑为柳湜、宋云彬、刘薰宇、朱智贤、金灿然。所以，人教社、人民社的成立时间或诞生日都是以此为准的，并且其筹备工作也就到此结束。

1950年12月11日，人教社成立大会隆重召开，教育部部长马叙伦，出版总署署长胡愈之，政务院文化教育委员会副秘书长邵荃麟，教育部副部长韦悫、初等教育司司长吴研因、高等教育司副司长张宗麟等莅临大会并先后讲话，叶圣陶主持并致开场白。宋云彬代表全体123名员工做了答词，他说："我们做的是编教科书的工作。这个工作从去年四月间华北人民政府教育部设立教科书编审委员会的时候开始，一直到现在没有停止过。""教科书编审委员会刚成立的时候，工作人员很少，后来归并到出版总署编审局，人员渐渐增多，现在改为人民教育出版社，受教育部和出版总署的领导，教育部里派来了好多位同志，都是工作能力很强的，我则添了一支生力军。"[1]

四、负责第一套文史地教科书

人教社成立后，其工作遵循就是上级管理部门——教育部和出版总署发布的年度计划和工作要求。1951年2月，政务院批准的出版

---

[1]　宋云彬：《宋云彬副总编辑答词》，载《出版情况》第1期，人民教育出版社，1951。

总署《1951 年出版工作计划大纲》明确要求：“人民教育出版社开始重编中小学课本，并于本年内建立全国中小学课本由国家统一供应的基础。”同年 5 月，政务院批准的教育部《关于一九五零年全国教育工作总结和一九五一年全国教育工作的方针和任务的报告》也明确指出：“大力编印各级学校的教科书：根据新定学制，重编小学及中学教科书。”宋云彬作为人教社社务委员和编辑部负责人，协助社长兼总编辑叶圣陶为完成上述工作任务做了大量工作。具体做法是根据教育部1950 年颁发的《中学暂行教学计划（草案）》和《小学课程暂行标准（草案）》，编辑出版了中学六年 14 科、小学六年 12 科的教科书，亦即人教版第一套教材。该套教材从 1950 年底开始陆续出版，1951 年春季学期开始使用，1951 年秋季基本出齐。其中，中小学教材 36 种90 多册，师范教育科目教材 15 种 15 册，但多为新华书店等出版的修订本或再版本。这是一套在全国中小学普遍使用的通用教材，覆盖了中小学主体学科与师范、工农学校部分学科，也是一套以修订再版或改编为主的过渡教材，并较多借鉴了苏联的教育经验。这套教材继承了开国教科书的衣钵，保障了新中国初期教科书的正常供应和平稳过渡，实现了在 1951 年底建立全国中小学课本由国家统一供应的基础的目标。

宋云彬作为副总编辑，主要分管中小学语文、历史和地理教材的编辑工作，还兼任了语文组组长。他率领语文组成员朱文叔（兼）、蒋仲仁、王泗原、蔡超尘、张苑香、平润斋、王绮、周石华等，再版了出版总署编审局修订、华北人民政府教育部审定的《初级小学国语课本》（8 册）、《高级小学国语课本》（4 册），华东军政委员会教育部审定的《初级小学适用临时课本国语》（8 册）、《高级小学适用临时课本国语》（4 册），以及他主持编写的《初级中学语文课本》（6 册，1951

年8月第三版），与北京大学中文系周祖谟、游国恩、杨晦、赵西陆、刘禹昌、魏建功编的《高级中学语文课本》（6册，1951年8月第三版）。还出版了徐勉一、张星五、徐懋编写的《农民识字课本》（4册，1951），上海工校教材临时编审委员会编辑的《职工业余学校国语课本》（2册，1951）等。

关于历史教材，由丁晓先任组长的历史组修订再版了华北人民政府教育部教科书编审委员会编的《高级小学历史课本》（4册）和《高级中学中国历史课本》（上下册，1951），叶蠖生编的《中国历史课本》（1950），丁晓先编的《初级中学本国近代史课本》（上下册，1951），沈长虹编的《初级中学外国历史课本》（上下册，1952），覃必陶、胡嘉编的《高级中学外国史课本》（上下册，1951），林举岱编的《外国近代史纲》等。

关于地理教材，由田世英任组长的地理组修订再版了华北人民政府教育部教科书编审委员会编的《高级小学地理课本》（4册），田世英、曾次亮编的《初级中学本国地理课本》（4册，1951），田世英、赵寿祺编的《高级中学自然地理课本》（1951），田世英、邓启东编的《高级中学本国地理课本》（上下册，1951），陈原编的《初级中外国地理课本》（上下册，1951），陈光祖、蔡迪编的《本国地理》（1951），路丁等编的《机关职工业余学校中级班适用地理课本》（1952），以及周光岐新编的《人民民主国家地理》（1951），褚亚平等改编的《初级中学课本自然地理》（上下册，1952），颜迺卿、周光岐改编的《高级中学课本外国经济地理》（上下册，1952）等。

宋云彬在人教社工作期间，撰写的文章主要有《请大家注意文法》（《新建设》1951年第2卷第4期）、《对于历史教学的几点意见》（《新中华》1951年第14期）等。前文提出："从'五四'以来，文言改成白话，这是个大革命、大进步，可是还没改得彻底；咱们写的文章，往往不文不白，亦文亦白，只能看，不能念——念出来就听不懂。而且还常常犯'文理不通'的毛病。"正如《人民日报》社论所说："如果文章有不正确不通顺的地方，就是思想没有想通的缘故。……我希望像扫除文盲一样，从1951年起，'把文法上的一切错误，从我们所有发表的文字中，逐步地最后是彻底消灭掉'。"后文明确提出："历史教学必须跟爱国主义结合，也唯有历史这门功课最容易跟爱国主义结合。"他认为，过去的历史书是就统治者的立场来写的，"现在要把历史上的人物、事件重新鉴定一下，审查一下，用历史唯物论的观点给它一个批判的总结。把古代文化的发展过程清理一下，看哪些是封建性的糟粕，哪些是民主性的精华，去其糟粕，取其精华"。一两年来，为配合爱国主义的历史教学，在这方面做了一些工作，但是做得还不够，而且有时候会发生偏差。最后，他主张："历史教学应该把近代史放在第一位，古代史放在第二位。我们把鉴定古代历史人物，清理古代文化发展过程的工作让比较少数专家去做；大部分的教育工作者用全心全力来学习近代中国史，让历史这门功课跟爱国主义更密切地结合起来。"①

1951年8月，宋云彬调到杭州工作，担任浙江省人民政府委员、省政协副主席、省文联主席、省文史研究馆副馆长等多项职务，从此便离开了教科书编辑岗位。其空缺的副总编辑、语文组组长职务分别由多年在陕甘宁边区政府教育厅编写教材的甘肃省文教厅厅长辛安亭、西北军政委员会教育部编审室负责人刘御替代。1957年，宋云彬被错划为"右派"并撤职。1958年，在周恩来总理关怀下，由国务院古籍整理出版规划小组成员兼办公室主任、中华书局总经理兼总编辑，也

---

① 宋云彬:《宋云彬文集》第3卷，中华书局，2015，第87—90页。

是宋云彬的老同事金灿然出面，将其调到北京中华书局工作。宋云彬将人生最后 20 年的全部精力奉献给"二十四史"，协助顾颉刚先生完成《史记》点校，独自完成《后汉书》点校，承担南朝诸史的编辑工作。①1979 年，宋云彬得到彻底平反，但同年去世，终年 82 岁。2015年，海宁市档案馆编的《宋云彬文集》（5 册）由中华书局出版。2016年，宋云彬先生后人将其生前所藏 82 件书画作品，举行专场义拍，并将拍卖所得全部捐出，用以设立"宋云彬古籍整理出版基金"，评选"宋云彬古籍整理奖"，对古籍整理出版优秀成果和编辑人员进行奖励。截止到 2022 年，这个奖项已评选了三次。

点校本《史记》责任编辑宋云彬先生在工作中

---

① 徐俊、蔡华伟：《读史可明鉴，知古可鉴今（逐梦 70 年）——新中国版"二十四史"的出版历程》，《人民日报》2019 年 8 月 23 日，第 20 版。

魏建功：与叶圣陶编审首部《新华字典》

魏建功（1901—1980）

此字典仅属草创，总算脱了窠臼，不如其他字典之抄来抄去。至于求其精纯正确，无瑕可击，只得俟诸异日。

——魏建功

我人之字典为应读者之需，总得为读者解决问题，虽不能尽善尽美，终当有多少优点。

——叶圣陶

如果要评选一本中国人最熟悉的书，那么非《新华字典》莫属。这本小小的字典诞生 70 年来，陪伴了中国几代人的成长，几乎影响到每一个人，可以说也是世界上"最受欢迎的字典"和"最畅销的书"。2012 年，针对农村义务教育发展过程中出现的新情况、新问题，中央财政进一步调整完善了保障机制等有关政策措施，将《新华字典》纳入国家免费提供教科书范畴，所有资金全部由中央财政负担，由此迎来了该书的"高光时刻"。《新华字典》是新中国第一部以白话释义、用白话举例的现代汉语规范字典，最早由新华辞书社编写、人教社 1953 年初版（后由商务印书馆出版）。对此，魏建功（1901—1980）作为主编功劳最大，是他主持的新华辞书社为学生、为大众做了一件功德无量的大好事；叶圣陶作为终审功不可没，是他领导的人教社为新中国奉献了在中小学各科教科书之外的又一份厚礼。下面就说说《新华字典》的来龙去脉和编辑出版过程。

一、《新华字典》编出的缘起

叶圣陶、魏建功对编一本好字典一直都有着多年的情怀和梦想，新华辞书社的创立和《新华字典》的编纂也缘于此。

叶圣陶早在开明书店任总编辑时，就想编一本适合一般文化程度读者使用的小字典，为此曾多次讨论过字典的编辑出版事宜，并由时任开明书店编译所主任的吕叔湘设计过一个方案。新中国成立前后，叶圣陶在负责各种教科书编审之余，仍惦记着适时邀请一位热心辞书的语言文字学家来主持编写这样一本字典。

编纂一本大众需要的新字典，也是魏建功的夙愿。鉴于过去的辞书多为大部头、不便翻查，而小字典或学生字典错误多、不甚准确、也不好用的问题，长期研究语言文字和推行国语的魏建功，在新中国成立前夕曾与周祖谟、金克木、张克强和吴晓铃等北京大学同人，商量编纂一本新型的实用性字典，献给即将诞生的新中国。魏建功根据商讨意见，还草拟了一个"突破传统字典部首检字法，采取音序排列检字"的《编辑字典计划》（1949 年 4 月），并把它寄给了开明书店。据吕叔湘回忆，叶圣陶认为这个计划很好，回复说可以接受出版。[1] 新中国成立后，也曾先后在教科书编审委员会、出版总署编审局兼职编修中小学语文课本的魏建功，与叶圣陶一拍即合，都认为随着中小学教科书编写、修订工作步入正轨，新中国得有自己新的普及性字典，而且时机已经成熟，于是决定在编审局再建一个以"新华"为字头[2] 的直属机构——新华辞书社，并由魏建功出面主持，着手早有计议的小字典，即后来命名为《新华字典》的编写工作。

《叶圣陶日记》对当时俩人的相见、共事和新华辞书社的成立过程都有具体记载，为我们提供了宝贵的文献材料。其中，他们相见一幕发生在 1949 年 5 月 6 日：

傍晚，魏建功来访，谈渠与同气四人计划开明编字典之事。其字典注重于活的语言，以声音为纲，一反从前以字形为纲之办法，的是新创。有计划书甚长，各点余大多同意。唯须用工作人员至少五人，又有五位主编者，历时又恐不会甚暂，如此规模，是否为开明所能胜，余未敢断言。此须俟上海解放之后，南北通信商量，始可有所决定也。偕建功小餐于灶温，杂谈语文方面之近时现象，甚畅快。[3]

---

[1]　金欣欣：《家国情怀铸就辞书典范之作——中国现代著名语文辞书〈新华字典〉第一版编纂始末》，《新疆社科论坛》2018 年第 5 期。

[2]　1950 年 5 月，出版总署将在南京办公的解放日报社舆图部改组为新华地图社，交编审局直接领导，由曾世英担任社长。

[3]　叶圣陶：《叶圣陶日记：一九四九年》，载《叶圣陶研究年刊·2011 年》，开明出版社，2011。

由此可见，叶圣陶与魏建功的这次会面十分愉快，叶圣陶对其字典编写计划也肯定有加，之所以没有马上启动只是天时未到、条件不具。叶圣陶对魏建功的学识、能力和为人颇为赏识，因而将他请到了教科书编审委员会、编审局兼职工作。魏建功帮助国文组审订小学国语、初中国文和大学国文课本，甚至还承担了召集北京大学中文系同人共同编写《高级中学语文课本》的工作，这也是新中国第一本高中"语文"课本。虽然魏建功在该书署名在后，但实为具体组织者和主要编写者。[①]《叶圣陶日记》记载，两个人见面之后，工作会谈次数很频繁，但内容均为叶圣陶请魏建功参加讨论和校改语文课本事宜。结果一年下来，编字典的事情被暂时搁置下来，魏建功反倒参与了不少教科书编审的事情。当然，这也是形势需要和迫在眉睫的大事，因为新中国成立之初出版事业百废待兴，首先应该统一解决供应的是 1949 年秋和 1950 年春两季的中小学教科书，以及包括马列、毛主席著作在内

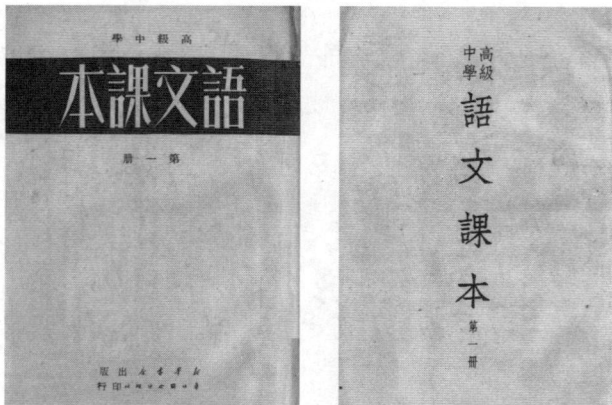

魏建功组织编写的《高级中学语文课本》（1950、1952 年版）

① 可见《宋云彬日记》，《宋云彬文集》第 4 卷，第 196 页。教育部、出版总署《关于 1950 年秋季中小学教科用书的决定》，在《高级中学语文课本》的"编著者"中注明为"魏建功、周祖谟等"。

的政治书籍和干部读物问题，接着才是大众需要的字典。

他们两个人再次谈及编字典之事，便到了 1950 年 3 月 9 日，起因是教育部有意将挂靠在北京师范大学、由黎锦熙主持的大辞典编纂处改属出版总署（后来实际上并未接收）。叶圣陶借机询问魏建功"可否由渠主持其事。渠谓于字典辞典颇有雄心，唯须北大方面职务能摆脱方可"。① 为此，叶圣陶于 5 月 23 日和 6 月 8 日，两次致函北京大学校长汤用彤，商调在该校中文系当系主任的魏建功到出版总署编审局主持筹建辞书机构、领衔字典编写工作。6 月 19 日，魏建功告诉叶圣陶，北京大学校长"已允其解除系主任之职，来我署主持辞书社"，两个人随即决定开始谋划新华辞书社筹备事宜，明确由魏建功负责"延致人员"。② 7 月，魏建功的中文系主任职务得以解除，由杨晦教授继任，但魏建功仍在该系任教。此后，魏建功与叶圣陶如前一样经常会面，但谈论的主要话题已变成如何筹建辞书社和编好小字典。按照出版总署署长胡愈之的说法，也为"将来还拟成立辞书出版社，专门出版供各方面需要的字典辞书"③ 做准备。

新华辞书社是新中国第一家国家级辞书编纂机构。笔者查考，新华辞书社成立于 1950 年 8 月 1 日 ④，当时人员有限，未举行正规仪式。

---

① 商金林：《叶圣陶年谱长编》第 3 卷，人民教育出版社，2005，第 9 页。

② 商金林：《叶圣陶年谱长编》第 3 卷，人民教育出版社，2005，第 24、28、29 页。

③ 胡愈之：《出版工作的一般方针和目前发行工作的几个问题》，载《胡愈之文集》第 5 卷，生活·读书·新知三联书店，1996，第 370 页。

④ 刘庆隆在《〈新华字典〉出版三十年》（载《商务印书馆九十五年（1897—1992）：我和商务印书馆》，商务印书馆，1992）中说："1951 年 8 月 1 日，叶圣陶先生与辞书社全体工作人员在萃华楼聚餐，庆祝新华辞书社成立一周年。"但《叶圣陶日记》记载这一聚会的时间却是 9 月 10 日。笔者以为，新华辞书社创立时间应以魏建功、杜子劲特别是李九魁 1950 年 8 月 1 日到任签名为准。

当天，魏建功、杜子劲、李九魁入职；8月2日，张克强到任；9月1日，萧家霖、孔凡均（女）报到。这与《叶圣陶日记》当年8月2日记"辞书社之工作者今日开始到局工作，仅两人耳"（不含兼职的魏建功、杜子劲），以及9月2日记"新参加者有萧君夫妇二人"[①]是一致的。其中，杜子劲、李九魁分别由教科书编审委委员叶蠖生、金灿然介绍而来，张克强、萧家霖、孔凡均则为魏建功推荐（介绍萧家霖的还有刘鸿文），他们在语言文字研究领域都有造诣，尤以萧家霖、杜子劲为突出，1949年以前均有不少论著。

在人教社工作时期（1950—1954）的魏建功

二、新华辞书社及人员之变迁

1950年12月1日人教社成立，魏建功被任命为首届社务委员，成立只有4个月的新华辞书社（还有新华地图社、人民教育社）转隶人教社，魏建功兼任辞书社社长，其工作任务是编纂供学生、扫盲和

---

① 叶圣陶：《叶圣陶日记》，商务印书馆，2018，第1181、1185页。

大众使用的小字典，办公地点与人教社一起，都在出版总署大院内。当天入职登记的人员有魏建功、萧家霖、杜子劲、孔凡均、李九魁、张克强和李文生 7 人。除了李文生是组织分配来的辅仁大学毕业生且为助理编辑之外，其他都是原辞书社在总署管辖时的人，且均为编辑。魏建功仍为兼职，一半时间在人教社编字典，一半时间在北京大学教书，两家单位各支付他一半工资。

1951 年 1 月，叶圣陶主持社务会决定辞书社"加添人员，加劲工作"。魏建功便很快招来了老编辑朱冲涛和年富力强的编辑张乃芝（女）、李伯纯，助理编辑刘庆隆（黎锦熙介绍）、王蕴明（女）及缮写员游禹承，工作人员增到 13 人。他又安排 4 位年龄较大者各负责一摊："编写组由魏（建功）、萧（家霖）两位负责，资料组由杜子劲负责，总务组由朱冲涛负责。当时编写组编写《新华字典》初稿，资料组负责购置图书和收集资料，总务组负责财务、添置家具和办公用品等。"①

1951 年 4 月新华辞书社全体人员合影

---

①　刘庆隆：《〈新华字典〉出版三十年》，载《商务印书馆九十五年（1897—1992）：我和商务印书馆》，商务印书馆，1992，第 404 页。

1952年2月，教育部工作会议决定成立教科书编审委员会，加强对教科书的管理和对人教社的支持，在人力配备、办公用房和后勤保障等方面"将尽力相助"。其中在人力配备之一项，拟以教育部名义调北京大学的魏建功和清华大学的吕叔湘专职到人教社工作，为此叶圣陶还同他们分别谈过话。但魏建功对完全辞去已做多年的教学工作一直放不下，而吕叔湘"自言不甚宜于我社之工作，谓较近者为语法研究"。[①] 结果，魏建功继续在人教社兼职主持辞书社，萧家霖负责日常工作。吕叔湘则于当年10月到人教社兼职工作，任副总编辑，负责领导中学语文尤其是汉语课本的编写[②]，并推荐了原开明书店、中国青年出版社《语文学习》杂志主编张志公入社，协助其工作。1952年6月，人教社编辑部门迁至西单大木仓胡同教育部院内小红楼办公，编审部编辑组改称编辑室。其中，新华辞书社改为辞书编辑室（但对外仍叫"新华辞书社"），魏建功任主任，工作人员有（按年龄大小排序）：萧家霖（59）、杜子劲（55）、朱冲涛（55）、孔凡均（49）、李九魁（43）、张克强（36）、张乃芝（32）、李伯纯（30）、刘庆隆（29），以及王蕴明（29）、赵桂钧（27，缮写员，接游禹承）、李文生（25，助理编辑），总数仍为13人。叶圣陶继续分管辞书编辑室。

1953年1月，新华辞书社编写的第一部工具书《常用字用法举例》（1954年11月三版改书名为《常用字汇》）由人教社出版。1953年10月，魏建功及同人积三年之功、几易其稿，按音序排列的《新华字典》由人教社出版，封面"新华字典"四个字由魏建功题写。12

---

① 商金林：《叶圣陶年谱长编》第3卷，人民教育出版社，2005，第196、206页。

② 1950年2月，吕叔湘应聘为清华大学中文系教授。1952年夏，因高校院系调整，改任中国科学院语言研究所研究员，同时也是中国文字改革研究会（1954年改为中国文字改革委员会）的委员。1952—1955年，兼任人教社副总编辑。1953年6月任中国科学院语言研究所副所长，后任所长及语文出版社社长。

月，为加强对辞书工作的领导，叶圣陶调恽逸群[1]兼任辞书编辑室副主任（新华辞书社副社长）。魏建功和萧家霖便有更多时间用于部首排列的《新华字典》的编写工作。1954年11月，这个版本的《新华字典》得以顺利出版，也由魏建功题写书名。至此，魏建功多年来编字典的心事了却，意愿达成。之后，他逐渐淡出人教社辞书编辑室工作（业务由萧家霖主持），而忙于北京大学尤其是国家文字改革的事情，将精力投入到《汉字简化方案》制订和《常用字简化表草案》修订的新事业之中。

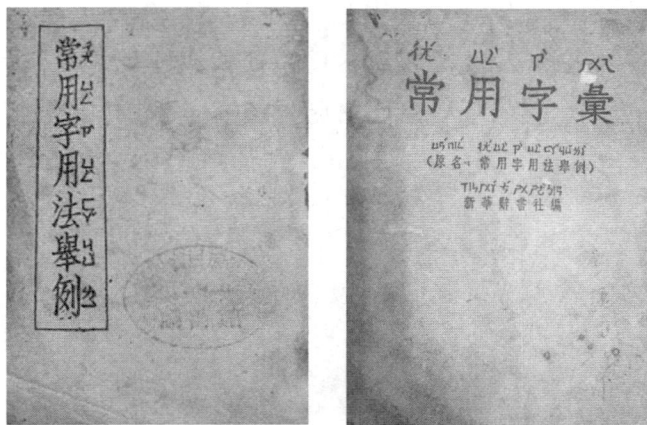

魏建功主持编纂的《常用字用法举例》（1953）和《常用字汇》（1954）

---

① 恽逸群（1905—1978），江苏武进人，文化新闻学者、理论家、出版家。1926年加入中国共产党，主要从事新闻出版工作，先后在上海《立报》、香港《生活日报》、上海《导报》、上海《译报》任编辑、总编辑等。1949年上海解放后，先后担任《解放日报》总编辑、社长，华东新闻出版局局长，并参加首届全国政协担任委员，出席开国大典。1952年2月，在"三反"运动中被人陷害，以莫须有的罪名开除出党，降职三级。1953年4月，出版总署负责人胡愈之、陈克寒出面将他调到出版总署工作，安排在新迁至北京办公的新华地图社任副总编辑。后兼任人教社辞书编辑室副主任、古籍出版社副总编辑。1955年5月，又受潘汉年案牵连，后到江苏阜宁中学管理图书。1978年5月，到南京第二历史档案馆工作。1979年被平反。

　　1954 年 12 月 1 日，人教社辞书编辑室整体划归文化部出版局管辖的古籍出版社①，其人员 14 人（上述 13 人加 1954 年 10 月入职的刘洁修）全部调入该社。其间，他们又根据《汉字简化方案》和《汉语拼音方案（草案）》，对《新华字典》音序本进行了一次全面修订。1956 年 2 月，国务院发布《关于推广普通话的指示》，并责成中国科学院语言研究所（1977 年后为中国社会科学院语言研究所）编写一部规范的现代汉语中型辞典。7 月 1 日，古籍出版社辞书编辑室（新华辞书社）又并入中国科学院语言研究所，并与中国大辞典编纂处的编辑人员和语言所部分人员一起组建了词典编辑室，从此投入《现代汉语词典》的编纂工作，同时也意味着已存在六年的新华辞书社的完结。1957 年，《新华字典》由人教社出版转交商务印书馆出版，此后便由该馆负责修订再版。

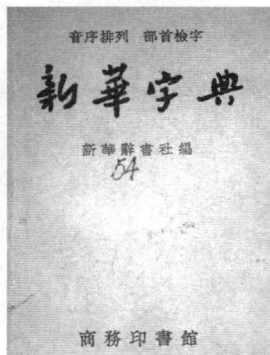

魏建功主编的《新华字典》（1953、1957 年版）

① 古籍出版社于 1954 年 6 月成立，社长、总编辑由叶圣陶兼任，日常工作先后由副社长郭敬、王乃夫主持，章锡琛、恽逸群任副总编辑，王春任党支部书记，设有古籍编辑室、语文编辑室、辞书编辑室及资料室。1957 年 3 月，古籍出版社并入中华书局，其辞书编辑室并入中国科学院语言研究所。

三、《新华字典》的编写过程

《新华字典》是魏建功主持的新华辞书社的代表作，也是人教社编辑出版的第一部字典。这部字典从 1950 年 7 月底开始启动，到 1953 年 7 月中旬交稿付印，前后整整三年时间，凝聚了我国老一辈语文人特别是辞书人的智慧和心血。这部精品力作由魏建功主编，叶圣陶终审，十余人直接参与，多次征求多方意见，克服了种种困难，反复修改，几易其稿，精益求精，终于问世。其工作量之大、编写难度之高，历程之艰辛，可想而知；其编辑出版过程的经验和做法，也值得总结和借鉴。

（一）框架设计（1950 年 7 月）

《新华字典》编写项目启动于新华辞书社成立前夕的 1950 年 7 月 27 日，魏建功、李九魁、张克强、杜子劲和叶圣陶、吕叔湘等共约 10 人，开了一天的会，讨论如何编好小字典。经过比较几种方案，确定了按照以魏建功先前制订的"以音统字、以字统义、以义统词"为总体例的字典编辑计划施工，以中国大辞典编纂处增订注解的《国音常用字汇》为基础，编纂一本适合一般文化程度读者查用的新型小字典，既要注音，又要释义和举例，且全用白话，还穿插配图，从内容到形式都有别于以往和市面上的各种字典。

（二）"部分油印本"（1950 年 8—12 月）

一个多月后的 9 月 2 日，魏建功、李九魁、张克强、杜子劲，还有刚刚入职的萧家霖、孔凡均夫妇，邀请叶圣陶等审看和讨论已写成的一些条目样稿，商讨了字典体例和如何注释等一系列技术问题。叶圣陶评价说："觉诸人所见均齐，所撰字典当可胜常一筹。"[1] 接着，他

---

[1]　商金林：《叶圣陶年谱长编》第 3 卷，人民教育出版社，2005，第 48 页。

们便做了分工，并分头去搜集资料，开始根据编写宗旨和体例进行试编。经过几个月的奋战，于1950年12月拿出了一个不全的"部分油印本"，并分送有关领导、专家、老师等征求意见。结果回来的意见颇多，主要反映小字典应是供一般人学语文看的，而不是让专家学者用的等问题。经过汇总和鉴别，编写组确定了下一步在"部分油印本"的基础上写成初稿的方案。

（三）"写定之字典稿"（初稿，1951年1—7月）

新华辞书社转隶人教社之后，字典编写工作开始加速。魏建功带领萧家霖、李九魁、张克强、孔凡均、杜子劲，以及新加入的李文生、张乃芝、李伯纯、刘庆隆、朱冲涛、游禹承，全力以赴投入资料搜集和初稿编写工作。1951年4月，曾先向叶圣陶提交了一个对"部分油印本"修正的"缮清稿"，叶圣陶审看之后"一一提出修改意见"，并认为"辞书社所编字典尚非敷衍之作，一义一例，均用心思。唯不免偏于专家观点，以供一般人应用，或嫌其烦琐而不明快。深入浅出诚大非易事也"。① 既肯定了"缮清稿"，又指出了努力方向——简明扼要、深入浅出，还"期于讨论中发现必须遵循之体例"。② 在叶圣陶的鼓励下，辞书社干劲高涨，提出9月底要完成字典初稿，甚至提出了"今年字典编成，继之将续编小学生字典"的新任务。③ 由于充实了编写队伍，明确了工作任务，大家干活又卖力，提前于1951年7月提交了小字典初稿，即"写定之字典稿"（初稿）。

（四）"写定之字典稿"的修订（1951年8月—1952年3月）

"写定之字典稿"（初稿）出来以后，魏建功又征求有关方面（如

---

① 商金林：《叶圣陶年谱长编》第3卷，人民教育出版社，2005，第106—107页。
② 商金林：《叶圣陶年谱长编》第3卷，人民教育出版社，2005，第98—99页。
③ 叶圣陶：《叶圣陶日记》，商务印书馆，2018，第1225、1242页。

王力、张中行等）的意见和建议，还分别召开了由专家、中小学教师和有一定文化程度的干部参加的座谈会。其中，叶圣陶为了审看这些稿子，前后断断续续花费了两个月的时间。刘庆隆在《叶圣陶先生和〈新华字典〉》一文中说："有的稿子像作文一样进行修改，有的地方提出意见，供编写人员参考研究，有时也和大家一起讨论。"[①] 他感到初稿问题比较多，修订进度甚缓，要求加快进度，随时督促，鼓起大家的积极性，并将原先1951年底编成字典的计划，改成了1952年6月完稿、年底出版。但是，这个计划也落空了，主要原因有三：一是1951年底"三反"运动在全国展开，1952年初进入高潮，"大家已卷入'三反'之浪潮，经常工作几乎全部停止"[②]；二是魏建功因在人教社是兼职工作，按要求必须回北京大学参加教师结合"三反"之思想改造运动，时间长达三月之久；三是对稿子的分歧较大，很难统一，而且还存在政治思想性和科学性的问题。在一段时间内，意见没有统一，工作怎样进行下去，没有定下来，影响了字典初稿的修订工作。

（五）"重新改定之字典稿"（第二稿，1952年3—9月）

1952年3月15日，魏建功参加思想改造运动回来后，按照叶圣陶关于"辞书社须研究整顿，方可作出成绩"[③] 的指示，开始整顿社务、反思重建和推进工作。并且，通过"三反"运动和思想改造学习，全社人员对马列主义理论和党的方针政策有了新认识，政治立场观点和水平也有了新提高。经过一系列业务会和深入讨论，特别是开展批评与自我批评，大家的思想逐步统一、分歧逐步消除，一致认为要对字典初稿进行全面改造，甚至重写。为了改变过去缺乏统筹、各自为

---

① 刘庆隆：《叶圣陶先生和〈新华字典〉》，《语文建设》2000年第11期，第47页。
② 商金林：《叶圣陶年谱长编》第3卷，人民教育出版社，2005，第181页。
③ 商金林：《叶圣陶年谱长编》第3卷，人民教育出版社，2005，第206页。

战、互不沟通、效率不高等问题，这次集中大修订或重写工作实行了初编、看稿、定稿三个环节，并采取流水作业、平行进行的方式。初编的人分成小组，每个人编的稿子，由小组互审提意见，个人进行修改。然后交魏建功定稿。初编者用蓝墨水，看稿人修改用红墨水，定稿者用绿墨水。魏建功定稿后，交赵桂钧（缮写员，接游禹承）刻写油印，分送叶圣陶、金灿然等领导和专家、中小学教师以及一部分读者对象去审阅提意见。就这样，魏建功重新带领辞书社全体人员，经过半年的努力工作，于 1952 年 9 月拿出"重新改定之字典稿"（第二稿）。

（六）"重新改定之字典稿"的修订（定稿，1952 年 9 月—1953 年 7 月）

"重新改定之字典稿"（第二稿）出来后，便进入一个较为漫长的修订阶段。魏建功一如既往地从各方面收集意见和建议，然后据此进行认真的修改和完善，以便再次修改定稿。其中，仅人教社就有副总编辑辛安亭、吕叔湘，中学和小学语文编辑室朱文叔、黎季纯（黎明）、刘御、王泗原、隋树森、王微、蔡超尘、孙功炎、张中行等参与其中。叶圣陶更是率先垂范，对于这次审读如同初稿审读一样，既耗费数月又仔细认真，但他不厌其烦，甚至乐在其中。至 7 月交稿付排，以至 8 月排印中，叶圣陶还在不停地修改字典稿件，如同他审读其他教科书特别是语文课本一样，实为"流水作业"的审订者或终审者。在字典定稿之前，为慎重起见，魏建功再次请专家与有一定文化程度者各座谈一次，征求意见并再作必要修改。同时，以《人民日报》一篇文章为例，摘出其中主要用词，视字典中是否都予以解决，结果漏字者有之，已列而解释未周者有之。最后，经过大半年的反复修改、技术加工、核查体例、平衡条目和添加绘图（插图 500 多幅，由人教社绘图科绘制）等，于 1953 年 7 月中旬完稿，并开始发排。叶圣陶评价这部字典时说："我人之字典为应读者之需，总得为读者解决问题，虽不能尽善尽美，终当有多少优点。"[1] 魏建功则谓："此字典仅属草创，总算脱了窠臼，不如其他字典之抄来抄去。至于求其精纯正确，无懈可击，只得俟诸异日。"[2]

四、《新华字典》的出版过程

《新华字典》定稿签发以后，便进入出版和印装环节（1953 年 7—12 月）。这个过程也不简单，当时是传统手工铅字排版印刷，装订除了订书机和切纸刀是半机械化作业，其余基本上都是手工作业，耗时费力又分散，很容易出错。尤其是在最后印装过程中，还差一点犯了政治性错误（不是出版而是编辑的责任）。归纳起来，主要有下列各项工作：

一是协调各方，统一行动。在《新华字典》即将交稿之时，叶圣陶、魏建功召集辞书编辑室、总编室、出版部等部门 10 余人，会商字典的排印出版问题，对版式、装帧、插图、校对、宣传各方面皆有计划和要求。其中，初版计划印制 50 万册，初次印数 30 万册。叶圣陶希望各有关部门和单位要高度重视，统一行动，明确任务，步调一致，密切配合，还特别强调："字典是典范性书籍，这又是新中国第一本字典，不能有丝毫差错。"[3]

二是签订合同，落实责任。在提交定稿之前，按照人教社出书程序和规定，特别是出版印制公约，辞书编辑室与出版部签订一个出版

---

① 商金林：《叶圣陶年谱长编》第 3 卷，人民教育出版社，2005，第 308 页。

② 商金林：《叶圣陶年谱长编》第 3 卷，人民教育出版社，2005，第 349 页。

③ 方国楣：《新中国第一本字典——〈新华字典〉首版印装记》，曾载人教社网站。

合同，明确两家以及各环节和相关人应负之责。比如，每次排版校样出来以后，都要一式两份，一份交辞书编辑室校核，一份由出版部校对科校对。

三是确定版式，设计封面。在《新华字典》发排前后，叶圣陶、魏建功、萧家霖以及出版部主任吉少甫、设计科科长李惠乔等几次商量该书的排版格式问题，在设计的多个版式和封面样张中，选择了一个简洁、朴素、美观的。最后确定下来初次印刷的 30 万册《新华字典》均为布脊纸面精装，用 850 毫米 × 1168 毫米纸，64 开本，全书 53 万字，正文 700 面，音节表、笔形部首检字表和附录 180 面，共 880 面。并且确定封面书名"新华字典"4 个字由主编魏建功亲笔书写（隶体字），署名"新华辞书社编"，下面印"人民教育出版社出版"。

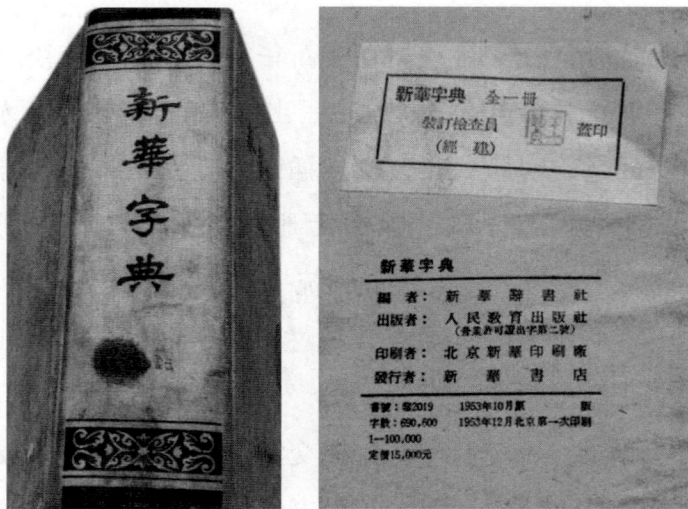

人教社 1953 年出版的布脊纸面精装《新华字典》

四是起草凡例，策划宣传。魏建功和辞书编辑室积极参与出版全过程，除了四次校核样稿，后续还做了一些文稿起草工作。首先，起草了一个关于《新华字典》出版的宣传稿，交由叶圣陶修改审定。其次，又起草了一个刊于《新华字典》中的检字表，交由叶圣陶修改审定。因为《新华字典》是按照音序排列，故须附个检字表，供不熟悉拼音字母的人翻阅。接着，魏建功又草拟了一个凡例，叶圣陶"为签注意见十余处，希望扼要从简，针对读者立言，不须语读者之意即不必说"。[1] 其中，凡例第一条开宗明义："本字典编写的目的主要是想让读者利用这本字典，对祖国语文的词汇能得到正确的理解……在书面上和口头上都能正确地运用。"[2]

五是认真校对，杜绝差错。《新华字典》排印后，校对环节十分重要。叶圣陶与魏建功多次谈到这个问题，同时要求出版部校对科（科长胡墨林为叶圣陶夫人，1953 年 5 月调到人民文学出版社任校对科科长）调集校对能手，严格把关，确保不出差错。出版部主任吉少甫专门找到有丰富经验的方国楣、于凤池等，来负责《新华字典》初版的校对工作，并特别交代了叶圣陶说的"字典是典范性书籍，这又是新中国第一本字典，不能有丝毫差错"这句话。于是，每次样稿出来，他们就轮流校对，夜以继日，一直到四校核红签字付印（还不包括抽查全书后 300 页校样）。[3] 除此之外，魏建功和辞书编辑室的编辑也在同时审核校对，平日书籍出版都是"三审三校"，《新华字典》初版则是"四审四校"。

六是督促印刷，精心装订。印刷和装订是图书出版过程的又一重要环节。《新华字典》第一次印刷 30 万册精装书，这在当时是一个不小的印装工程。印刷全部由国营大厂北京新华印刷厂承印，质量应该

---

① 　商金林：《叶圣陶年谱长编》第 3 卷，人民教育出版社，2005，第 356、373 页。

② 　新华辞书社：《新华字典》，人民教育出版社，1953。

③ 　方国楣：《新中国第一本字典——〈新华字典〉首版印装记》，曾载人教社网站。

没有问题，但该厂却承接不了装订。于是，方国楣又被派去负责印装工作，他们便将印厂印好的散页拿到社会上的 6 家装订社去完成装订，一方面提出严格的质量标准要求，一方面派多人下厂专门监督检查。方国楣回忆说："因为初次出版这么大量的精装书，又是新中国第一本字典，大家没经验，生怕出纰漏。从分批交货到最后全部交到新华书店，没有因印装质量被拒收，基本上过关。"①

七是妥善处理突发事件。字典、辞典与教科书一样，都不容出一点错，印制或问世之后一旦发现问题，需要立即处置解决。《新华字典》在第一版印制过半的时候也出现了这样的紧急情况。《新华字典》成品样书一送到金灿然（已由人教社调回出版总署任出版司副司长）手中，他就发现了该书的一处严重错误，即第 82 页上"国民"的释义第二项："2. 人民民主国家里专政的对象，他们不能享受人民的权利，却要遵守规定的义务。"（第一个释义项："1. 取得某一国家国籍的人。"）叶圣陶当天立即"作书至建功、家霖，告以灿然自字典中看出毛病，颇严重，宜急谋补救，作勘误"。第二天，叶圣陶、魏建功、萧家霖、恽逸群一起"商补救错误之办法。尚有二百万册未印，可以改版。已印之三百万册只得刊误矣"，同时明确了具体责任人："当时油印分发原稿，多数人看过，余亦看过，未经发觉，仅恽一人曾标明应改动，而萧君等未之改。"② 由此可见，当编辑、做编校历来都不是件轻松的活，编辑自己著书尤其是编写字典、教材、地图等，更是不省心。

最后，是《新华字典》初版的发行和再版的修订（1954 年 7—12 月）。《新华字典》初版全部由新华书店发行，上市不到半年，即全部

---

① 方国楣:《新中国第一本字典——〈新华字典〉首版印装记》，曾载人教网站。

② 商金林:《叶圣陶年谱长编》第 3 卷，人民教育出版社，2005，第 393 页。

销售一空。对初版的修订再版，又提上了议事日程。本应适当修订，稍微改动，加以完善，但《新华字典》初版为音序排列，北方人对国家通用语言和注音字母掌握问题不大，而南方人方言重则不然，查阅起来比较费劲。于是，魏建功决定修订再版，"改按音序排列为部首排列"，"既按部首则悉照《康熙字典》"。[①] 过去一直忙碌不停、此时已60岁的叶圣陶决定放手，让魏建功和恽逸群这两位辞书编辑室正、副主任负责《新华字典》部首版的最后审读和出版工作。

字典不同于一般书籍，是人人要看的工具书，如同教科书是学生都要读的书一样，是非常特殊、十分重要的精神产品。它们不仅应具有简洁性、可读性、科学性、思想性，更应具有规范性、标杆性、经典性、权威性，不能容忍编校失误。正因为如此，魏建功、叶圣陶才会成立一个编写辞书的专门机构——新华辞书社，专心编写供大众和学生阅读的字典——《新华字典》；也才会在百忙之中费了三年多时间，不知疲倦、不辞劳苦地反复修改和不断打磨这本小字典，即便最后把自己折腾得筋疲力尽、苦不堪言，也在所不惜、无怨无悔。难能可贵的是，他们俩除了理性认识、职业习惯和责任感、使命感之外，还有一份浓浓的字典情怀和志趣，由此才能坚持不懈并乐此不疲，持续地保持兴味。还有，对这本字典，魏建功一直主持并主编，叶圣陶始终扶助并终审，但他们都没有在出版的《新华字典》上署名，更没有因此得利。虽然他们对这本字典自我评价不高，如魏建功谦虚地自评"此字典仅属草创，总算脱了窠臼，不如其他字典之抄来抄去"，却创造了一部精品力作，创新了一个图书品牌，至今无人超越，纵然多次改版仍不更其名。

---

① 商金林：《叶圣陶年谱长编》第 3 卷，人民教育出版社，2005，第 429 页。

魏建功先生虽然离开人教社，但人教社和他仍然保持着密切联系，特别是国家通用教材语文以及文学、汉语教材的编写，都不同程度地征求了他的意见。比如，1964年人教社新出的统编小学语文教材（编者为蒋仲仁、陆静山、袁微子、张田若、钱琴珠、吕梅影、刘永让、梁俊英等）的后记中提出："承魏建功、吕叔湘、王了一等同志审阅，给予不少帮助。"

初级小学课本

语文

YUWEN

第三册

1964 年版统编教材《初级小学课本语文》

朱文叔：不能忘却的教科书编辑大家

朱文叔（1896—1965）

  我的职业是专业的课本编辑工作者，特长是有编辑中小学教科书的经验，知道中国语文的一些特点。

  节约，最根本的是时间的节约，消灭课本中语文上的疙瘩，使便于阅读和理解，以节约教学时间，这也是我的工作信条之一。

——朱文叔

《人民日报》1994 年 7 月 27 日发表石枫的短评《想起"校订者朱文叔"》：

关于出版物编校质量低下的批评，近几年不时见诸报端，到底有没有纠治的良方呢？

我由此想到少年时代印象很深的一件事来。40 年代，我读小学和初中时，发现凡是中华书局出版的课本，都能见到在版权页上赫然标出一行："校订者朱文叔"。看得多了，印象就深了，后来又发现中华书局出版的各种书籍，校订者都是朱文叔。我当时并不懂得其中的意义。解放后，叶圣陶先生把朱文叔请来参加新中国中小学教材建设，朱文叔曾担任人民教育出版社副总编辑。不过再没有见过朱先生在版权页上署名。关于他的学识素养和校订水平之高仍为内行所称道，流传着许多佳话，可惜在出版界之外知道他大名的人不多了。

朱文叔（1896—1965），名毓魁，字文叔，号如一、贲起，1896 年 1 月 20 日生于浙江省嘉兴市桐乡县（今桐乡市）濮院镇，编辑出版家、语文学者，也是中小学教材专家、少儿读物创作家。叶圣陶曾以"旧学蜂成蜜，新知鲸吸川"的诗句，赞扬他的知识渊博和勤奋好学。吕叔湘则对他关于汉语词汇的文章十分欣赏，并广为推荐。朱文叔先后在中华书局、人教社从事编辑工作长达 40 多年，并把主要精力放在了他倾心的教材和图书编辑上，乐于从事文字工作，安之若素，勤勤恳恳，兢兢业业，从不慢待文稿，也不计较个人得失，几十年如一日，在业务知识和工作作风上，都堪称编辑工作者的楷模和榜样。

一、学生时代的"读书力"和"发表力"

做编辑工作的，年轻时一般都是好学生，善学习、好读书、搞研究、写文章，是他们主要的表征。朱文叔也不例外。早年，他在家乡先上私塾，后入小学，当学徒时也是手不释卷。1912 年 16 岁时，他考入浙江省立第一师范学校（简称"一师"），校长经亨颐，教师李叔同、夏丏尊、叶墨君、沈仲九等，同学杨贤江、丰子恺、傅彬然、刘质平等。对他影响最大的业师是夏丏尊，夏先生是舍监，也教国文，经常与学生接近，还于课余教他日语。他最要好的同班同学是杨贤江，"在校时和杨贤江兄齐名"。① 两个人都很用功学习，还常一起到西湖边的浙江省立图书馆看书，并且都很喜欢国文和日语，均是"读书力"和"发表力"极强的优秀学子。朱文叔曾在《我的自学的经过》一文中说，"我的读书力的养成，第一要感谢母校的藏书楼和阅览室"，还"要感谢的，是浙江省立图书馆"，前者"使我在正课以外，有尝点野味的嗜好，才养成我随便什么书都欢喜翻开来看看的习惯"。"但是，单是读书，单是吸收，是无用的，依心理原则，读过的书，吸收来的知识，必须经过自己的融会贯通，应用出来，发表出来，才能确实把住，不会忘却。应用的次数越多，那感应结便越强固，把住便越坚实"。而"我的发表力的养成，第一要感谢母校的《校友会杂志》和《学生杂志》"，"我的投稿，虽然含有经济的原因，但是发表的兴味究竟也是一个要素。同时因为发表欲越强，读书欲也越强；多读一本书，发表的质料也便增加许多，我现在摇笔杆儿的生活，便在这时打下了基础"。②

---

① 曹聚仁：《悼念朱文叔兄》，载曹聚仁著《天一阁人物谭》，上海人民出版社，2000，第 286 页。

② 朱文叔：《我的自学的经过》，载章克标等著《中学毕业前后》，开明书店，1935。

1914 年，朱文叔的作文《甲寅年游记之一》获一师学生征文第一名，并刊登在《校友会杂志》上，这大大激发了他进一步创作和读书的热情。在学期间，他发表了 20 多篇有关师范教育、道德教育、女子教育、人格发展、青年修养和数学教学等方面的文章，所载刊物既有普通的一师《校友会杂志》、《壬丁》和杭州《教育周报》，也有影响力很强的《中华教育界》《新青年》《学生杂志》。1916 年，中华书局就各省地方志进行征文，朱文叔写了一篇《浙江省志》投稿《中华教育界》，又得了个第一。这年暑假，他到该书局编辑所临时帮了两个月的忙，所得薪金便做了他读师范最后一年的学费，加上他发表的文章，中华书局编辑就记住了他这个优秀的师范生，这些为他后来到这里工作做了铺垫。

二、教科书编辑的一个核心素养

教学经验或教书经历，对于一般编辑来说并非核心素养，但对教科书编辑而言则是必要条件、关键能力。朱文叔一生编写或校订的主要是中小学教科书，所以他早年在杭州小学和师范四年的教书经历和教研工作，为他后来的编辑工作奠定了很好的基础。

朱文叔 1917 年从一师毕业后，先在杭县三小当了半年教员，后主要在浙江省立女子师范学校（简称"女师"）及附小教书，在小学教史地，在师范本部教国文和教学法。为此，他开始钻研文法和修辞，阅读了《马氏文通》《中等国文》等书，注意研究语体文与文言文，以及中外文法的异同等问题，积累了国学基础知识。当时，《新青年》等一批杂志刊登了许多进步文章，朱文叔在"女师校务之暇，一本一本翻开来看。读杂志的结果，启发了我的多方兴味，使我对于许多学问，获得一点起码的常识，虽然是杂而不纯，博而不精，但在我后来九年半的编辑生活上，很有帮助，《国语文类选》便是我那时读杂志的一点遗迹"。[①] 他还不忘提高自己的日语水平，常常借阅一些日文书，逐渐从过去只能看懂一些科学原著，到能看懂人文原著。其间，他曾随同浙江省教育会会长、一师校长经亨颐等到日本考察教育，获益殊深，颇有感慨。

　　为进一步提高"发表力"，朱文叔利用在各种公共集会或团体中担任书记职务的机会，练习和提高自己速记和整理文稿的功夫，逐渐做到了"耳快、心快、手快"。他说："当时浙江省教育会或女子师范请名人演讲的时候，差不多回回是我的记录。"[②] 杜威 1919 年 5 月到杭州的几次演讲（郑宗海翻译），就是朱文叔记录的，其中《平民教育之真谛》和《女子教育之新义》这两篇发表在《教育潮》上。此外，他还在《校友会杂志》《中华教育界》《学生杂志》

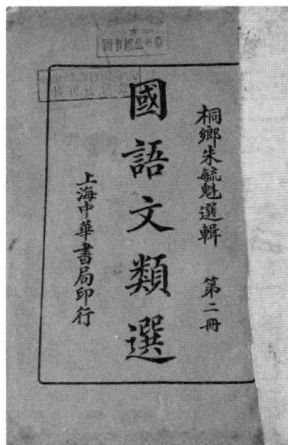

朱文叔出版的第一本著作
《国语文类选》（1920）

《教育潮》《教育周报》上发表了多篇关于小学教育、学科教学、教师教育方面的论文。

　　1920 年初，朱文叔在女师的同事、曾教过他的老师张相（即张献之，1877—1945）二进中华书局编辑所，担任教科图书部部长。张相要他将新文学革命以来最流行的"国语文"即白话文，分门别类地选辑成册加以出版。该书名曰《国语文类选》（4 册），内容分文学、思潮、妇女、哲理、伦理、社会、教育、政法、经济、科学 10 类，共选新文学大家的作品 95 篇。《国语文类选》与商务印书馆出版的《白话

---

① 　朱文叔：《我的自学的经过》，载章克标等著《中学毕业前后》，开明书店，1935。
② 　同上。

文范》都是最早专门编选白话文的中学国文教材和著作，并受到舒新城的肯定，舒新城曾以此书教育那些反对白话文的旧国文学者。

三、中华书局教科书的"金牌编辑"

1921 年 7 月，朱文叔经张相介绍，进中华书局编辑所教科图书部当编辑，主要任务是编中小学文史地和师范教育科目的教科书。1934 年，朱文叔升任教科图书部副部长（部长金兆梓），张相为编辑所副所长（所长舒新城）。至 1949 年 7 月离职进京，朱文叔在这个部门干了 28 年，不仅工作量最大，而且质量也很高，逐步成为中华书局文史地教科书的"金牌编辑"，乃至全国出版界的知名编辑。

中华书局 1912 年成立后，十分看重教科书，初创时期出有"中华教科书""新制教科书""新式教科书""中华女子教科书""新教育教科书"系列。"五四"运动特别是 1922 年新学制颁布之后，又推出了"新教科书""新中华教科书""新课程标准读本""新编教科书"等系列。到 20 世纪 30 年代，便发展成为与商务印书馆比肩的图书出版界的龙头。这其中有朱文叔的一份功劳。他在一份内部材料《自传》（1956）中回忆说，中华书局 1917 年曾搁浅，那时候元气未复，借债经营，全靠教科书营业的盈利来还债、来再生产，所以同人待遇很薄，但工作却很忙。一开始，"张先生把小学文史地三科的教学参考书和师范学校教育科目教科书的工作完全交给我主持，事情既忙且杂，因而耽误了自修，而且自己一天到晚，一年到头，局促至中华书局的小圈子里"。后来，张相又把一部分教科书的编写，甚至主持编写（含独著、领衔、主编）工作，交给风华正茂、年富力强的朱文叔来做，使其才华和能力得到进一步施展。

根据王友朋主编的《中国近代中小学教科书总目》（上海辞书出版

社，2010）和人教社图书馆"中国百年中小学教科书全文图像库"（民国部分）可知，朱文叔在中华书局编写、校订并出版的教材（含课本和教参）共计 81 种（小学 65 种，中学 7 种，师范 9 种），成为自清末以来编写编辑教材最多者之一。而且这些教材绝大多数是在全面抗战爆发前完成的。其中，小学修身、公民和社会 18 种，国语（含南洋华侨教材）35 种，历史 3 种，地理 4 种，自然常识 4 种，商业 1 种；中学国文 6 种，地理 1 种；师范教育学科 9 种。在这 81 种教材中，由朱文叔编写（含自编、主编或参与编写）的有 37 种，校阅（含合作）的有 44 种。这里仅列举两例，重在说明其选文之亮点。

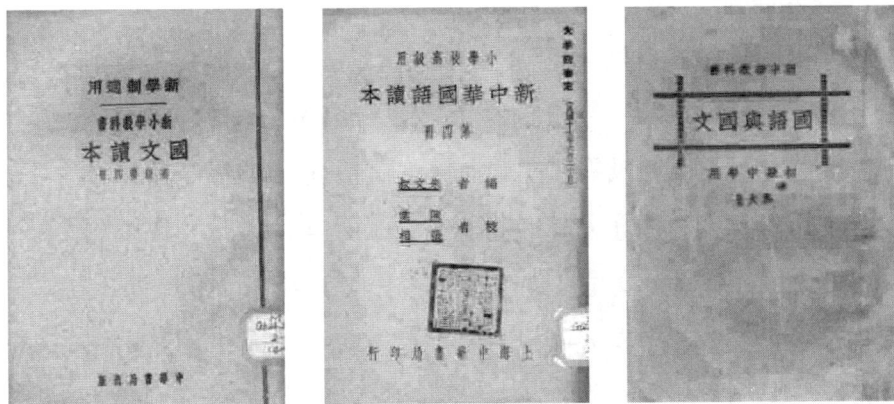

朱文叔早年编写的中小学语文读本——"新学制""新中华"教科书

1922 年 11 月北洋政府颁布"新学制"（"壬戌学制"），第二年 6 月又刊布《新学制课程标准纲要》。据此，中华书局推出了"新学制适用"的"新中华教科书"系列，朱文叔则参与了其中的"新中华小学教科书"公民、国文等教材的编写工作。为此，他创作了一系列少儿读物，并收录课本之中，如《田家四季歌》《天空的景色》《老虎叫门》《两只羊过桥》《两只小鸡》《蝴蝶姑娘得救了》《水是应该浇在根上的》《当心你自己》等。

1932 年 10 月，教育部正式颁布《中小学课程标准》。随后，中华书局推出一套"新课程标准适用"的新教科书，朱文叔主持编写了十二年制中小学全学段的语文教科书《小学国语读本》（初级 8 册）、《小学国语读本》（高级 4 册）、《初中国文读本》（6 册）、《高中国文读本》（3 册）及其教学参考书。其中，他独著的《初中国文读本》（舒新城、陆费逵校，1933—1934）主要有两大特色。第一，选入了不少新创作的课文。该书"编例"称："本书编选主旨，一方面顾到文学本身，一方面更注重民族精神之陶冶、现代文化之理解，故除选录成文外，又特约多人，按照初中学生程度，分别撰述既富兴味又有内容之文字，编入各册，藉矫从来偏重文艺文之趋向。"读本收入的"特约撰述之作品"，有朱自清《春》、叶圣陶《晨》、舒新城《雾》、李石岑《人》、闻一多《青岛》、竺可桢《天气》、熊佛西《枯树》、孙福熙《夏天的生活》、金兆梓《风雪中的北平》、陆费逵《敬告中等学生》、廖世承《青年生活》、庄泽宣《邮政寄人》、陈衡哲《新时代的女子》、陈望道《修辞》、黎锦熙《文法》、刘复《习作方法论》、任鸿隽《科学的头脑》、陈兼善《进化论浅解》、周昌寿《物理学和人生》、顾颉刚《怀疑与学问》、丰子恺《美术与人生》、杜亚泉《人和自然》、张耀翔《喜怒忧惧》、蔡元培《美育与人生》、潘文安《读书和修养》、余上沅《戏剧》等。此外，还收入朱文叔本人新创作的《月光》（署名"文叔"）、《"新铭轮"途遇飓风记》（署名"文叔"）、《詹天佑》（署名"如一"）、《叶澄衷》（署"如一改编"）、《爝火》和《思母》（署"如一改译"）。第二，每册均按八个模块编列。该书"编例"称："本书编制，采用分组办法，每组分量，约足供两周之用。每册之首，各冠以教材支配表，详列本册各组各课之教学目的及题材、内容等等，期于教学时得收提纲挈领之效。"此外，《高中国文读本》（1934）也是按照 12 组主题板块选文的，并注意与初中读本相衔接。对于朱文叔所编教科书，作家曹聚仁在《悼念朱文叔兄》一文中评价："我相信今日四五十岁以下的人，多少一定读过他所编注的中华初中高中国文教本。我曾经说过，单就语文史地教本来说，'开明'第一，'中华'次之，'世界'则好坏不一定，'商务'总是那么老大。语文方面，文叔兄所编注的，倒可以和叶圣陶、朱自清、吕叔湘诸公之所编注的相颉颃。要说'功德在人间'，文叔兄一生就献身在语文编注功夫上，自有其伟大之处。他的声名，好似不及和他同级的丰子恺兄，在我的心头，却觉得文叔更高于子恺，此非一人之所见也。"

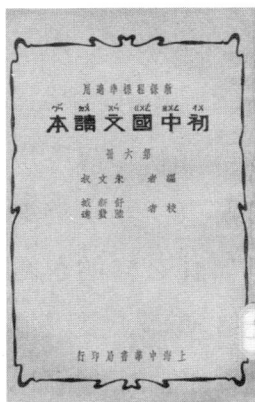

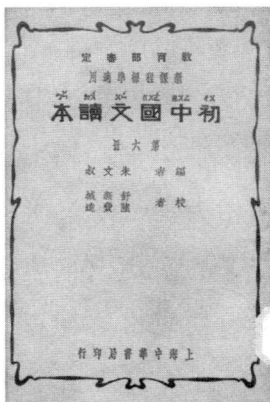

朱文叔在中华书局编出的中小学全套国语、国文读本

编教科书与教小学生一样，都是为了下一代的教育，而且对于孩子的影响面更大，所以朱文叔对在中华书局编教材工作很满足、很专心，也十分认真负责。他在编辑过程中，始终处处为孩子们着想，选材方面，力求找最好的东西给孩子们读，有时候为了找一篇内容好、可以改写为课文的作品，竟到了费两三天到一星期工夫的地步。在文字上，一字一句都加以推敲，或与张相等一同商量斟酌，力求减少孩子们阅读时的障碍。朱文叔在《我的自学的经过》中说："出教科书是比较郑重的，一部教科书编好了，不知要打磨多少遍，才付排印。无论我自己编或别人编的书，打磨的时候，我总是仔细把原文一课一课读过……经过长时期的训练，我便养成了吹毛求疵的习惯，一篇文章拿上手来，总想找出它的缺点来，这是我的职业使然。"他还说："一年又一年，我做这工作越久，对这工作越爱好，爱好到有点迷恋了。"

朱文叔治学严谨，擅长语文，对汉语词汇颇有研究。他说："语言文字实在是人生最重要的工具。我之所以幸能不为生活的落伍者，也全靠对于语言文字有一点儿素养。关于语言文字的素养，最重要的，不必说是读书力和发表力。我现在，只有可以看懂一切常识的书籍的读书力，只有自己有了什么感想就能动手写出来的发表力，原是浅薄得很，但只此已经受用无穷。"这个本领和素养既源于其求学和教书时期的刻苦努力，又缘于其在中华书局当编辑时练就的一身本事。朱文叔初到中华书局，就拜张相为师，学会了使用辞书尤其是类书的方法和目录之学，掌握了读古书的诀窍，知道了编辑什么样的东西要查找哪一类的书，以及各个历史朝代重要学者的重要著作，文史地书籍校勘的功夫大为提升。他晚年在《自传》中说过："我在中华书局的时候，深受张献之先生的影响，他为人极周到，我和他相处二十多年，他从来没有一句话使我听了不舒服。所以我对教科图书部同事也都是客客气气的，从来没有说过分量很重使人不好受的话。"张献之是中华书局拳头产品《辞海》（1936）的主编之一，代表作为《诗词曲语辞汇释》（中华书局，1952）。对此，朱文叔都有参与、多有贡献。郑逸梅说："他在中华书局时，除编刊了很多教科书外，又助舒新城、徐元诰等主纂《辞海》，钩玄提要，颇有贡献。"[1]1958年4月，经毛主席同意，上海市委向中央提出重编《辞海》，由主编舒新城提出了"电报最后附有请调的六人名单"，其中包括朱文叔（前《辞海》主要编辑，在人教社工作）、刘范猷（前《辞海》编辑，在湖南历史考古研究所工作），以及朱谱萱（在北京外文出版社工作）、余振（在北京大学俄文系工作）、曾彦修（在人民出版社工作）、高觉敷（在南京师范学院工作）。[2]张献之在《诗词曲语辞汇释》一书《叙言》中仅鸣谢一人，即曰："书成，由桐乡朱文叔氏磨勘一过，待改订数十事。"

上海中华书局及其编辑所

根据《中华书局图书目录》可知，朱文叔在中华书局也编写和出版了不少教育图书、学生读物。一是在20世纪30年代初，为"儿童

---

① 郑逸梅：《朱文叔的长衫》，载《文苑花絮》，中州书画社，1983，第33页。

② 方厚枢：《我国辞书出版史上一件珍贵的史料》，《出版科学》2004年第5期。另见《中华书局重编〈辞海〉》，载张树军主编《图文共和国年轮1（1949—1959）》，河北人民出版社，2009，第607—608页。

古今通""小朋友文库"编写的《百喻经寓言》《列子童话》《史记故事》《左传故事》。这些著作都是适合少儿阅读的我国古代名著的改写本，2002 年和 2018 年，中华书局、人民文学出版社先后重版了这几本书。二是在 20 世纪 30 年代中期，与朱穌典、金兆梓主编了《初中学生文库》，共计 256 种、300 册，包括总类、哲理、教育、社会、史地、艺术、语言文学、自然科学和应用科学 9 类。三是与舒新城、姚绍华、朱穌典主编了"中华文库"《小学教师用书》《民众教育》《初中》《小学》等，于 1947—1948 年出版。参与上述这些书籍的编写，也奠定了朱文叔在儿童文学界和少儿出版界的地位。

朱文叔在中华书局工作初期，继续钻研日语，水平大为长进，不但能阅读日文原版书籍，而且在《中华教育界》《教育杂志》《学生杂志》上发表了一些译文，还在编写教科书过程中选译了一些课本。他思想活跃，深入钻研和思考许多有关本职和业务之外的教育和社会问题，也发表了不少论文。根据"民国时期期刊全文数据库（1911—1949）"，朱文叔在中华书局工作期间发表的文章有 30 多篇。其中，有关于课程教材研究的，如《国家主义与中小学地理教学问题》（《中华教育界》，1925）、《关于小学国语读本的几个重要问题》（《中华教育界》，1931）、《怎样使教科书适应儿童和社会的需要》（《中华教育界》，1931）、《读修正师范学校国文课程标准》（《国文月刊》，1946）等，有关于教育改造和革新的，如《中国现代教育之两种桎梏》（《教育杂志》，1929）、《今后妇女教育的改造》（《妇女杂志》，1924）、《教育建设刍议》（《新中华》，1945）、《今后农人教育的两要点》（《新中华》，1946）、《学校中的政治休战》（《新中华》，1946）等，有关于汉语词汇研究的，如《一个常用字的意义和用法》（《现代周刊》，1946）、《什么叫作"学"？》（《现代周刊》，1946）等，有语文课文和儿童文学的作品，如《老虎叫门》与《两只羊过桥》（《新小学国语文学读本》，1923）、《诚心诚意》与《好兄弟》（《小朋友》，1928）、《月光》与《"新铭轮"途遇飓风记》（《初中国文读本》，1933）等，还有关于社会问题的讨论，如《布尔乔和社会连带主义》（《东方杂志》，1924）、《告知识阶级的朋友们》（《贡献》，1928）、《殖民地民族运动和英帝国的将来》（译文，《东方杂志》，1930）、《军事的胜利与文化的胜利》（《新东亚》，1944）等。这些文章标志着朱文叔社会观、教育观，尤其是学科教学和教材思想的形成。

朱文叔在中华书局既不兼外职，也不挣外快，工作专心致志。正中书局成立后，吴大钧几次要他业余时间为该书局主编小学教科书，老校长经亨颐当选国民党中央委员和执委时也要他做秘书，朱文叔都以患肺病和神经衰弱症为由谢绝。不过，朱文叔在中华书局也有两次间断工作的情况。第一次是在1938年初，中华书局大裁员，朱文叔也在被裁之列，每日仅给少许的维持费。过去，他向来不兼外职，失业后，便由同乡介绍，先至大夏大学附属中学教国文半年，后到东吴大学教国文一年半。1940年10月，在上海租界的中华书局编辑所一部分人员复工，朱文叔又回到原先岗位。太平洋战争爆发，日寇侵入租界，人民备受侮辱压迫，民族资产被摧残掠夺，中华书局书栈、纸栈也横遭劫掠，加之奴颜婢膝、丧失民族气节之事耳不忍闻、目不忍见，朱文叔愤激之至，竟跳楼自尽，重伤了左足，留下了终身残疾。郑逸梅说："恰巧那时他身穿一件宽大的夏布长衫，下跃时，纽扣脱开了一些，长衫被风鼓起，飘飘然有如一顶小小降落伞，减轻了骤然下坠的猛力，幸而没有殒命，仅足部受了重伤，虽然多方治疗，还是不良于行。"[1]第二次是在1946年初，由业师夏丏尊介绍，并商得中华书局同

---

[1] 郑逸梅：《朱文叔的长衫》，载《文苑花絮》，中州书画社，1983，第33页。

意，朱文叔请假至台湾担任教科书编辑委员会主任，主要任务是编辑当地用的教科书。由于人员很少，水平不高，工作做不起来，只编了一本中学语文课本。半年之后，他又回到中华书局，仍旧在教科图书部工作。

四、服务新中国语文教材编审事业

1949 年 4 月 21 日，《人民日报》刊登《华北人民政府成立教科书编审会》。朱文叔看到这则消息后，发现友人叶圣陶、宋云彬、傅彬然等都在该会工作，不禁心向往之。上海解放后，他就写信给叶圣陶，表示渴望到该会工作。不久，接到叶老复信，即于 7 月 5 日只身北上，离开了工作 28 年的中华书局，这年他 53 岁。到京以后，他被安排在教科书编审委员会国文组做编辑，该组成员有叶圣陶（兼）、宋云彬（召集人）、孙起孟、孟超。华北人民政府教育部发给他一个聘书，印着"全心全意为人民服务"九个红字。他手里捧着聘书，眼睛盯着这九个红字，久久不能放下，并深喜此生已得归宿。他由此焕发了新活力，踏上为新中国编审多套中小学文史教材的新征程。

为了做好编审工作，朱文叔一到任，就阅读了毛主席著作《论人民民主专政》《中国革命和中国共产党》《论联合政府》《目前形势和我们的任务》，并重读了《新民主主义论》。他的第一份工作是修订华北人民政府教育部审定的《初级小学国语课本》（8 册）和《高级小学国语课本》（4 册）。1949 年 10 月 1 日，毛主席在天安门城楼上庄严宣告"中华人民共和国中央人民政府成立了"的时候，北京、华北乃至全国的小学生已经用上了他们编审的开国课本。

新中国成立后，朱文叔出任出版总署编审局第四处副处长（处长傅彬然）。该处主要负责部分教科书和一般读物的编审工作。朱文叔的主要工作，首先是修订华北版的高小国语课本。这一轮下的功夫很大，事实上几乎等于重编，所以交由新华书店 1950 年 6 月出版时的名称就改为《新编高级小学国语课本》（4 册）。比如，第四册《开国大典》这一课的课文就是朱文叔新写的。他说："写《开国大典》这一课的时候，我深深体会到'中国人民站起来了'这句话的伟大意义，我用全部欢欣鼓舞的感情写了这一篇。"（《自传》）其次是与宋云彬共同主持新编了《初级中学语文课本》（6 册，新华书店，1950）。如前文所述，这套初中语文课本是我国最早使用"语文"字样的教科书。从 1951 年春季学期开始，《新编高级小学国语课本》《初级中学语文课本》与魏建功、周祖谟等编写的《高级中学语文课本》，成为全国通用的中小学语文教科书。此外，朱文叔还参加了人民政府人民革命军事委员会总政治部编印的"部队小学课本"（6 册）的审阅工作。他说："从初校到付印，每一道都经过我校对。书要克期出版，校件今天送来明天就取回，我总是在夜间赶校完毕。这是解放军全军战士读的书，我深以我能够参加这项工作为荣。"（《自传》）

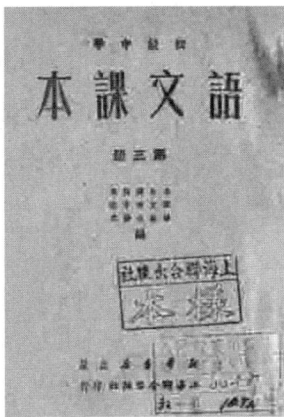

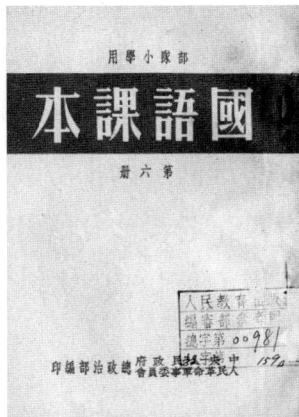

朱文叔在新中国成立前后参与修订、编写和校阅的国语和语文课本

　　1950 年 12 月 1 日，教育部和出版总署共同成立人教社，私营出版社开始全部退出中小学课本的编写、出版和发行的业务。朱文叔任人教社社务委员，后又任副总编辑，协助叶圣陶、宋云彬分管语文组。1952 年，语文组一分为二，朱文叔分管中学、小学语文编辑室。1954 年，戴伯韬、吴伯箫调到人教社担任领导职务之后，朱文叔又协助辛安亭副社长、副总编辑管小学各科联系的工作，直至 1965 年去世。

　　朱文叔到人教社工作之初，主要是负责修订小学语文课本和参与起草《小学语文教学大纲（草案）》。1951 年教育部提出，从 1952 年起，小学实行五年一贯制，并要求人教社尽快重编新的小学课本。于是，朱文叔与语文组组长刘御共同主持编写了一套五年制的《小学课本语文》（3 册，1952）及其教学参考书。这套教材意义非凡，是新中国首次新编、首次使用"语文"名称、首次配套教参，并引发了第一场关于语文教材论争的小学语文教科书，还精心做了装帧设计，邀请一批专业画家绘制了大量插图、彩画。对此，叶圣陶在 1952 年 4 月 5 日、23 日、27 日的日记中，较为详细地记载了朱文叔关于这套教材插图的设想、督促中央美院师生修改完善插图的情况和体会。教育部和出版总署从 1952 年秋季开始，将这套教材作为"小学部分"语文教科书的首选向全国推荐。此外，为了配合教材使用，朱文叔还在《人民教育》杂志发表了《小学课本语文第一册八个练习的说明》（1952），并撰写了《小学语文教学法要旨》（未发表）。

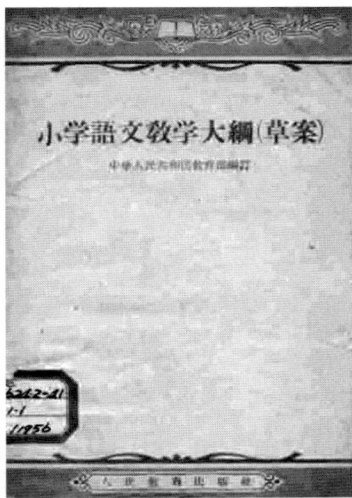

朱文叔参与主编的小学五年制语文课本（1952）
和参与起草的《小学语文教学大纲（草案）》（1956）

1953 年 5 月，毛主席主持召开中央政治局会议，作出了抽调大批教育干部和学科专家充实人教社教材编写队伍的决定。接着又分别成立了中央语文和历史教学问题委员会，研究确定文史教学大纲和教材的编辑方针、原则及一些重大的具体问题，如语言、文学分开教学和编教材等。教育部就编订统一的教学大纲、教科书及其教参，责成人教社"对当前任务、编辑方针、组织机构及组织领导作出新的决定"，由此拉开了新中国第一次统编教材大会战的帷幕。朱文叔作为副总编辑，在叶圣陶指导下，主持草拟了 1956 年的《小学语文教学大纲（草案）》，参与了中小学文史教科书和教参 20 多种、百余册的审订工作，其中主要与叶圣陶、辛安亭、吴伯箫审订了中小学语文课本，与叶圣陶、吕叔湘、吴伯箫、蔡超尘审订了中学汉语课本，与叶圣陶、巩绍英、陈乐素、邱汉生、苏寿桐审订了中小学历史课本。

1958 年，中学文学、汉语分科教学改革实验停止，朱文叔、吴伯箫与中学语文编辑室（简称"中语室"）的同事便投入新教材《初级中

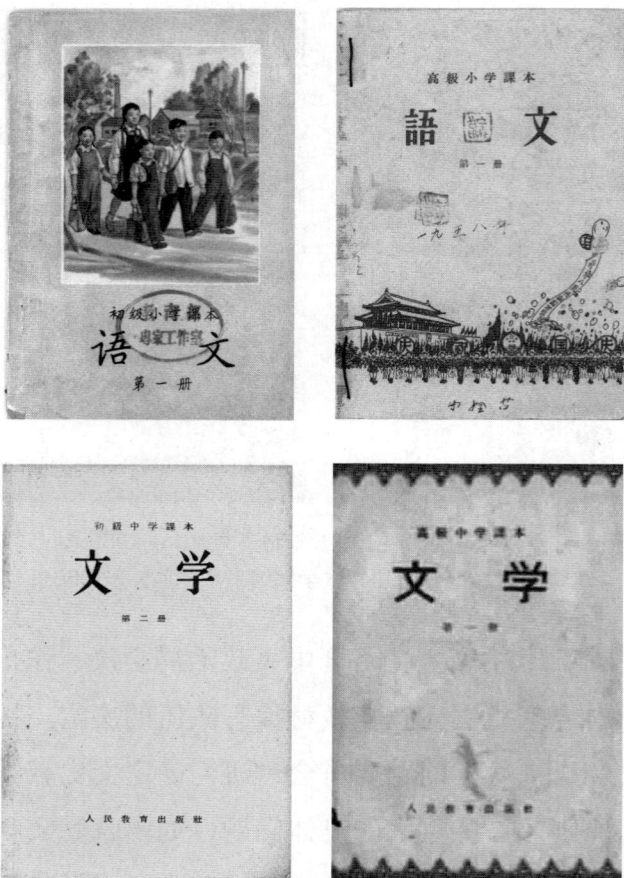

朱文叔参与审订的小学语文和中学文学课本（新中国首套统编教材）

学课本语文》（6 册）、《高级中学课本语文》（6 册）及其教参的编写工作。同时，又与辛安亭率领小学语文编辑室（简称"小语室"）蒋仲仁、陆静山、袁微子等对第一套统编小学语文课本及其教参进行了精简和修订。此后，朱文叔还参与了 1960 年的十年制学校中小学语文实验教材与 1963 年十二年制学校中小学语文教材的编审工作，从而为新中国成立后的中学语文教材建设作出了积极贡献，成为奠基人和开拓者之一。

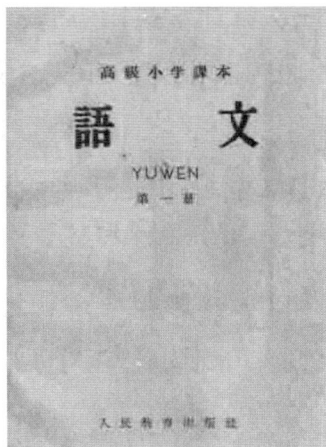

20 世纪 60 年代朱文叔参与审订的统编小学语文课本

朱文叔在人教社工作时期发表的文章并不多，如《浙一师时代的杨贤江》(《光明日报》1949 年 8 月 9 日)、《"深"和"浅"——学习词汇的一例》(《语文学习》1951 年第 1 期)、《用词一致》(《编辑工作》1954 年第 3 期)、《书面语言在儿童语言发展中的作用及其他》(《人民教育》1954 年第 12 期)、《谈谈"木"字的两个意义》(《语文学习》1959 年第 8 期) 等文章，但是每篇都是佳作。《新闻写作要顾到读和听的便利》(《人民日报》1950 年 6 月 7 日) 文中提到的要"有很好的语文素养",被认为是我国最早提及"语文素养"一词的文章。[①] 最为有名的文章,就是他 1951 年发表的《"深"和"浅"——学习词汇的一例》。吕叔湘先生在《咬文嚼字》(1980)中说:"咬文嚼字还有另外一面,就是拿到一个字细细地研究一下,这个字到底是什么意思?哪些地方可以用?这样地来研究也是一个方式。说到这里,我想推荐一篇文章请大家看看。《语文学习》创刊号上有一篇《深和浅》,是朱文叔先生写的。文章不很长,研究'深''浅'两个字。这样的文章,对我们学习语文很有帮助。这本杂志现在不好找,是否在《语文学习讲座》上翻印一次,让学员同志欣赏欣赏,看怎么样学习词汇。'深'和'浅'是很普通的两个字,可是这里边有很多意思可以说,朱先生讲得很透彻。"后来,他这篇《"深"和"浅"——学习词汇的一例》还被收入人教社中语室编的《初级中学语文(实验本)自读课本》第 6 册(1992)。

过去,朱文叔从来没有接触过中国共产党和共产党员,在京他跟胡绳、金灿然、叶蠖生、王子野、蒋仲仁、武纤生、王城等一起工作,"总的印象是,觉得共产党员个个是好人,个个是亲切和蔼的人,不觉得彼此之间有距离",并下决心"一定跟党员同志一样,全心全意做工作"。(《自传》)而且,是从最基础的搜集资料和最平凡的校对工作开始。比如,为了响应"正确地使用祖国的语言"的号召,《人民日报》分别约请叶圣陶、吕叔湘撰写语法、修辞系列文章,朱文叔负责收集资料,每一篇都参与提意见。该报以及人民出版社出版《毛泽东选集》第 1 卷、中央编译局编辑《斯大林全集》、国务院制定《农业生产合作社示范章程》等文件,都请朱文叔做过审读,所得稿费大

[①] 赵莹莹:《从"语文素养"看"语文核心素养"的内涵及特征》,《牡丹江大学学报》2016 年第 11 期。

部分买了国债，小部分买了书籍。此外，朱文叔作为审订委员，还参加了吕叔湘主编的《现代汉语词典》（试印本，商务印书馆，1960）的审订工作。胡乔木 1981 年 10 月 15 日在给周扬、张光年的一封信中提及："我虽也常写些文章，却深感自己语法修辞逻辑的训练不足，以至写出来的东西每看一次，就发现许多疵点。五十年代开第二次文代会，我曾准备过一个讲话稿（后未用）。送叶圣陶先生的一份，承他与朱文叔先生共同校阅，几乎每两三行就被指出一处文字错误，至今念念不忘。"①

1953 年 8 月，朱文叔的夫人周石华患癌症病逝。由于孩子都在上海，加上北地天寒、年老多病，不少朋友都劝他回沪工作。但他为人民服务、为下一代服务之志矢志不渝，在沪办完丧事即刻回京。在夫人治病的时候，出版总署和教育部领导都曾问他要不要调一个在上海工作的子女到北京工作，他都以子女在适当工作岗位上，不要为了老的牵动小的而婉言谢绝。他在《自传》中说："我虽年老丧偶，好在所有时间，大部分用来工作，小部分用来学习，不会有寂寞之感……领导上责成我社在短期间编好全套中小学和师范学校的新课本。我一定随全社工作同志之后，百分之百地做好我能做的工作。"同时，他对下一代的发展也很关心。《滨海时报》2017 年 12 月 12 日刊载文章《朴实无华的朱文叔》说："近读朱文叔先生于上世纪五六十年代给女儿朱周晶的家信，留下难忘印象。字里行间，流露的是一位慈父对子女的爱，一位学者对事业的执着追求，一位文化人朴实无华的情怀。他的信，每一封都首先问及女儿的身体，他在北京，女儿在上海，两地气候有差异，市场供应也有所不同，何况处在国家经济困难的年代，物

---

① 　胡乔木：《胡乔木同志关于提高文化修养问题的一封信》，《文艺报》1981 年第 24 期。

资供给不正常，难免令人担忧。更让他担忧的是孩子患病。1959 年 7
月的信上说，阿咪（可能是女儿朱周晶的孩子）住院，不知检查结果
如何，盼来信告知。这段话的下面，画了红线，还圈加了重点符号。
他一时无法返沪，只能寄钱给儿女，让他们去购买食物。"

1962 年人教社副总编辑朱文叔（前排左二）、辛安亭（左三）、
张凌光（左四）与小语室编辑合影

1956 年 2 月，朱文叔列席第二届全国政协第二次全体会议，并
在大会上就知识分子问题发了言。在政协召开的晚会上，他与人教社
历史编辑室主任陈乐素还受到了中央领导的接见。同年底，他递交了
入党申请书，并于 1956 年 8 月经戴伯韬、蒋仲仁介绍，加入了中国
共产党。

朱文叔晚年身体不好，但仍带病坚持工作。1964 年，即在他去世

的前一年，他还带领人教社小语室张田若等编写了《农村杂字》《今古贤文》。值得一提的是，1964 年 3 月 25 日朱文叔在《干部鉴定表》中填写道："我的职业是专业的课本编辑工作者，我的特长是有编辑中小学教科书的经验，知道中国语文的一些特点。"并在"自我检查"材料中总结了自己的"工作信条"：

课本工作是培养革命后代的工作，我要求自己，在工作中必须贯彻执行党的教育方针，不让资产阶级的思想和习惯势力侵蚀年青一代，不让我们的课本里有一点政治灰尘和政治微生物。在课本选材上，我严守政治第一艺术第二的标准，我从来没有因为文字稍微粗糙一点就否定政治质量好的教材……我的工作大半是文字加工工作。文字加工工作必然牵涉到思想内容。我在工作中，不论整篇整段，一字一句，都先从思想内容上考察，然后动手改文字，这是我的工作信条之一。我熟悉汉语的组织结构，熟悉汉字的形体意义，语感敏锐，一篇教材上手，能够看出语言文字上的毛病，加以修改，把错误消灭；并且能够把不便于阅读和理解的地方，想办法改得便于阅读、便于理解。我们的课本是一亿中小学生读的，假如课本里有一个错字，在课堂上改正一下，全国合计起来要浪费多少时间；假如课本里有一个语文上的疙瘩，孩子们读到这儿要迟疑一下，即使只迟疑一秒钟吧，全国合计起来要浪费多少时间。节约，最根本的是时间的节约，消灭课本中语文上的疙瘩，使便于阅读和理解，以节约教学时间，这也是我的工作信条之一。

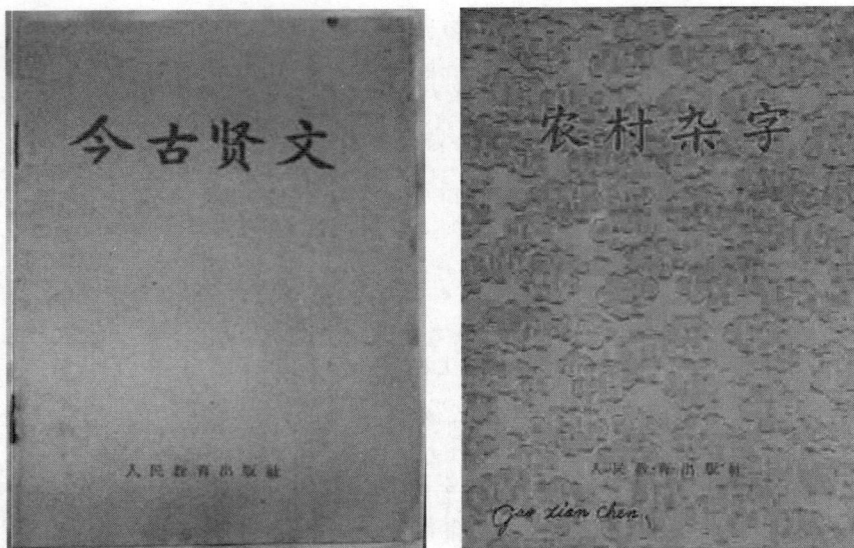

朱文叔生前最后主持编写的两部教材

领导和党内同志几次提出，希望朱文叔能够总结几十年来的编辑工作经验与语言文字研究心得。就在他正要动笔的时候，身体却出了大问题，被查出了肺癌，并于 1965 年 5 月 7 日在上海逝世，终年 70 岁。此前，他把个人藏书全部捐赠给了人教社图书馆。

2002、2018、2019 年，中华书局、人民文学出版社和知识产权出版社等先后重版了朱文叔编写的《百喻经寓言》《列子童话》《史记故事》《左传故事》等。2011 年，辽宁教育出版社重版了朱文叔等编写的小学国语课本，取名为《国语老课本》（3 辑）。最近，他早年创作的《田家四季歌》还被收录到统编小学语文教材二年级上册中。

现在重版的朱文叔的部分作品

最后，引用《人民日报》1994年7月27日石枫的短评《想起"校订者朱文叔"》后半部分，作为本文的结束语：

现在出版物编校错误之多，确实惊人。人民日报今年6月21日11版所载吴琼的文章披露：经专家检查，中央级20家出版社的23种图书，从编校看只有3种为合格品，其余全为不合格品。我想，并不是没有把关的人，恐怕一是责任不分明，二是有的人站在关上把不住。作为读者，真希望每个出版单位都有一位像朱文叔那样学养丰富、滴水不漏的校订者。

我设想，可否请出版管理部门考虑，要求每个出版单位延聘一位确有水平、能对编校负总责的校订人，并由他在所有出版物的版权页上公开署名，以示负责。

如此议不谬，并有幸被采纳的话，我相信在出版事业日益繁荣的同时，将会出现不少像朱文叔先生那样的校订名家。他们将同所出的图书一起，为读者所知，为读者所敬，而且流传久远。

刘松涛：卓越教育报刊人的语文情缘

刘松涛（1912—1990）

　　语文是一种工具，要按照学习掌握工具的规律进行教学，也就是说，要真正把语文课教成语文课。在中小学语文教学中，必须突出识字、写字、阅读、作文这四个方面的基本训练。

　　我们办刊物"要做到使读者能看得到，看得懂，看了有用"，这对我们全国教育期刊来说，是非常重要的。

——刘松涛

　　刘松涛（1912—1990），号洛寒，河北曲阳人，是卓越的教育报刊人、出色的编辑出版家，参与创建了"三刊一报一社"，并先后担任《教育阵地》《人民教育》《教育研究》杂志主编，《教师报》党委书记，教育科学出版社首任总编辑，撰写和发表了一系列有关教育问题的时评和总结老解放区教育经验的论著。刘松涛也是教材教学专家，曾在晋察冀边区、华北解放区主持编写国语等多部小学课本，又主持编订了1963年中小学语文教学大纲和教科书。从职业上讲，他对教育报刊的贡献最大；就学科而言，他对语文尤其是小学语文的贡献最多。他领衔编写的初、高小国语课本被选入"开国教科书"，并一直使用到新中国第一套统编小学语文课本诞生为止，还得到了当代教材学者的关注和好评；他以"洛寒"为名发表的《反对把语文教成政治课》和《不要把语文课教成文学课》两篇具有纠偏作用的文章，名噪一时且影响后世。

一、主编《教育阵地》杂志 编写解放区国语课本

　　刘松涛1912年6月生于河北省保定市曲阳县南杏树村。早年师范毕业后在本县担任小学教师，爱好文学与写作，思想进步。1937年全面抗战爆发，刘松涛即参加曲阳抗日人民政府的革命工作，编辑《冲锋号》。1940年，调至晋察冀边区行政委员会教育处编审科工作，历任编辑、副科长、科长，1946年1月加入中国共产党，1948年调任新成立的华北人民政府教育部第五科科长，并一直在刘皑风[①]领导下工

[①]　刘皑风（1908—2002），河北任丘人，1932年毕业于国立北平师范大学国文系。1938年参加革命工作。中华人民共和国成立后，出任教育部办公厅主任，参与筹建人民教育出版社并一度兼任社务委员，后历任高等教育部副部长、教育部副部长、国务院科教组负责人、教育部顾问等。国立北平师范大学，北京师范大学前身。北京师范大学在不同时期还被称为北京高等师范学校、国立北京师范大学校、国立北平大学第一师范学院等，下文不再一一注明。

作。到新中国成立之前，他主要做了两方面的工作。

一是参与编辑《边区教育》和负责创办《教育阵地》。1938 年春，晋察冀边区行政委员会在河北省阜平县成立，并设立了教育处，下设秘书科、教育科、编审科、督学、视导员等。《边区教育》是教育处主办的教育公报，1939 年 4 月 1 日创刊，初为不定期，后相继改为半月刊、月刊，并从油印到石印，从 16 开改为 32 开。办刊宗旨是进行抗战教育，交流办学经验，动员边区人民积极参加抗日战争，提高民族文化和民族觉悟，培养青少年，使他们能肩负起将来建设新中国的任务。1943 年 1 月 1 日《边区教育》更名为《教育阵地》，主编为刘松涛，编辑有惪颇、黄雁星、项若愚等。该刊仍为边区教育处机关刊物，主要读者是边区小学教师、民校教师及教育行政干部。初为石印本，自第 2 卷第 1 期改为铅印，前后存在 5 年，共出刊 8 卷 45 期，发行量从最初的几千份到后来的两万多份。关于《教育阵地》创办的具体情况，刘松涛曾署名洛寒，撰文《忆〈教育阵地〉》详细介绍。① 据查，刘松涛在该刊发表一系列文章，除了不署名的社论和时评之外，主要有《民校教育与减租斗争》《涞源解放后的南关小学》《谈谈初小国语的编写与使用问题》《桑文义和他的学校》《平定模范教师王职玉》《晋察冀的反奸化教育斗争》《土改斗争中的平潭街小学》等。其中《谈谈初小国语的编写与使用问题》是刘松涛最早研究学科教材和教学的文章，也反映了他早期的小学语文教学观。② 刘松涛办刊时注意书刊互动，曾以"教育阵地"社名义编辑、在新华书店晋察冀分店出版了

---

① 洛寒：《忆〈教育阵地〉》，载《老解放区教育工作回忆录》，上海教育出版社，1979。

② 郭戈：《刘松涛对新中国教育出版事业的贡献》，《中国教育科学》2023 年第 1 期。

《教育界的英雄模范》《抗战时期边区教育建设》《根据地普通教育的改革回顾》《抗战期中大后方人民的生活》《眼睛亮了》《母亲们和年轻的子弟兵》等书。新中国成立之前，他又在《生活报》《人民日报》上发表了《评最初几期"文化报"》（1948）、《万世师表——向抗日战争解放战争中英勇牺牲的教师们致敬》（1949）、《我们的哑叭》（1949）等文章。

二是主持编写了多套小学课本。全面抗战之初，中国共产党领导的各根据地开始兴办为战争服务的教育，并都编出了既不同于苏区时期、又不同于国统区的新课本。刘松涛曾做过一个统计，"在国语课本中（当时因物质条件困难，多半是国语常识合编）联系到抗日战争内容的差不多都占到百分之六十五以上，晋察冀边区一九四〇年编写的小学课本则占到全书的百分之八十二。"① 随着冀西、冀中小学逐渐发展起来，为了解决小学教材短缺问题，边区政府教育处临时组织编审科的几个人，编印了《临时小学国语读本》（6 册，1938 年 2 月），每册 30 课，供初小、高小六年级使用，取代了国民党统治的教材。这套读本曾多次修订，前后有 7 个版本，最为刘松涛所看重，他专门撰文加以总结。他认为"这些课本，绝不同于抗战以前的任何旧有的初小

刘松涛主编的《教育阵地》（1943—1947）

---

① 刘松涛：《革命战争中对儿童进行爱国教育的点滴经验——资料整理之二》，《人民教育》1950 年第 4 期，第 60 页。

国语课本；旧有的初小国语课本，最大的毛病是思想贫乏，这些新课本却是思想丰富，它是从劳动人民出发，体现了新时代的新精神，反映了新民主主义社会在艰苦斗争时代的实践"，"实际上解决了这一时期教育上的大问题"。[①] 抗战胜利后，解放区教材都进行了更新换代，这套小学国语读本修订第五版（1945）时，由刘松涛负责，他与黄雁星、项若愚一起编修并改名为《初小国语课本》（8册，1945年12月）。接着，在1948年1月和11月又修订了两次，并先后由边区教育处、华北人民政府教育部出版发行。该课本春季始业用，适用于一般农村及中小城镇，其中一至四册系国语常识合编，供初小一、二年级用；五至八册系国语常识分编，供初小三、四年级用。刘松涛在《编者的话》中说：

本书是根据革命形势的新发展，针对旧课本在应用中所发现的缺点改编的。改编时特别注意以明确的阶级观点，并从儿童的生活和需要出发。……国语教学主要目的有三：（1）识字，逐步养成阅读写作和讲话的能力；（2）学得必需的知识，明白各种道理；（3）启发观察事物、分析思考问题的能力。为达此目的：（1）在学习语文方面，新学生字，必须强调多写，并分析字的偏旁结构，区别类似字的不同点，以便儿童记忆；（2）在学习知识道理方面，要贯彻教学做合一的精神，懂得了就去实行。

有教材学者（石玉，2015）指出，"教科书在此处的说明，体现出对国语学科知识本身的关注。编撰课本的目的在于帮助儿童提高阅读、写作和讲话等能力，这一转变尤为明显。前一阶段的国语课本中很少对课本教学目标有描述，并未将体现国语知识的阅读、写作和讲话的

---

① 刘松涛：《对七部小学国语课本的检讨》，《人民教育》1950年第6期，第52页。

能力作为课本的编撰依据，侧重的是对政治文化的宣传"，并且"之前那种采取学科合编形式的教科书逐渐被学科分编的教科书所代替"。①更有研究者（李新、石鸥、胡坤，2017）对这套《初小国语课本》进行了专门研究，认为该书具有政治动员、历史文化、经济生产等"多维价值"，"编撰特色"有三项：（1）以中国共产党为中心的政治动员是其核心内容，选文较多歌颂共产党及其领袖人物，宣传人民军队，阐释共产党的惠民政策；（2）全方位观照农村生活是其典型特征，许多课文注重农业知识的传授、文明卫生生活的宣传；（3）重点关注实用性的学科知识是其现实选择，尤其注意识字写字教学与写作教学。②

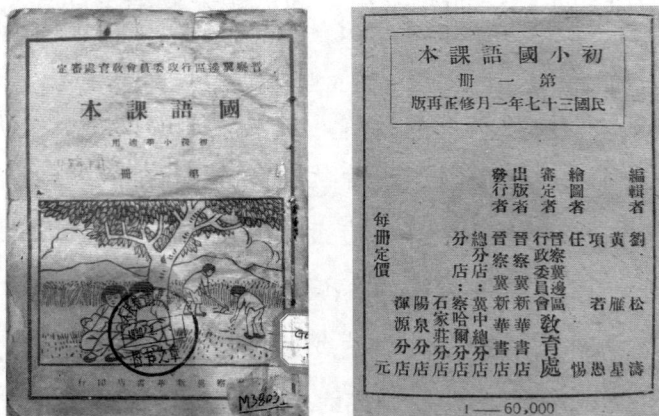

刘松涛等编的初小国语课本（1948 年版）

同时，刘松涛还与惎颍、黄雁星合作修订完成了《高级小学国语课本》（4 册），并先后由晋察冀新华书店、华北新华书店出版。不仅如此，由刘松涛领衔，惎颍、黄雁星、项若愚参与，又合编了《初级小学算术课本》（8 册）、《高级小学算术课本》（4 册）、《高级小学

---

① 石玉：《中国革命根据地教科书研究》，知识产权出版社，2015，第 204、203 页。
② 李新、石鸥、胡坤：《晋察冀边区〈初小国语课本〉的编撰特色与多维价值》，《教育学报》2017 年第 5 期。

地理课本》（4 册）、《高级小学自然课本》（4 册）以及《民众学校识字课本》（4 册），先后由晋察冀新华书店、华北新华书店出版。[①] 其中 1949 年由华北新华书店出版的国语、算术、地理和自然课本，为了"照应城市的需要"做了较大修订，"较过去有了一些改进，基本适应边区群众目前的需要"。[②] 有专家指出（石鸥，2013），当时"小学各科教科书以华北解放区教科书为基础"，"很显然，这些以华北版为基础和主体的教科书就是新中国最早使用的教科书，它们才是新中国第一套教科书"。[③] 也有学者认为（石玉，2015），"在 1947—1949 年，根据地各区新编的教科书种类较多，此时期是根据地教科书编撰最丰富的时期"，并且"由于华北解放区是新中国政府机关所在，其编撰的教科书，使用范围和影响力为最大"。其中"以华北解放区的小学《国语课本》影响力颇大，为 1949 年后小学国语课本编撰的模板"。[④]

刘松涛等编、华北人民政府教育部审定的高级小学课本

---

① 其他课本，如《初小常识课本》（4 册）、《高小政治课本》（高小 4 册，徐特立校阅）、《高小历史课本》（4 册），则由张腾霄、高珍、张凌光编写。

② 刘松涛等：《写在前面》，载《初级小学算术课本》，华北新华书店，1950。

③ 石鸥：《百年中国教科书论》，湖南师范大学出版社，2013，第 226 页。

④ 石玉：《中国革命根据地教科书研究》，知识产权出版社，2015，第 170、172 页。

新中国成立前后刘松涛等编初级小学国语课本的几个版本（依次为晋察冀版、华北联合出版社版、新华书店版、人教社版）

那么，上述课本在新中国成立以后还存在吗？回答是肯定的。为了解决 1949 年秋季和 1950 年春季中小学开学时急需的教学用书问题，中央成立了华北人民政府教育部教科书编审委员会和出版总署编审局，由叶圣陶、周建人、胡绳负责，对解放区和国统区出版的课本做了审订工作，先后颁布了《中小学教科用书审读意见书》和《中小学教科书审读补充意见书》，供各地教育机关和学校选用时参考。其中，刘松涛等编的《初级小学国语课本》（8 册）、《高级小学国语课本》（4 册）、《初级小学算术课本》（8 册）、《高级小学算术课本》（4 册）、《高级小学地理课本》（4 册）均被选中，并做了修订。其中，国语课本是由宋云彬、朱文叔负责审订的。后来，教育部和出版总署在每学期开学之前，都要发布关于中小学教科用书的决定，并附中小学教科用书表，虽然推荐使用的版本逐渐减少，甚至只剩下两个版本，但是刘松涛等编的国语、算术和地理课本（又经人教社修订再版），均列在其中，一直使用到 1954 年统编教材出炉为止。这很不容易，也说明这几套小学课本的质量在各大解放区出版的诸多教材中是首屈一指的，不仅为新老解放区而且为新中国成立初期的教科书和小学教育事业的发展作出了积极贡献。

新中国成立前后刘松涛等编高级小学国语课本的几个版本（依次为晋察冀版、华北联合出版社版、新华书店版、人教社版）

二、创办《人民教育》《教师报》 总结老区教育经验

1949 年 11 月 1 日，中央人民政府在华北人民政府教育部和高等教育委员会的基础上成立了教育部，刘松涛被安排在教育部视导司编辑室任副主任，兼任全国教育工作者代表大会筹备委员会秘书、秘书主任。视导司的主要职能是：负责各类教育资料的调查统计，老解放区教育工作经验总结，教育资料的编译出版，教育研究和中小学教科书的审查。随后，刘松涛与司长柳湜（曾任北京市教育局局长）一起参与创办了人民教育社和《人民教育》杂志，并且在这个机构工作了十多年，历任《人民教育》编辑部主任，人民教育社总编室（办公室）主任、副总编辑、党委书记，又参与创办了《小学教师》杂志和《教师报》，并兼任《教师报》党委书记，从而为新中国教育报刊的早期发展作出了重要贡献。

（一）创办人民教育社和《人民教育》月刊

新中国成立之后，全国共有期刊 200 多种，文艺类占第一位，约有 40 多种；教育类占第二位，有近 30 种（到 1951 年 7 月增至 45 种），其中比较突出的为《中华教育界》《东北教育》等，但它们都因为地域和视野局限，不能及时和全面反映全国的教育状况，与教育大发展的形势不相匹配。为此，教育部于 1950 年 5 月 1 日创建了人民教育社，并创办了《人民教育》月刊，编辑委员会主任为成仿吾，副主任为叶圣陶、柳湜，委员由丁浩川、方与严、成仿吾、吴研因、林砺儒、柳湜、徐特立、孙起孟、张友渔、陈选善、程今吾、叶圣陶、杨述等 13 位教育界、理论界知名人士组成。《人民教育》创刊号上发表了毛主席的亲笔题词："恢复和发展人民教育是当前重要任务之一。"还发表了政务院副总理郭沫若和教育部部长马叙伦的题字，以及教育部副部长钱俊瑞、韦悫等人的文章。柳湜在名为《为建设新中国人民教育而奋斗》的发刊词中说，该刊将以"学习政策""学习苏联教育经验""总结解放区教育经验""展开教育学术思想的批评"为主要任务。① 韩作黎回忆："在柳湜同志领导下，选调曾在晋察冀边区办过《教育阵地》的刘松涛同志任专职总编辑。编辑部办公室设在教育部里面逸仙堂旁边的两间平房内。"②《叶圣陶日记》1950 年 5 月 18 日记载："午后，柳湜、刘松涛来谈《人民教育》之编辑。此志将为全国性高级教育指导杂志，以教育部为之后台，此目的可以达到。"③

　　1950 年 12 月 1 日，人教社成立，出版总署副署长叶圣陶兼任社长、总编辑，教育部视导司司长柳湜兼任副社长、副总编辑。同时，将部、署附设的人民教育社、新华地图社、新华辞书社（以下简称"三社"）转隶于人教社，因此，这"三社"的社长或总编辑都成了人教社首届社务委员会的委员。人民教育社实行总编辑负责制，柳湜

---

① 　柳湜:《为建设新中国人民教育而奋斗——发刊辞》,《人民教育》1950 年第 1 期创刊号, 第 8—9 页。
② 　韩作黎:《亲切的回忆, 热诚的祝贺》,《人民教育》1990 年第 5 期, 第 43 页。
③ 　叶圣陶:《叶圣陶日记》, 商务印书馆, 2018, 第 1170 页。

兼任总编辑，视导司副司长陈选善兼任副总编辑，刘松涛是实际负责人。一开始编辑人员有余之介、潘开沛、蔡迪等，下设编辑组、资料组（后改为通联室，主要负责全国教育期刊动向的评价工作），大家工作干劲很大，经常加班加点，没有休息日，刊物不仅及时出版，而且质量很高，影响力不断扩大。"《人民教育》从第三卷第一期起，确定为中央人民政府教育部的机关刊物"[1]，杂志"采取重点编辑方针，每一期有一个重点，全年能够照顾全面工作"。[2] 教育部部长马叙伦在《关于一九五零年全国教育工作总结和一九五一年全国教育工作的方针和任务的报告》（1951 年 5 月 18 日在政务院第 85 次政务会议上通过）中曾指出，1951 年全国教育工作的任务，包括"办好《人民教育》月刊，并指导各地调整与改进教育刊物，使其互相配合，充分发挥对教育业务的指导作用"。1951 年 7 月，教育部和出版总署共同发布《关于调整全国教育定期刊物的出版的决定》，进一步提升了《人民教育》的地位，明确其为中央教育部的机关刊物，并将其主要任务改为：阐述各级各类教育政策和决定，总结我国教育工作的重要经验，研讨教育理论和教育工作学术问题，介绍苏联教育工作的经验，以及评介全国教育期刊和论著。[3]《人民教育》创刊以后，坚持高标准、严要求，注重政策指导与学术研究相结合，每一期都能够紧密联系当时形势需要和时代要求，发表了一系列高质量且具有很强指导性的文章，有力地推进了对旧教育的改造和新教育的发展，成为教育工作者必读的权威期刊。《人民日报》1951 年 4 月 15 日发表的文章称："在期刊方面，综合性的《新华月报》《时事手册》，文艺性的《人民文学》《文艺报》和

---

[1] 《〈人民教育〉编辑部重要启事》，《人民教育》1951 年第 5 期。

[2] 《1951 年〈人民教育〉编辑计划》（内部资料），1951 年 2 月。

[3] 教育部办公厅：《教育文献法令汇编（1949—1952）》，1958，第 126 页。

《新体育》最受欢迎。教育刊物也有较多的读者，如《人民教育》。”[1]

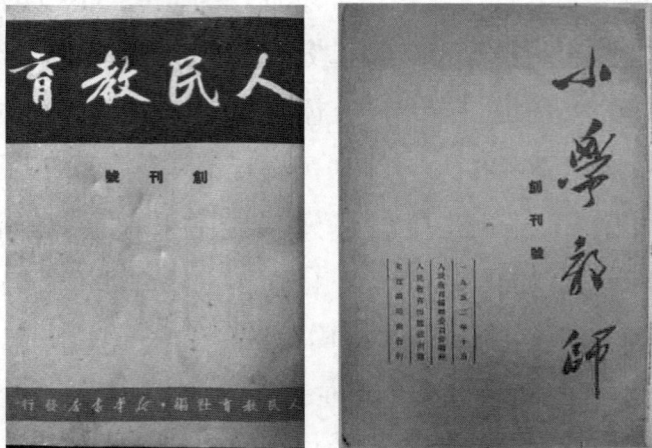

人民教育社编辑、人民教育出版社出版的《人民教育》《小学教师》杂志

1952 年 11 月，教育部进行机构改革，设立 8 个厅司、6 个处室，以及教科书编审委员会、人民教育社。[2] 人民教育社在“三社”中最先从人教社独立出来，成为教育部的一个直属单位。同时，《人民教育》编委会进行改组，主任为教育部副部长、党组书记钱俊瑞，委员由吴研因、李曙树、林砺儒、柳湜、韦悫、张宗麟、陈选善、程今吾、曾昭抡、刘皑风、钱俊瑞等 11 人组成。教育部副部长柳湜继续兼任总编辑，调民进中央文教委主任、教育部办公厅研究室原主任张凌光任副总编辑，并调《东北教育》主编章炼烽任《人民教育》编辑室主任，调《河北教育》主编刘润秋任通联室主任，调《山东教育》主编蔡迪任新创办的《小学教师》编辑室主任。刘松涛任人民教育社副总编辑兼总编室

---

[1]　隋树森：《北京图书馆新书阅读调查》，《人民日报》1951 年 4 月 15 日，第 6 版。文中标点按现行规范酌改。

[2]　李定开、谭佛佑：《中国教育史》，四川民族出版社，1990，第 549 页。另见《中国教育事典·初等教育卷》，河北教育出版社，1994，第 15 页。

（办公室）主任，编辑人员有潘开沛、丁塞、刘子余、齐明、徐乾等。

人民教育社隶属人教社只有两年时间，与新华辞书社和新华地图社不同的是，人民教育社是人教社的非建制单位，其人事、财务关系和办公地都在教育部，与当时主要由出版总署管理的人教社不在一起办公，其期刊业务也相对独立，所以与人教社的关系不紧密，更多的是名义上和出版工作上的联系。如从1951年第1期，《人民教育》开始由人教社出版、新华书店发行；人民教育社最早组织编写的"人民教育丛书"在人教社出版；《人民教育》还发表了不少介绍人教版中小学教材研讨、师范教材的文章，并刊登了一些人教社书刊的广告。此外，1952年10月25日，人民教育社创办的另一份杂志《小学教师》也由人教社出版。该刊主要面向全国小学教师尤其是农村小学教师，《人民教育》则主要面向从事中等教育的教师和教育行政干部。[①]《小学教师》于1956年3月停刊，一共出版42期。停刊后，其任务由同年5月创办的《教师报》承担。

刘松涛办《人民教育》时有自己的一套观点。他认为，首先要明确对象，有的放矢，明白是办给谁看的；其次要有自己的特点，真正与当地实际结合起来，切忌一般化；再次要有思想性、领导力，针对工作中存在的问题敢于批评与自我批评，要生动活泼，不要老气横秋；此外，编辑要有明确的思想性和逻辑编排，处理文章、文字要具体、干净、简洁，切忌空泛的教条。总之，要按照教师或其他教育者的需要来办，办刊物"要做到使读者能看得到，看得懂，看了有用"[②]，这对我们全国教育期刊来说，是非常重要的。

---

① 《中国教育年鉴（1949—1981）》，中国大百科全书出版社，1984，第663页。

② 刘松涛：《全国教育期刊出版情况和调整的意见》，《人民教育》第3卷第1期。另载《关于调整全国教育期刊的意见》，《人民日报》1951年5月6日第6版。

（二）创办教育部机关报——《教师报》

　　1953 年 1 月，中共上海市委发出《关于上海新闻界思想改造后加强领导问题的通知》，指出"《文汇报》应进一步明确以中小学教师、高中学生与一部分大学师生为主要对象，并着重提高内容的质量"。《文汇报》侧重教育问题后，销量大增，引起了教育部的关注，因为教育部正在考虑以苏联《教师报》为榜样，办一份全国性的专业报纸。1954 年下半年，中宣部决定上海市与教育部合作，逐步终止上海《文汇报》，帮助教育部创办《教师报》。1955 年开春，已升任人民教育社副总编辑兼党委书记的刘松涛受教育部委派到上海，了解《文汇报》工作人员和设备的详细情况。[①] 接着，教育部副部长柳湜主持，刘松涛参加，邀请《文汇报》负责人徐铸成、严宝礼、张树人、孙葵君座谈，达成一致意见：以《文汇报》和《小学教师》《教工通报》两份杂志为基础，共同筹办《教师报》，作为教育部和全国教育工会的机关报。具体筹办工作由刘松涛与徐铸成、严宝礼负责，报社地址选在德胜门外

刘松涛主持创办的《教师报》

---

① 叶夫：《从文汇报到教师报》，载文汇报报史研究室编《从风雨中走来：文汇报回忆录 1 》，文汇出版社，1993 年，第 127 页。

学士路的教育行政学院内。这一方案 1955 年 10 月 1 日起施行，《文汇报》开始向《教师报》过渡，改出三日刊，先行试版，并由竖排改为横排，为正式出版《教师报》积累经验。[①]

1956 年春，刘松涛再次到上海，商议《文汇报》人员迁至北京的具体细节。随后，教育部下文正式任命徐铸成为《教师报》总编辑，刘松涛兼任党委书记。徐铸成是《大公报》《文汇报》的著名记者、主笔，1949 年上海解放后担任《文汇报》社长兼总编辑。1956 年 4 月 28 日，《文汇报》在头条位置刊登社论《终刊词》，开首说："《教师报》决定 5 月 1 日创刊，《文汇报》出版到这一期为止，亲爱的读者们！从今以后，我们要在《教师报》见面了。"1956 年 5 月 1 日，《教师报》正式出刊，每周出版两次，不久发行量超过 50 万份。[②] 这是中华人民共和国创办的第一份全国性的专业报纸，主要读者对象是中小学教师和教育行政干部，主要任务是报道全国教育尤其是普通教育、师范教育工作的基本情况，宣传党和国家的教育政策，交流教育教学工作经验。徐铸成在回忆录中说，他在做《教师报》总编辑期间，教育部领导张奚若、董纯才、叶圣陶和柳湜，乃至中国教育工作者协会主席吴玉章，都对他的工作极为信任和支持。1956 年 10 月，《文汇报》又返沪复刊。徐铸成离开后，由马肖云（早年在陕甘宁边区教育厅编教材）接替，担任总编辑。这件事对于《文汇报》来说是一次重大曲折，而对《教师报》来说却是一个高起点的开始。其中的许多具体是非曲直，还有待历史评说。至 1958 年 7 月《教师报》停办，共出刊 227 期。1982 年复刊，更名为《中国教师报》。

---

① 张树人：《我在文汇报的三年》，载文汇报报史研究室编《在曲折中行进：文汇报回忆录 2》，文汇出版社，1995，第 128 页。

② 文汇报报史研究室：《文汇报史略（1949.6—1966.5）》，文汇出版社，1997，第 54 页。

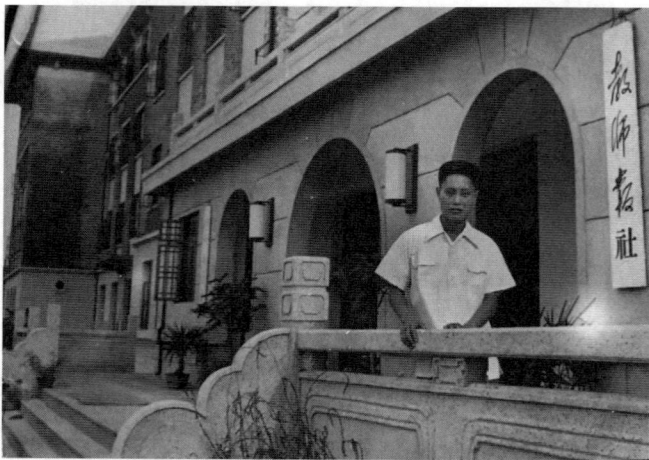

教师报社及其编辑任家桂（任友群提供）

1958 年 4 月，教育部与高等教育部合并为教育部后，下设 1 个厅、12 个司、2 个委员会和 1 个处，并下设人民教育出版社、人民教育社、教育科学研究所、教育行政学院、北京函授师范学院和普通话语音研究班 6 个直属机构。其中，人民教育社由《人民教育》《高教通讯》《中等专业教育通讯》《扫盲通讯》和《学前教育》5 个刊物合并组成。① 刘松涛担任人民教育社副总编辑兼党委书记。此后，《人民教育》杂志主要面向基础教育工作，并继续关注中小学教材变化的情况。当时的副总编辑章炼烽（改革开放后担任人教社副总编辑）回忆："《人民教育》重视宣传教材，研究中国的传统。杨秀峰同志是当时教育部（部）长……他要求我每月向他汇报工作，要求《人民教育》大力宣传由中宣部直接领导编写的十年制中小学教材。他认为宣传教材编写的方针政策，让广大教师明了大纲，掌握主要内容，然后才能教

---

① 东北师范大学、陕西师范大学高等学校干部进修班：《中华人民共和国高等教育大事记（1949—1981）》，1982 年内部发行，第 93 页。

好学生。杨部长还特别要求我们重视历史课教学……"[①]

刘松涛在创办《人民教育》《小学教师》《教师报》的过程中，辛勤耕耘，笔耕不辍，发表了许多论著。其中在《人民教育》上以"刘松涛"和"洛寒"为名发表的文章有:《教成人识字的几点经验》（1950）、《从小人书谈到反封建迷信教育》（1950）、《农村中破除迷信开展生产卫生工作的经验——资料整理之一》（1950）、《革命战争中对儿童进行爱国教育的点滴经验——资料整理之二》（1950）、《对七部小学国语课本的检讨》（1950）、《群众教师的旗帜——任逢华》（1950）、《关于调整全国教育期刊的意见》（1951）、《从武训谈到任逢华》（1951）、《必须从实际情况出发》（1951）、《坚决克服学校中的浪费现象》（1951）、《从"我的半生"看陈鹤琴的教育思想》（1951）、《学校中亟须重视报纸》（1951）、《华北抗日根据地用革命办法办学的几点经验》（1951）、《亲美崇美思想怎样侵蚀了燕京大学》（1952）、《华北抗日根据地的农民教育工作》（1952）、《反对片面地强调集体化》（1953）、《不升学就没有前途吗》（1953）、《批判胡适反动的教育思想》（1955）、《忙乱现象为什么不能克服》（1956）、《办小学的两条路线》（1957）、《忆〈教育阵地〉》（1959）等。其中《关于调整全国教育期刊的意见》被 1951 年 5 月 6 日《人民日报》全文转载。此外，他还在《小学教师》《读书》上发表有《华北抗日根据地小学的生产劳动教育》（1954）、《让农业中学这朵鲜花开得更加灿烂》（1960）等文章。下面列举其中与课程教材有关的四篇加以简要述评。

《对七部小学国语课本的检讨》一文，对 1938 年 2 月到 1948 年 11 月 11 年来晋察冀边区的初小国语课本（有的是国语常识合编）前后重编与修改七次的经过、特色、优缺点，以及总的编写经验和教训等，

---

① 章炼烽:《十五年间》,《人民教育》1990 年第 5 期。

进行了全面回顾和深入研讨，实为一套小学教科书编修历程的"全景图"，为我们认识和研究老解放区的教科书提供了"标本"和完整的个案范例。刘松涛在文章结尾强调："总起来说这些课本的编写，已经给将来编写小学国语课本找出了一条新的前进的道路，只有接受这些经验，在这些课本的基础上，才能编出更适宜的小学国语课本来。"①1949 年 8 月 2 日，主持教科书编审委员会工作的叶圣陶参加华北教育部的一个座谈会，"老解放区之人有一特点，即确能实事求是，不为高谈阔论。其视教育甚重，而困难正多，皆欲力求克服"②，给他留下深刻印象。人民教育社成立后，引进了曾在陕甘宁边区编国语课本的辛安亭、刘御等来社工作（还有中学语文的王微、小学数学的霍得元等），并负责编审五年制小学语文教材及其教参，以及六年制小学语文统编教材，就是"接受"和注重吸收解放区教育经验的具体表现。

《教成人识字的几点经验》（1979 年改为《如何教成人识字》）是刘松涛整理的老解放区的一个教育经验，也是广义语文教学的内容之一。他提出："识字的目的，是为了应用，因此所学的字，必须密切地和工作需要联系起来……许多事实证明：成人识字，在用中学，学得才真正适用，也只有在学中用，学得才更起劲。"因此，"成人生活经验丰富，理解力强，进行识字教学时，和他已有的经验联系起来，是巩固记忆的有效办法之一"。"教识字和写作联系起来，通过练习写作，学些常用的字"，"把识字教学和日常接触的事物联系起来"，也是识字教学的重要办法。他提出，成人识字要"掌握文字的规律"。"教学时应特别注意掌握由简到繁、由易到难的原则，先学笔画稀、比较容易学的字，再学笔画稠密、比较难学的字，并从多方面给以鼓励……巩

---

① 刘松涛：《对七部小学国语课本的检讨》，《人民教育》1950 年第 6 期。
② 叶圣陶：《叶圣陶日记》，商务印书馆，2018，第 1127 页。

固他学习的信心"。还要"强调多写多念"，所谓"'眼过千遍，嘴过百遍，不如手过一遍'正是这个道理"。最后，"可利用各种帮助记忆的方法，来补救成人的'事多善忘'"，"进行教学时，切忌犯急性病，应该时时刻刻记住成人有'学得快，忘得也快'的缺陷，要尽量抓紧一切可能利用的机会，使他反复练习。不要急于求成"。① 这些做法和经验无论对教成人识字和扫盲，还是对小学生识字教学都很有启发意义和参考价值。

《从小人书谈到反封建迷信教育》是刘松涛发表的关于儿童阅读指导的文章。他针对一些小学生着迷于一些神怪荒诞的小人书的现象，提出"这在根本上说还是一个教育问题"，呼吁"对儿童阅读，是应该特别注意并给以正确引导的"。要求"每个教师不只教好正课就算，还必须很好地调查研究所能读到的一切读物，揭发神奇怪诞图书的毒素，有计划地指导他们阅读某些有益的图书……在进行教学时，更可以联系到某些较好的课外读物，以启发他（们）的阅读兴趣"。同时，"必须经常和家长取得密切联系，了解儿童在家庭自习的情况，防止他们阅读有害的读物，更可以劝告家长不给儿童讲一些荒诞的神奇的故事。只有这样才可以避免封建迷信思想在儿童头脑中滋长，才能培养出身心健康的后一代"。②

《革命战争中对儿童进行爱国教育的点滴经验——资料整理之二》总结了抗日战争和解放战争时期老区的一些好做法，提出把爱国主义教育的内容渗透到国语、常识、史地、算术、音乐等各门课程和教材中，"密切联系实际"，通过"大道理与日常生活联系""课堂教学与课外活动结合""学校教育与群众运动结合"，"机巧灵活，因时因地制

---

① 刘松涛：《教成人识字的几点经验》，《人民教育》1950 年 5 月创刊号。

② 刘松涛：《从小人书谈到反封建迷信教育》，《人民教育》1950 年第 8 期。

宜，运用各种方法方式"，"可以得到很好的效果"。①

人民教育社编辑的部分图书

刘松涛在人民教育社还组织编写了"人民教育丛书"（6 册），即《农民识字教育的领导问题》《干部带头和模范教师》《农民识字教育的组织形式和教学方法》《较好的冬学和常年民校》《苏联的初等教育》《杜威批评引论》，于 1951 年由人教社出版。后来又以"人民教育社"的名义编辑出版了一些著作，如《小学教师的前途问题》（人民教育出版社，1954）、《中小学劳动教育和参加劳动生产问题》（北京出版社，1958）、《老解放区教育工作经验片断》第一、二辑（上海教育出版社，1958、1959）等，其中收录了刘松涛的多篇文章。其间，刘松涛还出版了自己的两部著作《巧计》（工人出版社，1954）、《十位不朽的教师》（文化教育出版社，1956），其中《巧计》收录 9 篇文章，都是抗战小故事，描写了抗日根据地的军民在党的领导下采用各种方式和敌人斗争的真人真事。《十位不朽的教师》是由人教社当时的副牌——文化教育出版社出版的。

---

① 刘松涛：《革命战争中对儿童进行爱国教育的点滴经验——资料整理之二》，《人民教育》1950 年第 4 期。

洛 寒編

十位不朽的教师

巧　　計

文 化 教 育 出 版 社

刘松涛撰著的部分图书

三、编订语文教学大纲和教材 提出语文教学重要观点

1961 年夏，刘松涛调任人教社副总编辑。1962 年 4 月，教育部报内务部批准，又任命刘松涛为人教社副社长兼副总编辑。后来，他又兼任党委书记，在人教社主要分管中小学语文编辑室、教育编辑室以及党务等工作。

1962 年 5 月，教育部对 1960 年设立的中小学教材编审领导小组进行调整，仍由戴伯韬任组长，成员包括刘松涛、李之乾、肖敬若、彭文、吴伯箫、张凌光，在中宣部副部长张磐石、教育部副部长董纯才直接领导下开展工作，开始启动新中国第四套教材的编写工作。刘松涛具体主持编写了全日制十二年制的中小学语文教学大纲及其教科书。1963 年 5 月，教育部颁布了《全日制小学语文教学大纲（草案）》和《全日制中学语文教学大纲（草案）》。9 月，人教社中小学语文编辑室据此编出了全日制十二年制中小学语文课本。其中，中小学语文教学大纲（草案）继承了我国语文教学的传统，总结了新中国成立以来语文教学的经验教训，吸收了 20 世纪 50 年代末 60 年代初语文大讨论的积极成果，比较科学地规定了语文性质、教学目的、教学内容等，是从新中国成立到"文化大革命"开始这 17 年中制订得最好的语文教学大纲，有力地指导了 1963 年后至 1966 年"文化大革命"开始前的语文教学，并且在 1978 年后成为当时拨乱反正的中小学语文教学大纲的蓝本，其中的不少语文教学观念沉淀至今，可见其作用的久远。[①]

1963 年 1 月，人教社制订《1963—1964 年度普通中小学和中等师范学校教学用书预告目录》，随教育部关于教学用书问题的通知下发。2 月，教育部党组向中央文教小组上报《关于重编全日制十二年制中小学教材情况的报告的补充报告》，提出中小学教材编审领导小组改由中宣部副部长张磐石任组长，在讨论有关问题时，人教社副总编辑和教育部其他有关负责人可以列席领导小组会议。1963 年秋季，全日制十二年制中小学各科教学大纲 14 种 14 册、各科教材的第一册和教学参考书 19 种 46 册在全国正式供应。这些凝聚着刘松涛的心血和智慧。其中，还有他主持编写的《初中课本语文》（6 册）、《高中课本语文》（6 册）、《初小课本语文》（8 册）和《高小课本语文》（4 册）。这套课本，小学语文的特点是：把识字作为首要任务，加强写字、阅读、作文基本训练，注重培养阅读能力、作文能力；中学语文的特点是：体现语文是基本工具的指导思想，课文数量多、文质兼美、题材广泛，加强语文基本训练，编排体系以培养阅读和写作能力的顺序为主线，强调由浅入深、循序渐进、适应学生学习过程。

也就是在这个时候，刘松涛以"洛寒"的笔名在《人民教育》上发表了两篇具有全国纠偏性导向的文章:《反对把语文教成政治课》

---

① 课程教材研究所:《20 世纪课程标准·教学大纲汇编·语文卷》，人民教育出版社，2001，第 120、121 页。

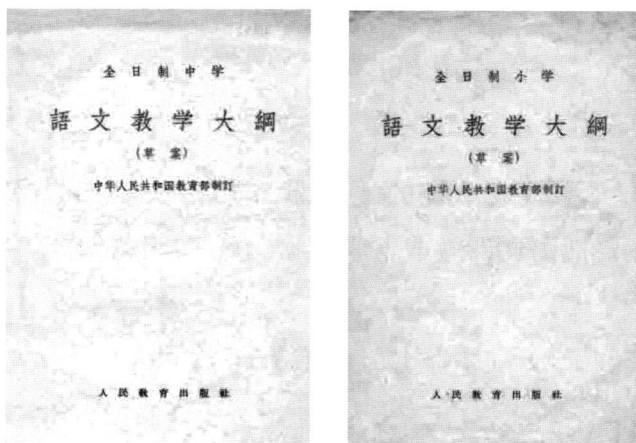

刘松涛主持编订的中小学语文教学大纲（1963）

（1961）、《不要把语文课教成文学课》（1963）。它们成为刘松涛语文教学论著的代表作。其中，前文提出：

目前在有些中小学的语文教学中，不顾语文的特点，忽视语文的基本训练，过多地讲课文的思想、政治内容和生硬地联系学生的生活实际，把语文课当政治课来教，是相当流行的。

高中三年级讲《悼列宁》一课时，不但详细地讲述了列宁一生革命斗争的历史，对第二国际还大讲特讲，结果还没有讲解课文，已经超过了规定的课时，在讲解课文时，只好草草了事。有的讲一课语文，一连讲了好几节课，一直到最后，教师、学生还没有时间把课文通读一遍。……

总之，语文课就是语文课，它不是政治课，不能把语文课当政治课教。如果不是这样，一定把语文课教成政治课，目的虽是为了政治服务，是为国家需要服务，但其结果恰恰对社会主义建设不利。

因此，要把语文课教好，必须明确以下几个问题。

首先要认识语文基本训练的重要性……

其次，认识学好语文的关键是多读多写，其他省劲的办法是没有的……①

针对把语文课教成单纯的文学课，忽视了思想政治教育的倾向，刘松涛在《不要把语文课教成文学课》（1963）中提出：

主张以思想政治教育为主的把语文教成了政治课，主张以语文教育为主的又往往把语文教成了文学课或单纯的语文知识课，主张两者并重的把语文教成了政治、文学、语文知识的混合课。三者尽管说法不同，但是有一个共同的特点，就是都没有把语文课教成语文课，更没有跳出"文学""汉语"分科时期教学方法的框子，走的依然是"主题思想""时代背景""文学分析"等文学分析课的一条老路。……

语文课究竟应该怎样进行教学呢？我认为应该明确，语文是一种工具，要按照学习掌握工具的规律进行教学，也就是说，要真正把语文课教成语文课。掌握任何一种工具，都必须从最简单的技能学起，扎扎实实地下功夫。掌握语文这个工具也不能例外。……

因此，在中小学语文教学中，必须突出识字、写字、阅读、作文这四个方面的基本训练。在教学方法方面，要认真吸取我国传统的教学经验。……

总之，要本着教人掌握工具的态度来教语文，要教育学生多下基本功，同时要严格要求，树立勤学苦练的风气……②

正是基于以上认识，1963 年中小学语文教学大纲都开宗明义地指

---

① 刘松涛：《反对把语文教成政治课》，《人民教育》1961 年第 8 期。
② 刘松涛：《不要把语文课教成文学课》，《人民教育》1963 年第 1 期。

出，"语文是学好各门知识和从事各种工作的基本工具"，而且"语文是学生必须首先掌握的最基本的工具"。该教学大纲着眼于语文的使用功能，着眼于语文学科的特殊的学科价值。语文的"基本工具"性质决定了语文的教学目的和任务。上述两篇文章发表后，"不要把语文课教成政治课"，也"不要把语文课教成文学课"，一时间成为语文教育界的热门话题，并且对后来语文课程教材、教学都产生了深远的影响。对此，叶圣陶赞同道："今纠其弊，乃提出'不要教成……'之说。不要教成政治课者，不要从课文中抽出其政治道理而空讲之也。不要教成文学课者，不要从课文中概括出若干文学概念文学术语而空讲之也。学生但听空讲，弗晓本义，无由练成读书之本领，所以其法不足取也。"[1] 教育家吕型伟说过："在这段时间内，还有一件事值得一提，就是 1958 年'教育大革命'以后不久开始的语文学科的文道之争。这是由人民教育出版社刘松涛同志的一篇题为《反对把语文教成政治课》的文章引起的。这场争论前后十余年，几经反复，条例中也专门写了一段文字，可是'文革'中又被推翻。这个问题本来十分简单，语文就是语文，文以载道，有文有道，二者统一。争论的实质是政治与业务的关系，已经超出了语文学科本身的问题。"[2] 人教社中学语文教材专家周正逵认为，《反对把语文教成政治课》"是针对 1957 年'反右'和 1958 年'大跃进'之后语文教学出现的偏差而提出来的。那时语文教材中大量选用时事政策方面的文章，语文课大搞政治说教，片面强调'政治挂帅''思想领先'，而忽视了语文课的特点，不进行严格的语文

---

① 叶圣陶：《答孙文才》，载刘国正编《叶圣陶教育文集》第 3 卷，人民教育出版社，1994，第 502 页。

② 吕型伟：《半个多世纪的回顾》，载吕型伟著《教育事业·教育科学·教育艺术》，人民教育出版社，2011。

训练，结果造成学生语文程度的急剧下降。就在这个口号提出之后不久，中学语文教学又出现了另外一种倾向，那就是有人把语文课教成了'文学课'。……针对这种倾向，又提出了'不要把语文课教成文学课'的口号。我认为，从当时的历史条件来看，这个口号的提出，也有其相对的合理性。"① 改革开放以后的《小学语文课本》主编袁微之也说："五六十年代之际，刘松涛同志曾写过《反对把语文教成政治课》和《不要把语文课教成文学课》两篇姊妹篇文章。那两篇文章在《人民教育》刊载以后，引起了相当大的反映。时至今日，人们重读这两篇文章，仍能受到教益。"② 他认为，"在今天，人们不会把语文课教成政治课，却并不否定在语文教学中让学生受到思想政治教育的熏陶感染。人们自然不会把每篇课文都上成文学课，因为语文课本并非文学读本，但广大教师都肯定不忘从文艺性较强的课文教学中，让学生受到美的陶冶。这种把德育、智育、美育综合起来的教学，正是一个时期语文教学的新发展"。

1964 年 2 月 13 日，毛主席在春节座谈会上指出：现在学生课多，书多，压得太重；学制可以缩短，学生中学毕业后可参军半年到一年；课程可以砍掉一半，要给学生留些参加生产劳动和社会活动的时间；教学、考试方法都要改。5 月，根据毛主席的指示精神，以及教育部《关于精简中小学各科教材的通知》的要求，人教社开始修订新编全日制十二年制中小学教材，并于 1965 年 4 月完成全部教材修改工作。著名教育家徐特立同志审阅其中新编的小学语文课本（送审稿），并给人教社副总编辑刘松涛、张凌光复函，提出了一些修改意见："松涛、凌光同志：国语读本包含着形式和内容两方面，而教学方法还需要加上

---

① 周正逵：《中学文学教育纵横谈》，载《高中语文实验课本·教学指导书》第 3 册，人民教育出版社，1997。

② 袁微之：《祝贺与怀念》，《人民教育》1990 年第 5 期。下同。

技术。实习批评还要批评课本的内容及形式并教师的技术。这一类的复杂问题怎样进行，又综合进行，值得加以考虑。考虑后有计划有步骤去动员某些学校某些教师，先加以会议讨论，得出可靠的有把握的办法，再举行实习批评，更能收实效。昨天向你们提议，由于我还缺乏自信心，你们如有时间，再会谈两次如何？特立十一月廿日。"①

　　这次修改本精简的方向对头，思想性加强了，联系工农业生产实际方面有了较大的改进，贯彻了"少而精"的原则，减轻了学生负担。原计划当年秋季供应，后遵照中宣部领导同志指示，人教社又将修改本发给各地征求意见。8 月，人教社对修改本再次做了修订，原计划1966 年秋季供应，后由于政治原因而停止。就这样，精简修改后的全日制十二年制中小学教材没有在学校正式使用。

1965 年，刘松涛与人教社参加宁夏永宁县"四清"工作团成员合影。前排左一董正邦（物理）、左二刘松涛（工作团负责人）、左三朱堃华（中语）、左四刘默耕（自然），第二排左一赵同林（数学）、左二沈同豫（总编室）、左三单德方（自然）、左四应曼蓉（英语），第三排左一王宏志（历史）、左二李克（俄语）、左三王世显（化学）、左四蔡上鹤（数学）

---

① 　徐特立：《关于小学语文课本的编写和教学问题》，载饶杰腾编《基础教育·师范教育·语文教育：徐特立、林砺儒、朱光潜文选》，语文出版社，2017，第 31 页。

1966 年 5 月,"文化大革命"开始了,人教社被迫停止工作,所有编辑、出版的教材被停止使用。1969 年,人教社干部职工随教育部下放到安徽省凤阳县"五七干校"劳动锻炼。

四、主编《教育研究》杂志 创办教育科学出版社

在"文化大革命"中,刘松涛受到残酷迫害,被多次抄家和批判,身心遭受严重摧残,但他仍然坚持做力所能及的工作。

1978 年 6 月,教育部决定重建中央教育科学研究所(简称"中央教科所"),成立筹备处领导小组,由董纯才、刘松涛、宫钧明三人组成,66 岁的刘松涛还兼任临时党支部书记。因此,刘松涛的行政组织关系由人教社转到了中央教科所。

刘松涛所在的中央教科所,与他之前工作过的人教社关系密切。早在 1956 年 6 月,教育部党组决定成立中央教科所筹备处时,即由人教社主要负责人戴伯韬出任筹备处主任,人教社工农教材编辑室主任胡尚理为副主任。1957 年 1 月,国务院批准教育部筹建中央教科所后,从人教社调到该所工作的人员有教育编辑室主任王铁、教育书籍编辑室主任陈元晖,及两个编辑室的编辑曹孚(编审)、许椿生、陶蔚扬、陈远晖、谢隆英等。在中央教科所重建筹备时期,刘松涛又调进了一些工作关系在人教社并等待分配工作的专家学者,如蒋仲仁、张田若、丁西成、张渭城、张世臣、杜草甬、朱典馨等。

改革开放后,百废待举、百业待兴。1979 年 4 月,刘松涛参与筹备的全国教育科学规划会议在北京召开,各类教育科研成果不断涌现,教育理论论著出版迫在眉睫,为适应形势发展需要,中央教科所决定申请创办全国性的教育理论刊物和成立出版社——《教育研究》杂志和教育科学出版社。

1979 年 5 月，《教育研究》创刊，由董纯才担任编委会主任，刘松涛为常务编委兼杂志首任主编。该刊创刊号发表了周荣鑫、周培源、林砺儒、毛礼锐、刘刚、叶佩华、张文郁、曾性初、花永泰、李放、余立、鲁洁、邵瑞珍、朱智贤、徐联仓、李秉德、张人杰、蒋仲仁、斯霞、沈灌群等教育界名家的文章。其中，刘松涛在《编者的话》中说：

推动教育理论研究，解决教育前进中的理论问题。五十年代，我国师范院校一般只开教育学、心理学、教学法、教育史（少数学前教育系设有关于幼儿教育的课程）。教育科学研究者的研究范围一般也以此为限。一九五八年把心理学也批为资产阶级伪科学，教育科学的研究范围就更窄了。我们希望教育科学队伍，除加强原有的教育学、教育心理、儿童心理、教育史、幼儿教育、教学法的研究外，还要注意高等教育、业余教育、盲聋哑教育、特殊儿童教育、民族教育、家庭教育、社会教育、外国教育、现代教学手段、教育制度、教育行政、教育规划、学校管理，以及教育经济学、教育工程学、教育社会学、教育未来学等方面的研究。本刊将尽量广泛地发表教育科学各个领域的研究成果或介绍文章，全面地推动教育科学的前进。[①]

由于《教育研究》一开始是双月刊，篇幅有限，1979 年底，编辑部又不定期地编出了《教育研究丛刊》，仍然登载了一批高质量的文章。作为《教育研究》主要负责人，刘松涛提出"《教育研究》是全国性的教育学术刊物"，"它是一个研究教育理论的学术刊物"，并先后组织了多次座谈会，发表了许多教育学人的重要观点或发言摘要，如《教育研究》1979 年第 2 期发表的《教育科学为四化服务和教育科学

---

① 《教育研究》，1979 年第 1 期。

研究现代化问题》，1980 年第 2、3 期发表的《教育科学的生命在于教育实验》《大力开展语文教学研究》等。几年下来，《教育研究》更多地登载了一系列高质量的文章，对于推动教育改革实验和教育科学的发展都起到了重要作用。其间，他还撰写了《和徐老在一起的时候》（1979）、《怀念柳湜同志》（1979）、《毛泽东同志在农民运动讲习所的教育实践》（1979）等文章。

教育科学出版社于 1980 年 4 月正式成立，刘松涛被任命为首任总编辑。[①]由他主持确立了"为教育决策服务，为教育改革和发展服务，为教育科研服务，为提高教育教学质量服务"的办社宗旨，明确了出版方向，并且在当年就出版了《叶圣陶语文教育论集》《和教师的谈话》《幼儿教育经验研究》《说话写文章的逻辑》《日本教育的现代化》《给教师的建议》《幼儿英语歌曲和音乐游戏》等书。其中，《给教师的建议》和《和教师的谈话》至今畅销。之后，教育科学出版社出版的国内外优秀的教育理论专著和实验教材层出不穷，为学界所青睐。

纵观刘松涛 40 多年的教育生涯，可以总结他在三个领域作出的突出贡献：一是教育报刊，先后创办晋察冀边区教育公报《教育阵地》，中央教育部机关报刊《人民教育》《教师报》，全国性教育理论刊物《教育研究》，并且撰写了一系列文章；二是小学教材，主持编写了晋察冀边区、华北解放区的多部小学课本，后经教科书编审委员会、人民教育出版社修订再版后被选入"开国教科书"，并一直使用到新中国第一套统编教材诞生为止，其中又以语文课本影响最大；三是老区教育，不仅早年在晋察冀边区、华北解放区从事教育报刊、小学教材、小学教育管理工作，而且后来几十年始终不忘整理和总结老解放区的教育资料和工作经验，发表、出版了许多论著。

---

① 曲阳县志编纂委员会:《曲阳县志》，新华出版社，1998，第 706 页。

陆静山：“把整个的心献给儿童”

陆静山（1904—1996）

　　不要你的金，不要你的银，只要你的心！如果做小学教师的能把整个的心放在教育上，把整个的心献给儿童，到那时即无所谓难易了。

　　我上班时，无论走路、乘车，都是锻炼身体的好办法。在车上，我愿意站而不愿坐，也是为了锻炼。有了健康的身体，才能多做些工作。

——陆静山

儿童教育家陆静山（1904—1996）是出色的编辑，也是优秀的教师，更是活到老、学到老、干到老的楷模。他工作生涯长达 70 多年，全奉献给了儿童教育事业，正如其早年志向的"把整个的心放在教育上，把整个的心献给儿童"。[①] 陆静山前半生在旧中国的南方多地奔波，当过 20 多年的小学、师范的教员、教务主任、校长，创办了多种少年儿童报刊，主编了多套丛书；后半生一直在北京生活，主要从事小学语文教材、辞书的编研工作和教学。他一生发表了数百篇文章，出版了几十部著作，其中约一半是关于小学教育的论著，约一半是儿童文学读物。其中，直接与语文教学有关的，除了新中国成立后参与编写的多套小学语文教材、教学大纲和学习语文的补充读物之外，还有《战时儿童国语读本》（1941，与陶行知合作）、《少年国语文选》（1945）、《少年国语用书》（1948）、《看图识字》（1952）、《小学作文教学问题》（1957）、《小学识字教学问题》（1959）、《小学阅读教学问题》（1963）、《小学写字教学问题》（1963）等。此外，还发表了《中高年级阅读教学中的识字和阅读问题》（1957）、《语文课里的"写"》（1978）、《我国近八十多年来小学语文课本识字教材情况》（1980）等文章。尤其是对于小学识字、写字、阅读、作文教学问题进行了深入系统的研究，形成了较为完整的小学语文教育思想，成为有诸多贡献的儿童教育家、文学家、编辑家、音乐家、辞书家。

一、追随陶行知 发扬晓庄精神

陆静山，笔名陆洛、温锐，1904 年 7 月 1 日生于江苏省无锡市西棉花巷一个小商人家庭。6 岁读私塾，11 岁入省立三师附小，学习成绩优异，偏爱国文尤其是古文、诗词，还喜欢临帖。1919 年高小毕

---

① 　陆静山：《理想的乡村学校》，《辽宁教育月刊》1929 年第 1 卷第 5 期。

业，立志报考师范，但因父亲早逝，母亲打工，家庭经济困难，15 岁便不得不当学徒谋生。但他志不在此，整天读书看报，自修国文、英语，进过半年补习夜校，上过小学教师国语训练班，倾心于新文学创作。1920 年，16 岁的陆静山在《广益杂志》发表了第一部短篇小说《一念的堕落》。随后，在《红杂志》《礼拜六》《快活》《少年》《儿童周报》等发表 20 多篇文章，大多为“鸳鸯蝴蝶派”的小说。其兴趣也很广泛，喜欢音乐和美术，弹得一手好古琴，还参加了无锡地方一个业余昆曲组织——啸社，是一个典型的文艺青年。

1923 年 8 月，陆静山由小学老师介绍，被无锡开原乡立第一小学聘为教员，起初教体育、音乐、美术、劳作，后又教国语、算术等。由于学历不高，又没有受过专业训练，他就边干边学，暗自钻研，拼命提升自己，不但顺利完成教课任务，还被提拔为教务主任。他与校长潘一尘办学特别有心，也很努力，经过几年努力，使开原乡立第一小学的规模不断扩大，教学质量也显著提高。他还注意借鉴学习东南大学附小、无锡三师附小等校的改革经验，摸索出一套有特色的办学模式，受到当地乡绅、家长和教育界称赞。该校成为无锡教员的培训基地之一，也是陶行知推广生活教育“指定参观之乡村小学”。[1]1926年 10 月，陶行知专程前往考察后，撰有《无锡小学之新生命——开原乡立第一小学一日生活记》一文，赞扬该校“办得很有精神”，“不但效法他人的成法，而且有它独创的方法、独到的境界”，并希望各个学校都能得到这种精神。[2] 随后，开原乡立第一小学被接纳为陶行知主持

---

[1]　钱江：《寻找中国教育“新生命”（下）——陶行知考察无锡开原乡立第一小学记》，《中国教师》2017 年第 2 期。

[2]　陶行知：《无锡小学之新生命——开原乡立第一小学一日生活记》，载《陶行知教育名篇》，教育科学出版社，2005。

的"特约乡村学校",又承办了第三次"特约乡村学校"会议,逐步发展成为在无锡享有盛誉的一所乡村小学。

1927年3月15日,陶行知在南京北郊小庄创办晓庄试验乡村师范学校,即"晓庄学校",陆静山被陶行知抽调到该校工作,担任音乐教师(乐歌指导员)、小学实习指导员,兼任中心小学教员,同时编辑《儿童生活》月刊(石印本,学校发行)。从此开始,陆静山始终紧紧追随陶行知,甘做他的学生,不断试验、推广和研究生活教育的理论和方法。1946年陶行知逝世后,陆静山在重庆创办了第一所"行知学校"。陆静山这20年的任职、工作、研究等,大都与陶行知或"陶门弟子"有关。也是因为陶行知和生活教育社成员的关系,陆静山结识了张劲夫、张宗麟、方与严、戴伯韬、邢舜田等一些共产党员,接受了一些革命思想,创作和教唱了一些救亡和革命歌曲,把所在学校作为革命同志避难和转移的据点,为自己参加革命工作和加入中国共产党奠定了基础。

当时的小学员黄明后来回忆说:"晓庄师范附小的音乐课是陆静山先生教的,他教我们唱《锄头舞歌》《劳动歌》,还教我们唱《国际歌》《少年先锋队歌》,这些歌词到现在还能记得,如《少年先锋队歌》……"[1] 在教学中,陆静山自己创作了一首小歌《起得早》,并编辑出版了著名的《晓庄歌曲集》,这本书是供晓庄学生作为课本使用的。板俊荣在《〈晓庄歌曲集〉研究》一文中指出:

在晓庄学校,适合各科教学的教材非常紧缺,陶行知倡导师生参与教材的编订工作,他任主编,出版了许多用于教材的丛书。在他主编的晓庄丛书中,有一本内容是专门关于歌曲的,它是由陆静山编的

---

[1] 黄明:《晓庄教我劳动光荣,要为人民服务》,《行知研究》1983年第9期。

《晓庄歌曲集》，于 1933 年 6 月由儿童书局印行。此书在中国近现代音乐史上影响颇大。[①]

陆静山在晓庄学校撰写了一些记录小学创办和革新的文章，如《乡村小学五月份生活材料》(1928)、《晓庄中心小学之创设及其问题》(1929)、《理想的乡村学校》(1929) 等，发表在《儿童教育》《地方教育》和《教育杂志》上，成为我们今天了解和研究晓庄学校和陶行知教育思想的一手素材。他在《理想的乡村学校》中发出感叹：一开始认为"做大学教授易，做小学教师难，做乡村小学教师更难"，后来感到无论做什么事情，不在于难易问题，而在于"做事人的'心'的问题"。他还感慨："不要你的金，不要你的银，只要你的心！如果做小学教师的能把整个的心放在教育上，把整个的心献给儿童，到那时即无所谓难易了。"[②] 该文通过在晓庄学校的工作经历，谈到了理想的乡村学校的一些要素，如同事间的通力合作、幼稚园和小学的沟通、课程的联络与教材的组织、儿童的生活指导、社会活动的开展等。《晓庄中心小学之创设及其问题》则讲到除了晓庄小学之外，在周围三里内开办的五个中心小学的情况。他说："我们找到创办学校是不容易的事，尤其是在民气闭塞的乡间，尤其是乡间的创举。但我们有热的血，坚强的意志，这些阻力是不怕的。现在不到一年，各处纷纷来函，要求去开办小学的事情应接不暇了，可见砻糠搓绳，难在起头。"[③]

1929 年 7 月，陶行知主持晓庄师范全体会议，决定全校分为五

---

① 　板俊荣：《〈晓庄歌曲集〉研究》，《南京晓庄学院学报》2007 年第 2 期。另见板俊荣：《陶行知音乐教育活动研究》，东北师范大学出版社，2006，第 60—70 页。

② 　陆静山：《理想的乡村学校》，《辽宁教育月刊》1929 年第 1 卷第 5 期。

③ 　陆静山：《晓庄中心小学之创设及其问题》，《教育杂志》1929 年第 21 卷第 5 期。

个学院，由各院院长率领若干志趣相同的师范生去作更深入、具体的研究和试验。五个学院及院长分别是：和平学院，院长陶行知，主体为晓庄剧社和社会组；万寿学院，院长邵仲香，主体为农艺组；晓庄学院，院长潘一尘；吉祥学院，院长张宗麟；三元学院，院长陆静山。[①]1930年1月，陶行知在晓庄主持召开全国乡村教师研讨会，发表《生活即教育》的演讲，系统阐述了"生活即教育""社会即学校""教学做合一"的思想理论。同年4月，南京国民政府勒令停办和武力封闭晓庄学校，陶行知受到通缉而避难日本。

陆静山与潘一尘、唐文粹、糜仲照、王瑞符等师生转移到无锡新犊小学，仍由潘一尘任校长，陆静山任教务主任，其妹妹陆静霞（晓庄试验乡村师范学校幼稚师范院毕业）等则转移到河埒口小学，继续进行乡村教育试验。钱迪回忆说：

他们在这里办"生活教育"的试点，向学生进行爱国和科学实践的教育，搞得十分红火。……记得每天升旗仪式时的导师讲话，简明生动，感受真切。把高年级导师讲话，还编印了一册《小朋友谈话》（陆静山编），给学生留下了深刻的印象。[②]

陆静山后来将此书编辑成《小朋友谈话》，1933年出版于北新书局。该书由30篇随笔组成，从内容的选择、编写到插图和封面画，都有自己的特色，并且每一篇随笔都有题头画与插图合成一体的标题装

---

① 王文岭：《陶行知年谱长编》，四川教育出版社，2012，第246页。
② 钱迪：《抗战前新犊小学的生活教育》，载《无锡县文史资料》第3辑，1985，第67页。

饰画，既起到了装饰版面的效果，又涵盖了插图所要表达的内容。[①] 他们还仿效"晓庄剧社"和田汉的"南国剧社"，办起了一个"青蛙剧社"。"青蛙"的意思是为农民叫唤，没有离开"乡村教育运动"的道路。他们在无锡、苏州上演的剧本也是从晓庄带回的，如《苏州夜话》《南归》等。陆静山既出演过《南归》中的男角，又写过一个反映农妇、女佣、更夫痛苦生活的独幕剧。其间，他还为无锡县立河埒口小学和县中心小学拟订了一个《生活教育试验大纲》，对生活教育试验的理论、原则、目标、导师、经费、环境与设施、工具、儿童生活、课程、生活法、教科书等做了全面阐述。[②] 这个试验受到邻校盛店小学校长杭苇的称道，因互相欣赏、志同道合，"从此结为至友"。[③]1931年，新犊小学校长潘一尘被无锡警备司令部逮捕，后保释回校，不久潘、陆等人被迫离校。[④]

1932 年 1 月 10 日，陆静山在上海与无锡乡下姑娘胡蓉（小学毕业）结婚。已从日本回国的陶行知根据他们的恋爱史，代陆静山写了一份别开生面的结婚通告，分发给男女双方的亲友："我爱的是乡下姑娘，怕的是摩登小姐；我敬的是赤脚先生，厌的是花花少爷；我们在人生的大海里遇着了，恩情好似鱼与水；喜鹊一声报喜信，三杯美酒快到嘴。"[⑤] 这时，集美试验乡村师范学校（简称"集美乡师"）校长张宗麟到上海聘请教师，在陶行知的支持和动员下，包括潘一尘、陆静

---

① 徐昌酩：《上海美术志》，上海书画出版社，2004，第 90 页。

② 陆静山：《生活教育试验大纲》，《集美初等教育界》1933 年第 3 卷第 5 期。

③ 杭苇：《我的回忆——自己走过的路》，载赵永良、蔡增基主编《无锡望族与名人传记》，黑龙江人民出版社，2003。

④ 钱迪：《抗战前新犊小学的生活教育》，载《无锡县文史资料》第 3 辑，1985，第 67 页。

⑤ 陶行知：《静山的结婚通告》，载《知行诗歌集》，儿童书局，2012。

山、唐文粹、王瑞符、王丙乾在内的一批晓庄学校指导员和毕业生到集美乡师担任指导员，继续从事"教育革命活动"，传播陶行知在晓庄种下的火种。陆静山担任该校生活指导部主任，兼任其下属八所小学之一的乐安中心小学校长。[①] 他后来回忆说：

> 我到了集美乡师，看到学校虽然成立只有半年，但是已把借用的祠堂、民房，经师生自己动手，改建为校舍，如课堂、办公室、园地等等，都很像样。中心小学、幼儿园、农民夜校也建立起来了。师生的生活、学校的风气，很有晓庄精神。经过 1932 年的加强建设，学校又有了新发展。……乡师是教师学生共创共有的学校。教师称指导员，他们跟学生共教，共学，共做，共生活。所谓共教，共学，共做，就是陶氏主张的"教学做合一"。[②]

1932 年 4 月，苏区红军进攻漳州，吓坏了一些人，集美各校停课放假，有的还逃到厦门去躲避。集美乡师没有放假，照常上课，也没有人去厦门躲避。红军从漳州撤退以后，集美乡师被扣上了"赤化"帽子，并在年底给查封了。陆静山在集美乡师工作时，曾与唐文粹合写《试验乡村师范的生活与行政》(《集美初等教育界》1932 年第 3 卷第 3 期) 一文，总结一年来集美乡师的生活和教育、生活和计划、生活和考核、生活和工具，以及行政的经费、学校设施、人员和事业情况等。后来，他在《晓庄的教育革命之花在集美怒放》(1986) 中写道：

---

① 朱秀三：《集美试验乡村师范学校史略》，载《集美文史资料》第 4 辑，1993。
② 陆静山：《晓庄的教育革命之花在集美怒放》，载曾讲来主编《风云录：集美试验乡村师范学校》，华夏出版社，2008。

乡师只存在两年不到的时间……由于乡师全体指导员和同学的集体努力，还由于乡师中共地下组织的工作影响，乡师还是有成绩的，如许多同学和指导员在教育方面做了不少工作，有的革命觉悟有所提高或大大提高，他们后来相继成为勇敢的革命战士或共产党员，有的成为革命烈士，有的为抗日战争、解放战争和建设新中国作出了贡献。[①]

1933 年，山海工学团部分指导员合影，左起：
方与严、谢义、王洞若、董纯才、陆静山、戴伯韬

1933 年初，由于集美乡师被查封，陆静山回到上海，一度参加陶行知创办的山海工学团的教学工作，并积极为办学筹措经费，第一个按规定即"介绍稿件一律捐十分之一"捐出自己的稿费 15 元。[②] 不久，陆静山受陶行知委派，率小先生侣朋连带大洋 30 元和一批图书，到无

---

① 陆静山：《晓庄的教育革命之花在集美怒放》，载曾讲来主编《风云录：集美试验乡村师范学校》，华夏出版社，2008。

② 陶行知：《几条筹款办法——致汪达之、孙铭勋》，载陶行知著《陶行知全集》第8 卷，四川教育出版社，2005。

锡宜兴西桥协助当地知识青年承继行（承国英）办起西桥工学团，取得了显著的成绩。该团下设小农场，并创办农民信用合作社，不但使一百多个农家孩子到工学团学校上学，而且促进了当地农业生产，成为试验陶行知工学团的教育理想而在地方创办起来的一个范例。[①] 鉴于西桥工学团是陶行知亲自支持创办的、苏南地区第一个也是唯一一个工学团，他曾经指派上海山海工学团团长张劲夫等前去助阵，还与陈鹤琴等一起亲临指导，并赋诗一首《迎接新西桥》，撰文一篇《跟西桥学》。承浩光回忆说：

陆静山老师是陶先生的学生，当时还在无锡任教，虽然工作很忙，陆老师每隔段时间就来一次，一住三四天。他帮助学校解决了许多实际问题，并提高了大家克服困难的信心。他教学生唱歌，我记得当时《大路歌》就是陆老师教我们唱的。有时他给学校老师和小先生讲形势。我们在那时第一次听到中国共产党闹革命，以及朱德、毛泽东的名字，红军打仗机智、勇敢等等。每当时局有变化，陆老师就出现在我们面前。记得西安事变后，陆老师来到了西桥，详细阐明共产党不杀蒋介石的道理。他还给学校带来了一架留声机和一些进步歌曲的唱片。[②]

二、实验"小先生制" 开启儿童报刊事业

1933 年夏，陆静山被任命为无锡县立河埒口小学校长。该校"各科教学，不沿袭陈法，注重培养学生的能力，教学方法灵活多样……

---

① 　王尚义：《陶行知教育思想教程》，中央编译出版社，2017，第 66 页。
② 　承浩光：《宜兴教育史上的一颗明珠——西桥工学团：纪念陶行知先生》，载《宜兴文史资料》第 2 辑，1982。

校长陆静山，研究儿童教育，收集整理了一些有教育意义的儿童故事。有一段时期，他曾利用每天早操后的十分钟，给全体学生讲苏联的儿童故事《表》，连续讲了二十次，学生听得津津有味。"[①]1935 年冬，陆静山在《中华教育界》上发表《地方小学与小先生制》，以他负责的河埒口小学及宜兴西桥工学团的实践经验为例，论述了地方小学的使命、地方小学实行小先生制的几个先决条件和实行方法（如改排生活表、组织宣传、课本、指导、考核、集会），以及实行后的地方小学的意见，他写道："我们已在无锡的一个地方小学中试行了。现在试行的期间虽然还很难，但是我们已很深信小先生制在地方小学中是有它的前途的了。"[②]此外，陶行知把这所学校作为一个据点，以便上海同志遭遇麻烦时可以歇脚并转移到乡下。如 1934 年山海工学团遭到国民党搜查，有的被捕，有的避难，其中张健（张劲夫的弟弟，20 世纪 80 年代任教育部党组成员、中央教科所所长）等从上海逃到无锡，陆静山都做了妥善安排。

在河埒口小学任校长时，陆静山还与杭苇、李伯敏、潘一尘一起，于 1933 年 4 月 4 日——当时的儿童节创办了《儿童新闻》，每周出一期，向全国发行。报纸内容分时事、科学、文艺和儿童创作四版，主要宣传抗日救国、揭露旧社会黑暗、介绍科学知识、宣传和推行陶行知的生活教育等。他们都是业余办的，没有稿费和编费，其中陆静山负责科学、文艺版。不久潘一尘、杭苇先后离开无锡，便由陆静山、李伯敏两人支撑这个儿童报刊。[③]他以笔名"陆洛"发表的图文并茂的

①　强济和：《陶行知生活教育的一个缩影》，载《无锡县文史资料》第 3 辑，1985。

②　陆静山：《地方小学与小先生制》，《中华教育界》第 22 卷第 7 期，1935。

③　杭苇：《我和少年儿童刊物》，载贺宜主编《儿童文学研究》第 25 辑，少年儿童出版社，1987。

科普文章和图画故事有《月亮》《金表》《飞来飞去的鸟儿们》等。该刊很受无锡等地小学生的欢迎，"当时六年级学生大多订阅了一直进步的儿童少年刊物《儿童新闻》，作为丰富生活的'精神食粮'。在这个刊物上，也常常发表老师指导我们学生投稿的作品，如诗歌、散文、小故事等"。① 为了办好报纸，陆静山还参加了一个日语学习班，认为学好日语可以翻译日本科学报刊的文章供自己的儿童报用。此外，为了能够组织一些教师帮助写稿，他还将无锡小学强济昌、吉菊谭等教师聘为《儿童新闻》的编辑。

这期间，陆静山在《儿童教育》《地方教育》《中华教育界》《教育杂志》《集美初等教育界》《中华图书馆协会会报》上发表了一系列论文，还出版了《晓庄歌曲集》（儿童书局，1933）、《小朋友谈话》（北新书局，1933）、《写给小朋友们看的苏联五年计划的故事》（儿童书局，1933）、《乡村小学开办法》（儿童书局，1933）、《儿童图书馆》（儿童书局，1934）、《新小学布置法》（儿童书局，1935，与陈露薇合编）等著作。

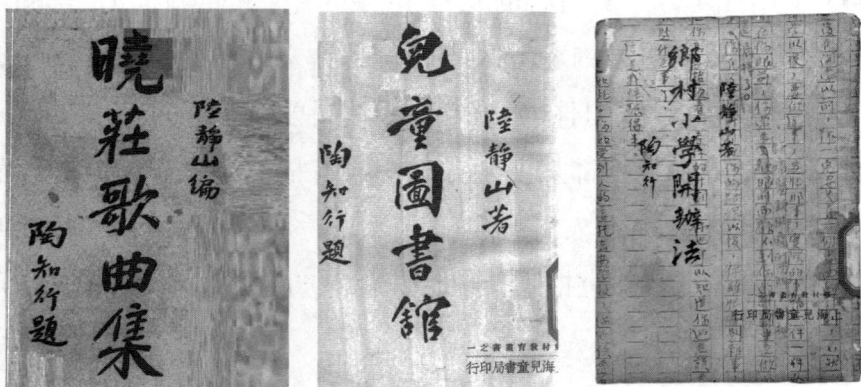

20 世纪 30 年代上海儿童书局出版的陆静山编撰、陶行知题字的几本著作

---

① 　强济和：《陶行知生活教育的一个缩影》，载《无锡县文史资料》第 3 辑，1985。

1936 年 1 月，陆静山由张劲夫介绍到上海，在江苏省立俞塘民众教育馆担任教育和音乐课程的教员，主讲教学方法课和音乐课。2 月，他加入陶行知、张劲夫等发起的国难教育社，由此开始了革命生涯。他还参与接待"新安旅行团"，参加"推行新文字"发起人签名活动。关于陆静山的教学情况，陈友新回忆说："教学方法课的陆静山老师是专任的。陆静山还教音乐，教了很多救亡歌曲，当时聂耳、冼星海等所创作的歌曲几乎都教了，我们也学会了。在他住处还看到《救亡日报》(我党领导的在国外发行的报纸)。"①

上海是旧中国的出版中心，也是儿童报刊的重镇。在上海工作期间，陆静山主要通过编辑出版书刊，撰写大量进步文章，宣传苏联成就和抗日救亡。陆静山与从广西回到上海的杭苇决定将无锡的《儿童新闻》也迁移至上海出版，于是，他们便合租了青岛路 77 号新建的出租房子，并决定用业余时间出版《少年知识》半月刊（陆静山作为办刊人和主要作者，署名为"温锐"），还挂上了"少年知识出版社"和"儿童新闻社"的牌子。②1936 年，《少年知识》创刊半年不到，被勒令停刊，不久改名为《中国少年》，不到半年又被迫停刊。这期间，陆静山以陆洛、温锐的笔名，在《少年知识》《中国少年》上发表的文章有：《少年座谈会》《哲学是什么东西》《矛盾》《火星：太阳系》《少年科学生活特写》《世界无线电播音战中》《中国地理常识杂谈》，以及图文并茂介绍苏联成就的《长一千八百公里的大北铁道完成了》《苏联儿童的夏令营》《十九岁的苏联》等。他还创作了歌曲《儿童先锋歌》《少年前进歌》等。

---

① 陈友新：《我的回忆（一）》，载《奉贤文史资料》第 4 期，1989。

② 杭苇：《我和少年儿童刊物》，载贺宜主编《儿童文学研究》第 25 辑，少年儿童出版社，1987，第 84 页。

与此同时，他在叶圣陶、丰子恺主编的《新少年》等杂志上发表《读书做什么》《植物医师米丘林》《人类史上第一部民主的宪法》《苏联空中英雄的伟举》《从日俄战争到日苏战争》《苏联航空探险队的北极探险》等。又在其他杂志上发表歌曲《神仙就在眼面前》(《小学生》，与陈伯吹合作)、《海南岛是怎样的地方》(《申报每周增刊》)、《日本人眼光中的我国的军备》(《礼拜六》)、《我们急待解决的问题》、《一个提议》(《生活教育研究会会刊》)和《"友邦"在汕头》(《通俗文化》)等。

三、筹办生活教育社 创建行知学校

1937 年七七事变后，陆静山回到家乡，参加了无锡文化界抗日救国协会，担任副会长，并根据国内外形势写了一篇《抗日必胜》的演讲用稿，分 11 次发表在《乡村工作》杂志上，并在纱厂工人的学习班上作为宣传课本，教群众唱抗日救亡歌曲，参加游行、座谈会等。

12 月，无锡沦陷，陆静山一家与杭苇同船到达武汉，参加了刘季平、戴伯韬和范寿康等组织的全国抗战教育研究会，并与杭苇、唐文粹合写了《抗战小学教育》，由读书生活出版社 1938 年 4 月出版，内容为国际形势与抗战前途、抗战教育基本理论、抗战小学教育的任务和实施，以及抗战小学行政机关的改造、课程改造、教师任务、儿童活动，并附有抗战教育方案、课程大纲草案、儿童训练大纲、民众训练拟议。

1938 年 1 月，由于生活教育社的关系介绍，陆静山参加了江凌创办的《大众报》(三日刊)，主要编辑第二版。3 月，开始为新知书店工作，担任编辑，到湖南衡阳负责开办衡阳分店。10 月，又到广西桂林，跟华应申一起找房子，开办新知书店桂林分店，并为总店迁

移做准备。这时，陶行知已从海外回国（作为国民外交使节出国两年多），即投入抗日救亡活动，并在广西筹备公开成立生活教育社事宜。"发起人推定陶行知、唐现之、季平、杨寅初、汪达之、王洞若、吴新稼、王慕祥、陆静山等九人为筹备委员，组织筹备会积极筹备：一面向钧部申请准予组织，并呈报广西省政府备案，一面拟定社章、征求社员。"[1]12 月 15 日，生活教育社在桂林正式成立，推举陶行知为理事长。至此，生活教育社正式成为公开、合法的民间教育社团，生活教育运动也结束了群龙无首的局面。[2]1939 年 9 月，生活教育社第二届理事名单公布，共 27 人，计有陶行知、方与严、汪达之、王洞若、潘一尘、陈鹤琴、雷沛鸿、傅学文、程今吾、戴白桃（戴伯韬）、吴涵真、操震球、戴自俺、张宗麟、郁绿芷、张西曼、安娥、马侣贤、陆静山、孙铭勋、张志让、曹孟君、田汉、许士祺、千家驹、崔载阳、陶宏。[3]1941 年，生活教育社总部迁移到重庆后，陆静山与"新安旅行团"团长汪达之负责桂林分社的活动，直至 1944 年。

1939 年 3 月，陆静山辞去新知书店编辑工作，担任桂林中山纪念学校教学主任。这所学校是生活教育社正式成立的地方，也是该社在广西的主要基地。随后，陆静山创办了两个少年儿童报刊。一是《少年战线》半月刊，编委有王一青、伽因、建庵、陈原、陆洛、孙克定等，1939 年 5 月 1 日由新知书店出版发行，生活教育社主办，1941 年初停刊。陆静山在发刊词《为什么要出版〈少年战线〉》中宣称："在中国的各处，都有许多埋头苦干的小工作者、小战士、小护士、小

---

① 陶行知：《生活教育社立案的呈文》，载《陶行知全集》第 4 卷，四川教育出版社，2005 年，第 258—260 页。

② 徐莹晖：《生活教育社的组建过程》，《教育史研究》2019 年第 2 期。

③ 胡国枢：《陶行知教育思想研究》，浙江教育出版社，1991，第 107 页。

演说家、小艺术家。但是，现在还没有一个刊物来反映这些小战士、小工作者们的生活，来使大家的力量团结起来，更有力地推动工作，来使大家吸收更多的新知识。因此，《少年战线》是'全中国的小朋友们自己的刊物'。"该刊设有《世界大事》《抗战常识》《童运消息》《工作指导》《儿童生活》《诗歌》《童谣》《歌曲》《故事》《游戏》《科学》《工艺》等栏目。第 3 卷革新后增设了《儿童体社会史诗》《连环木刻故事》等栏目。[①]陆静山发表的作品主要有：言论《怎样保卫西南》、《团结起我们的小力量》、《拿什么献给今年的七七》、《给喜欢作文和投稿本刊的少年朋友》、《英国为什么要和苏联做朋友》、《怎样使全国小朋友更加团结起来》（与张杰合作）等；童谣《日本鬼》《糊涂虫》等；歌曲《小战士歌》（与陈田鹤合作）、《保卫大西南歌》（与磊生、郑律成合作）、《七七两周年纪念献礼竞赛歌》（与田汉合作）等；图文说明文《海陆空军大联合》（与小群合作）、《蜜邱林》（与王一青合作）等；《连环木刻故事》栏目主要由木刻家刘建庵创作，陆静山设计，以"苏联儿童的夏季生活""纪念七七少年献礼""秋收期中的少年们""空舍清野中少年的工作"为标题，连载了 10 多篇作品。

二是《西南儿童》周刊，1939 年 6 月 5 日创刊，生活教育社主办，西南儿童报社出版发行，社址在桂林中山纪念学校内。该刊以小学中、高年级儿童为读者对象，图文并茂，浅显易懂，知识性、趣味性较强，主要撰稿人是中小学校教师。陆静山在《发刊词》中号召："我们西南的小朋友就应该和全中国的小朋友团结起来……再和全世界的儿童团结起来，打倒日本鬼子，创造新中国；打倒法西斯蒂[②]，创造新世界。"该刊

---

① 王泉根：《百年中国儿童文学编年史（1900—2016）》，湖南少年儿童出版社，2017，第 239 页。

② 法西斯蒂，即法西斯。

设有《儿童歌曲》《诗歌》《战时常识》《儿童通讯》《工作报告》《战时算术》《儿童创作》《图画故事》《儿童言论》《游戏》《戏剧》《小言论》《时事报告》《儿童生活通讯》《儿童故事》等栏目，也刊发各种补充教材、连环画、儿童创作的诗歌和散文。1943 年 8 月被国民党查禁。[①] 作为主编，陆静山在该刊发表了一系列文章，如《在常识课里我们研究欧洲大战》《中山先生小时候的故事》《第一课》《过年了》《多米尼加共和国》等，还有诗歌《十月十》《做棉衣》《火把》《纪念国父诗》等。陆静山主编的《少年战线》和《西南儿童》是战时大后方创办较早的两个儿童文学刊物，成为抗战时期大后方文学的一个重要组成部分。[②]

1942 年秋，陆静山辞去中山纪念学校职务，转到国立成达师范学校任教务主任。1943 年 9 月，又担任桂林建国小学校长。[③]

在桂林时期，陆静山主编了一些丛书，撰写了一些论著。1940 年，陆静山主编了五套幼稚园读物，其中一套《幼年文库》共 10 册，由建文出版社出版，受到小朋友欢迎。[④]1941 年，陆静山应万有书局之邀主编了"万有少年文库"，第一辑 20 种，计有《抗战故事（上、下）》《战地》《从甲午到七七》《我们的友邦美英苏》《三个民族英雄》《陆地的故事》《天空的故事》《海的故事》《水的故事》《伊索的故事》《发明家的故事》等，1944 年 4 月出版。该丛书以小学四年级至初中三年级学生为读者对象，涵盖社会与自然基本知识，作者多为经验丰富的教育工作者。该丛书出版后风行一时，许多学校图书馆收藏。[⑤] 后来，陆

---

① 魏华龄：《生活教育社桂林记事》，载北京市陶行知思想研究会编《陶行知研究》，湖南教育出版社，1986，第 281—284 页。

② 王泉根：《现代中国儿童文学主潮》，重庆出版社，2000，第 76 页。

③ 桂林市文化研究中心：《桂林文化大事记》，漓江出版社，1987，第 255 页。

④ 魏华龄：《生活教育社在桂林》，载陶行知著《陶行知全集》第 11 卷，四川教育出版社，2005，第 584 页。

⑤ 万忆、刘硕良、林杰谋：《广西新闻传播事业史》，浙江工商大学出版社，2019，第 62 页。

静山又出版了《歌剧集》(实学书局，1942)、《新儿童生活歌曲》(桂林康健书局，1943)、《儿童文画》(3册，实学书局，1945)等著作。[①]其间，陆静山创作了不少文章，除了发表在自己主编的刊物上之外，又在广西《扫荡报》发表诗歌《小先生》(1939)，在《战时教育》发表儿童三幕歌舞剧《小红帽》(1940)，在《国民教师》发表《四月四儿童节歌(中高级用)》(1941，与陈田鹤合作)，在《国民教育指导月刊》发表《中心国民学校的儿童训导及其途径》(1941)，在《广东儿童》发表《一年来的儿童读物》(1941)，在《乐风》发表儿童歌曲《小小兵》(1941，与曾悌合作)，在《科学知识(桂林)》发表歌颂苏联的《伟大的人，伟大的水电厂》(1943)等。下面选取其中的一首诗《小先生》：

一、小先生，有本领；自己识了字，就去教别人。泥块做粉笔，石头做板凳。读书讲故事，唱歌真好听。大家团结起，同去打日本！

二、小先生，本领高；自己学会了，就去找人教。地面当黑板，街头当学校。人人都来学，不分老和少。大家有知识，日本就打倒！[②]

值得强调的是，陆静山最早编写的一套小学语文教材，是在1941年完成的《战时儿童国语读本》，由陶行知审稿修订，并提交教育部审查，为此还交了36元审查费。[③]由于教育部正在组织编写统一的"国定教科书"而没有通过，所以后世对该读本的内容情况不甚了解。此

---

① 周勇、王志昆：《中国抗战大后方历史文献联合目录(中)》，重庆出版社，2011，第1313、1315页。

② 陆静山：《小先生》，《广西扫荡报》1939年3月17日。

③ 华中师范大学教育科学研究所：《陶行知全集》第7卷，湖南教育出版社，1992，第508、526页。

外，他以"温锐"名义编写的《大家一条心》（全民出版社），被国民党中央图书审查委员会查禁。[①]

陶行知在生活教育社社员大会的总结讲话中，对陆静山全面抗战之后参与的"抗战小学教育"研究、桂林中山纪念学校的筹办活动、"新安旅行团"及其"岩洞教育"，特别是其主编的姐妹刊《西南儿童》《少年战线》与五套幼稚园读物尤其是"幼年文库"，给予了高度评价。[②]

1944年秋，日军进攻广西，陆静山一家过着第二次逃亡生活，在从桂林匆忙撤退到黔南独山县的过程中，丢失了岳母，冻死了一个幼女，使他对国民党军队十分失望。

1945年初，陆静山一家经过半年的颠沛流离，终于抵达重庆。他见到了分别多年的恩师陶行知。他积极参加陶行知主持的生活教育社、育才学校、上海大学的有关工作。经陶行知介绍，陆静山加入了新成立的民盟；又根据陶行知的要求，整理出《创造的社会教育论纲》（1945）一文，对社会教育的作用、性质、定位、意义、特点、办法等进行了全面的概述。[③]其间，他与胡伯周一起创办《中国儿童》周报，与方与严等参加重庆一些民主运动的集会和《新华日报》的几次纪念活动等。

1946年4月，陶行知赴沪后，生活教育社总部仍留在重庆，陆静山坚守重庆，操办育才学校。6月16日，陆静山致信陶行知："现在古圣寺附近明家院租房住下，一方面可照护孩子，一方面乡下物价便宜

---

① 《国民党"中央图书杂志审查委员会"查禁目录（1938—1941）》，载宋原放主编《中国出版史料》第2卷（现代部分），山东教育出版社，2001，第148页。

② 陶行知：《在生活教育社总社社员大会上的讲话》，载《陶行知全集》第11卷（补遗一卷），四川教育出版社，1998。

③ 董宝良：《陶行知教育论著选》，人民教育出版社，2015。

点，另外想把预计中的农民用的识字班课本编好。"①其间，在《正中儿童》上发表一系列儿童文学作品，如歌曲《猴子戏》《放纸鹞》《四月四日儿童节》《我愿》《好风景》《钓鱼对唱》《萤火虫》《上高山》《爱斯基摩人》《加拿大的孩子们》与《包米和番瓜》（与刘天浪合作）等，文章《暑假到》以及"小创造系列"（与邢舜田合作，含《好玩的肥皂泡》《火箭炮》《放花灯》《放纸鹞》《大时辰钟》《小鸟的家》《遮阳妙法》《沐浴妙法》《做喷泉》《大象桥》《大地图》《报纸两面看》《大冰箱》）。又在《儿童世界》杂志发表"儿童抗敌故事系列"《丁丁》等。

1946 年 7 月 25 日，陶行知因脑出血在沪去世，享年 55 岁。8 月 4 日，生活教育社及育才学校、社会大学全体师生在管家巷召开陶行知追悼大会。9 月 22 日，重庆市 40 多个人民团体共同举行隆重的追悼大会，各界名人史良、邓初民、吴玉章、张群、胡子昂、许德珩、张友渔、端木蕻良、何其芳，以及陶门弟子马侣贤、方与严、陆静山、罗克汀、陈迩冬、孙铭勋、陆地、操震球等两千余人参加。此时，陆静山撰写了《陶行知的教育方法——教学做合一》《陶行知先生遗教》，成为陶行知逝世后宣传和研究其教育思想的重要文章。陶行知的突然病故，使得本应复员回家的陆静山不得不留下来继续工作。为了纪念陶行知，继承发扬其遗志，生活教育社于 1946 年 8 月决定开始筹备设立"行知小学"，并由陆静山负责。他希望"在不久的将来，全国各大都市里都能够把行知小学、行知中学，甚至行知大学设立起来"。②1946 年 9 月，生活教育社的第一个行知小学在重庆管家巷 28 号创办，陆静

---

① 陶行知：《陆静山致陶行知》，载胡晓风、金成林主编《陶行知全集》第 12 卷，江苏教育出版社，2002。
② 陆静山：《初生的行知小学》，《生活教育通讯》1947 年第 2/3 期。

山不顾个人安危，挺身而出担任校长。但该校在 1947 年 3 月 1 日国民党反动政府搜查育才学校时被查封。陆静山不是共产党员，规规矩矩办学，反动当局抓不住陆静山"犯法"的证据，但还是要求他限期离开重庆。他对国民政府的幻想彻底覆灭了。

陆静山最早编写的小学国语教材和儿童读物

在行知小学一年中，陆静山又自己筹资创办了《儿童创作》月刊，并且发表了《图画诗歌：青蛙》等作品，又与邢舜田合作发表图文并茂的《火星探险》系列文章，还著有《少年国语文选》（4 册，与杨明志合编，文光书店，1945；实验书店，1946）、《最新小学升学指导》（与诸祖荫等合作，沪光书局、实学书局，1946）。其中《少年国语文选》是适合高小及初级中学国语科教学使用的补充教材，遵照教育部新近公布的中小学国语科课程标准编辑而成，所选文章新颖精当，使教者指示易于启发，学者学习易于领悟，对国语一科不致有枯燥乏味之感。而且每课文末附以简要注释，并提出问题，以便学习者自习。其中第一册收有《行动与知识》《怎样得到知识》《怎样用书》《上山》《武训的兴学歌》《上学》《假使》《我的新生活观》《义侠的行为》《我们的希望》等 36 篇文章。

四、钻研儿童文学 编写国语课本

1947 年 9 月，陆静山回到阔别十年的上海，在陈鹤琴主持的"国民教育实验区"工作，任研究员，并参加了共产党领导的"中国儿童读物作者联谊会"，担任理事。1948 年 1 月，在邢舜田介绍下，陆静山加入中国共产党。他团结许多儿童文学工作者，响应上海党组织领导的各种运动，在儿童文学作品中宣传党的政策。

抗战胜利后，上海再次成为中国儿童文学的大本营。1947 年 10 月，贺宜主编的《童话连丛》由华华书店出版，编委有陈鹤琴、陆静山、金近、包蕾、仇重（刘重）、林丁（邢舜田）、贺宜等七人。这是中国第一本发表童话创作的刊物。贺宜回忆说："《童话连丛》一共出版了十一册，1948 年 9 月，我离开上海到解放区，编辑工作交给陆静山同志接办，因此，从第一辑第十二册开始是陆静山同志编的，不过书店为了回避当局的注意，便于发行，所以请陈鹤琴先生挂了'主编'的名义。"[①] 他还回忆说："在上海有一个'中国儿童读物作者联谊会'的组织，是由陈伯吹、何公超、仇重、沈百英、金近、黄衣青和我约十余人发起的，会员四五十人。党在'联谊会'中建立了一个党的小组，我是召集人。成员有包蕾、孙毅、林丁（邢舜田）、仇重（刘重）、陆静山和我，开展统战工作，团结要求进步和中间的占会员中绝大多数的作者，争取少数比较落后的作者。"[②]

"中国儿童读物作者联谊会"在 1948 年 4 月、10 月和 12 月连续召开有关儿童读物、儿童戏剧和儿童教育问题的座谈会。陆静山均参

[①] 贺宜:《关于〈童话连丛〉》，载《贺宜文集》第 5 卷，少年儿童出版社，1983。

[②] 贺宜:《"中国儿童读物作者联谊会"成立后的三年》，载《贺宜文集》第 5 卷，少年儿童出版社，1983。

加并发言。他在 1948 年 4 月 "儿童读物问题" 座谈会上所做的《写儿童读物的三条途径》发言中指出："关于写作问题，建议要多为低年级着想；要引起社会重视，反对虐待小孩，保障童权；要注意口语化；要整理旧有佳作；要改编和创作，并希望作家分工合作，有计划地改编和创作好作品。关于出版问题，希望多出书，出好书，不粗制滥造，等等。"[①] 他在 10 月 9 日 "儿童读物的用字和用语问题" 座谈会上指出：

如果文艺工作者不去与大众生活在一起，去向大众学习，去和大众过同样的生活，就不能了解大众的生活和思想，也就不能说或写出大众的寓言和文字，那么真正的大众化的文艺作品是产生不出来的。我们现在来谈儿童读物中的用语问题也是这样，我们是成人，我们只有到儿童中同去生活，去认识儿童，了解儿童，向儿童学习，使自己变成一个儿童，这样，我们才能写出真正儿童化的读物。儿童读物的读者对象，其年龄大约自六七岁到十二三岁，大体约可分为幼稚园儿童、小学低年级、中年级及高年级儿童四种程度，这四种程度的儿童各有其生理及心理的特点，供应给他们的读物，当然也要适应他们这种特点。读物中的用语，就也要适合这些程度。[②]

到新中国成立之前，陆静山在《大公报·现代儿童》《儿童知识》《儿童世界》《儿童故事》《新芽》《电影杂志》等杂志上发表歌曲《做年糕》、《过新年》、《恭喜恭喜你》、《划船》、《我有一双小小手》、《花和星》（与赵子佩合作）、《儿童节歌》（与庄严合作），诗歌《星期歌》

---

① 陆静山：《写儿童读物的三条途径》，《大公报·现代儿童》1948 年 4 月 5 日。
② 《中华教育界》1949 年复刊第 3 卷第 4 期。

《运动会》《春天》《纺织娘》《小蜜蜂》，童话《笨老鼠》《鸡宝宝》以及《束黄的素描》，故事《"年"的故事》《走马灯》和常识文《无锡》等。主编有《最新小学补充教材丛书》（与陈鹤琴合作，华华书店，1947）、《过新年》（华华书店，1947）、《少年国语用书》（4册，永年书局，1948）、《少年自然用书》（永年书局，1949）等。还创作了儿童独幕剧《人面蜘蛛》（立化出版社，1947）、《卖火柴的女孩子》（收有独幕剧《卖火柴的女孩子》《狼和七只小山羊》与两幕剧《小红帽》，永年书局，1948），歌舞剧集《造房子》（永年书局，1948）等。

上海解放后，在教育局长戴伯韬和杭苇的领导下，陆静山负责接管学校的调查工作，参与组建上海联合出版社，担任中小学教科书临时编审会负责人，主持编辑和出版了华东版小学国语课本《初级小学适用临时课本国语》（8册）与《高级小学适用临时课本国语》（4册），1950年2月由上海联合出版社出版发行，及时解决了新学校用书问题。它们成为陆静山主持编写出版的第一套小学语文教科书。

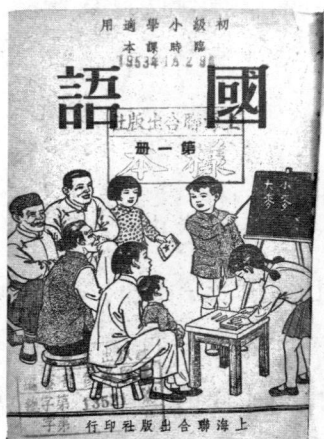

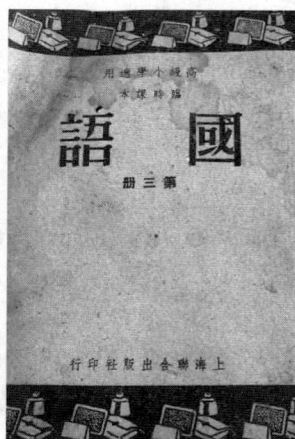

陆静山参与编写的华东版初、高小国语课本

之后，由组织安排，陆静山担任了上海师范学校教导主任、代理校长。为了配合教科书编写和使用，陆静山出版了《看图识字 北方普通音注音符号注音》（启明书局，1952），又在《活教育》杂志上发表《过新年：文学活动教材》《儿童歌曲教材的选择及改编问题》等文章，这是他早期研究小学教材的代表作。1950 年，他与邢舜田共同主编了一套"小主人文库"，由大东书局出版，包括《花狗和小羊》《反炮炸》《狐狸捉小鸡》《反轰炸》《阿宝的新衣裳》《帮老公公割草》《好好看一看》《笨老鼠》《菜根香》《好看的颜色》等，共计 40 册。该丛书全是彩色图画故事，也是新中国成立后最早出版的学前儿童丛书。

五、专职小语教材编辑 研究小学语文教学

新中国成立后的第一次全国教育工作会议，"认为编辑与改编中、小学教科书是目前亟待解决的中心问题之一，决定集中一批干部并组织一部分有经验的教员，来进行这项工作"。[①] 1952 年 9 月，陆静山从

1953 年 10 月教育部教学指导司全体人员在办公室门前合影，后排右二为陆静山

①　何东昌：《中华人民共和国重要教育文献》，海南出版社，1998，第 6 页。

上海调到北京，担任教育部教学指导司小学语文组组长，率领霍懋征、吕敬先、刘永让、黄秀芬、王叔敏等从事小学国语课本的编审及课程标准的编订工作，从此走上职业编写和研究小学语文教材教学之路，先后参与编写多套国家统编小学语文课本、教学参考书，以及有关教学大纲、课外读物，并发表、出版了一系列有关论著。

1953 年 5 月，毛主席主持召开中央政治局会议，作出抽调大批干部编教材的决定，将许多优秀学科专家从全国各地选拔到人教社，进行新中国第一次教材会战，新编第一套中小学全学科的统编教材。11

陆静山参与编写的语文课本及教学参考书

月，教育部将教学指导司学科人员划归人教社，陆静山被分配到小语室做编辑。该室主任为蒋仲仁，成员有陈伯吹、袁微子、钟华、霍懋征、文以战、刘永让、黄秀芬、张田若、计志中等，还有社领导叶圣陶、辛安亭、朱文叔，都是小学语文的名师或名家。陆静山作为骨干人员参与编写了《初级小学课本语文》（8册）、《初级小学课本语文教学参考书》（8册），以及《高级小学课本语文》（4册）、《高级小学课本语文教学参考书》（4册），这些教材奠定了国家统编小学语文教材及其教参的基本内容和格式。

在叶圣陶、朱文叔带领下，陆静山与同事们还代拟了新中国的第一部《小学语文教学大纲（草案）》。为了配合低年级学生学习汉语拼音字母和习字，陆静山与蒋仲仁、钟华、刘永让、黄秀芬还编写了一本《拼音歌》（中国少年儿童出版社，1958），与计志中合作编辑了《初级小学习字帖教学参考书》（2册，人民教育出版社，1958），与朱文叔、蒋仲仁一起校阅了《初级小学习字帖》（臧建业、桑逢淮、高佳作编，人民教育出版社，1958）。此外，与马若虚合编了《幼儿歌曲集》（启明书局，1953），

20 世纪 50 年代陆静山编写的一些少年儿童读物

与钱君匋、俞荻合译了《苏联学前儿童歌曲集》(音乐出版社, 1955)、《苏联小学歌曲集》(音乐出版社, 1956)。

1959年, 陆静山与蒋仲仁、袁微子等人参加了第一套统编小学语文课本及其教参的精简和修订工作。随后, 又参与了1960年十年制学校小学语文实验教材与1963年十二年制学校小学语文教材的编写工作, 为教材建设作出了重要贡献。他的同事刘永让记载:"小学课文, 特别是低、中年级, 常常没有合适的现成文章可选, 陆静山就找来材料自己动笔写; 即使有现成的文章, 他也要加以修改, 或删节或润色, 既注意语言的规范, 又注意文章的风格, 认真对待, 一丝不苟。"①

1961年, 人教社小语室欢送辛安亭调回兰州工作。一排左起为陆静山、辛安亭、蒋仲仁、袁微子, 二排左起梁俊英、陈竺英(上海借调教师)、何慧君、钱琴珠、刘永让, 三排左起吕梅影(上海借调教师)、张田若、文以战、黄秀芬

---

① 刘永让:《勤奋耕耘六十年——记人民教育出版社编辑陆静山》, 载《编辑家列传(三)》, 北京大学出版社, 1993。

为了配合小学语文教材的使用工作，陆静山还积极创作儿童读物，深入研究小学语文教学的规律，在中国少年儿童出版社出版了小学补充读物《秋天好》（1958）、《我们爱劳动》（1959）、《我爱铁我爱钢》（1959），又集中撰写和出版了《小学作文教学问题》（1957）、《小学识字教学问题》（1959）、《小学阅读教学问题》（1963）、《小学写字教学问题》（1963）四本专著，从而形成了较为完整和成熟的小学语文教学思想。陆静山认为，应当吸取与总结历史上和国内外行之有效的经验，在此基础上编出有中国特色的教材，采用与之相应的教法。

——关于作文教学，他认为"小学生作文成绩的好坏，反映了语文教学的成功或失败"；"作文教学中，最值得我们注意的一点，就是强调教师要有系统地帮助学生学习作文"；主张先从"助学法"（教师帮助学生作文）入手，逐渐进到"自作法"（让学生独立作文），切合由浅入深、由易到难的教学原则，也符合《小学语文教学大纲（草案）》理念。据此，他将一到六年级的作文教学要点和具体做法一一加以列举，尤其是针对低年级儿童识字量少、写字力弱，如何结合语文阅读课进行最起码的写作训练，如何结合识字教学中的读和写进行作文教学，如何培养学生具有完成作业和做好作业的信心，提出了一系列行之有效的方式方法和内容。[①]

——关于识字教学，他针对当时存在的小学生识字不巩固和要不要"四会"的问题，先后谈到主要以识字教学的读和写任务为中心，怎样教好识字，如何提高学生的读写能力，如何改进教学方法，提高识字教学质量问题。总起来说，"使教师明确认识：进行识字教学要认认真真，切切实实；要多教学生读，多教学生写，而且要使学生用心

---

① 陆静山：《小学作文教学问题·写在前面》，上海教育出版社，1957。

读，用心写"。①

——关于阅读教学，他认为怎样上好"阅读课"即"讲读课"，尤其是做好"多读多练"，是小学语文教师最关心的一个问题。在明确阅读教学的情况、问题和目标、任务后，他按次探讨了"朗读""默读""讲解"和"识字"等问题，并就阅读课的一些教学问题进行阐述，如怎样上阅读课、课文怎么教，其中包括常识性课文、故事性课文和诗歌的教法，以及教案举例。②

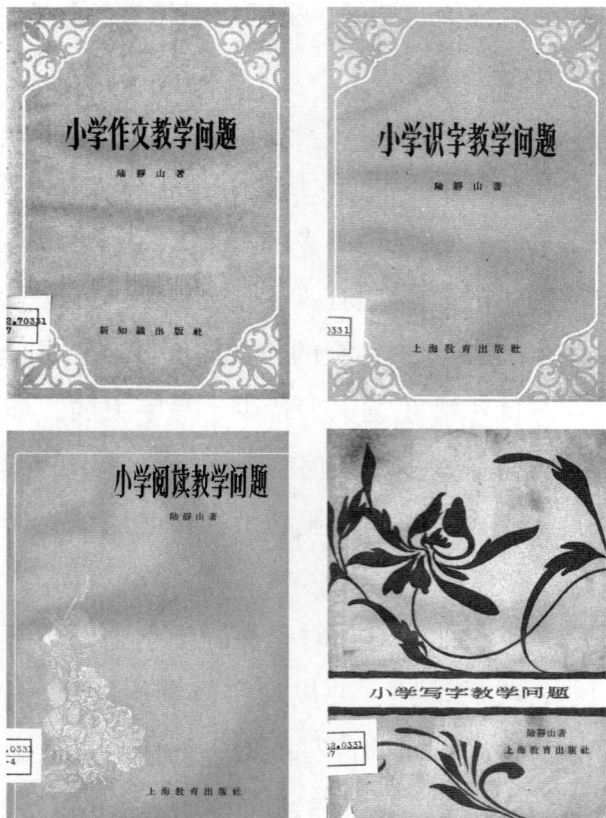

陆静山在 20 世纪 50、60 年代撰写并出版的小学语文教学研究专著

---

① 陆静山:《小学识字教学问题·写在前面》，上海教育出版社，1959。
② 陆静山:《小学阅读教学问题·写在前面》，上海教育出版社，1963。

——关于写字教学，他深入研究了写字教学的任务、实施和教学方法要点，以及与识字有密切关系的写字和写字能力培养，并对毛笔字教学问题做了一些教学方法和教材的评介。[①] 即便是下放到安徽省凤阳县教育部"五七干校"劳动时，他仍然花费三年多时间，查阅《毛泽东选集》前 4 卷的用字用词情况，一个字一个词地做了记录和统计，并选取了其中的三千常用字，为研究小学识字教材和教学问题提供了重要参考材料。

改革开放以后，陆静山老骥伏枥，壮心不已，继续钻研小学语文和辞书等问题，并焕发出新的活力。1978 年初，他发表《语文课里的"写"》一文。认为这种"写"不是写作或作文，也不是写字和书法，是指"抄写""听写"和"默写"等练习。在小学就要重视培养这种"写"的习惯，这是语文课的基本技能之一，与阅读和写作能力提高有密切关系，而且对识字也起复习巩固作用。[②] 1980 年，作为语文教育界的老一辈专家，他被选为全国小学语文教学研究会的顾问，并在首届年会上提交了论文《我国近八十多年来小学语文课本识字教材情况简介》。1981 年，他又重写了《识字教学的几个问题》一文，添加了一些新材料、新观点。

为了培养学生的语文能力，他认为除了语文课本、课外读物以外，还应有适合小学生需要的字典。1980 年，陆静山以 76 岁高龄，由人教社返聘，担负起主编《新编小学生字典》的重任。1983 年，该字典在人教社出版，由于收字适中、释义通俗、插图丰富而精美，深受学校师生欢迎。陆静山后来又主持多次修订，使之成为小学生字典的首选，并先后荣获首届中国辞书奖、全国第一届教育图书一等奖、全国

---

① 陆静山：《小学写字教学问题·写在前面》，上海教育出版社，1963。
② 陆静山：《语文课里的"写"》，《语文学习丛刊（小学版）》1978 年第 1 期。

陆静山在街道办事处召开的批判"四人帮"会上发言（载《北京日报》1976年12月5日）

优秀畅销书奖、中华优秀出版物图书奖等。现在，《新编小学生字典》经再次修订后，仍是义务教育阶段学生的主要工具书，发行量超亿册，成为我国影响最大的小学生专用字典。陆静山还很关注小学语文教学界的动向，并关心小学语文教师的成长。李吉林曾经回忆说："回顾情境教学的实践与研究过程，对我产生重要影响的除了叶老、夏老，还有吕叔湘先生、张志公先生、蒋仲仁先生、陆静山先生等当代语文教育大师和专家。在教学法不断发展、进步的历程中，他们是先驱者，他们的思想和言论是语文教学法巨著中的宝典。我从他们的著述中获益，促使我在情境教学的实践与研究中，发现并努力把握儿童在情境中学习语文的规律，不断吸收东方教育的智慧。"[1]

---

[1] 李吉林：《为儿童快乐学习的情境教学》，《课程·教材·教法》2013年第2期。

1994 年，陆静山以 90 岁的高龄在人教社出版了《常用字形声部首简明新字典》。这是一部联系小学识字教材实际、配合教材使用的识字工具书，初稿完成于 20 世纪 50 年代末 60 年代初，直到 90 年代初稿件的整理终于大功告成，前后近 40 年，可以看出他热爱祖国文字，并以拳拳之心，殷切地盼望着加强汉字研究与教学，默默地为实现汉字应用的科学化而无私地奉献着。在这部字典的"前言"里，陆静山深情地阐述了提高全民的识字水平要从识字教学抓起的必要性，提出要"让汉字的正确读音成为全国都来重视的事件，就像社会上把进行纠正乱造简化字、乱写乱用错别字的问题一样重视起来"。他希望这部字典能够成为一本全民的参考用书，并反复强调热爱汉字、正确读写汉字是关系到爱国主义教育的大事。戴汝潜认为，"《常用字形声部首简明新字典》就是根据'重视汉字正确读音'这个命题，重新认识汉字，重视对汉字识字工具书的研究而作出的重要研究成果。它的目的在于从根本上提高全民的识字水平"，这部字典的"独特之处在于：按照形声字组合的方式，把汉字的象形、指事和会意字，跟形声字组合起来"，"在吸收教学用的汉字研究新成果方面，《常用字形声部首简明

陆静山晚年编出的学生字典

新字典》就是不可多得的科学可靠的新工具书"。①

陆静山晚年还是陶行知研究的积极倡导者，担任了中国陶行知研究会顾问和北京市陶行知研究会的名誉常务理事，撰写了《晓庄的教育革命之花在集美怒放——回忆五十六年前的集美试验乡村师范学校》（1986）等文章，又是《陶行知全集》（四川教育出版社，1991）的审定主任。1987年11月，教育部根据中组部文件，决定陆静山参加革命工作时间为1936年2月，并享受司局级待遇。此时他已是耄耋老人，但任劳任怨、勤勤恳恳、严于律己的工作作风仍一如既往。他说："我上班时，无论走路、乘车，都是锻炼身体的好办法。在车上，我愿意站而不愿坐，也是为了锻炼。有了健康的身体，才能多做些工作。"②

1988年叶圣陶与人教社小语室全体编辑合影。
前排右起：陆静山、叶立群、叶至善、叶圣陶、张玺恩、袁微子

陆静山一生积极向上，追求进步，向往光明，具有强烈的忧国忧

---

① 戴汝潜:《汉字教与学》，山东教育出版社，1999，第97、99页。
② 刘永让:《勤奋耕耘六十年——记人民教育出版社编辑陆静山》，载《编辑家列传（三）》，北京大学出版社，1993。

民和家国情怀,在经历的数次革命战争和政治运动中,都作出了正确的选择,并表现出了一个民主和民族革命者的风范、共产党员的品格和知识分子的良知。他主要靠自学成才,在 70 年的职业生涯中,成为优秀的中小学教员和儿童读物编辑,成就了多方面的事业,更是靠出乎寻常的勤奋工作、不懈努力和笔耕不辍。他一生并非一帆风顺,而是历经磨难,少年时期因家庭贫困遭受歧视,成年之后或颠沛流离,或屡受迫害,还历经多次失业的煎熬与常年不公的待遇,但他在逆境中成长,在压抑下奋进,在教学中抗争,在创作中呐喊,用时间证明了自己,通过历史还原了真相,并得到了善终。

令人欣慰的是,陆静山早年创作的童话,如《七颗宝石》(李洪恩改编,海豚出版社,1988)等被再版印行,同时发行了英文版、法文版、德文版和日文版;他填词作曲的《划船》《我有一双小小手》等,被收录到现代儿童歌曲选中继续传唱;他的作品还曾一度被选入小学语文课本之中;他的乡村学校教育和儿童图书馆思想,他在音乐创作方面的成就、丰富的编辑人生和对小学语文的贡献,已先后得到有关学者的肯定。但总的来说,对于陆静山儿童教育实践和思想的总结和研究是很不够的,有待继续深入。

刘御：从延安走出来的教科书编写者

刘御（1912—1988）

我在延安所编写的教科书主要是小学教科书。为了要做好这一工作，我必须经常到小学校和小学生当中去，我必须对我的服务对象有所了解，并且向他们虚心学习，就在这个基础上我开始搞了点儿童文学。

——刘御

新中国成立初期，教材编审机构人员主要由两方面组成：一方面是来自国统区的进步编辑或学者，如开明书店的叶圣陶、吕叔湘、宋云彬、傅彬然、刘薰宇、丁晓先、田世英、蒋仲仁，商务印书馆的周建人，中华书局的朱文叔，国立编译馆的陈同新、隋树森，北京大学的魏建功，香港达德学院的朱智贤等；另一方面是来自各大解放区的教育编辑或宣教干部，如陕甘宁边区的董纯才、辛安亭、霍德元、刘御，晋绥边区的金灿然，晋察冀边区的王子野、刘松涛，中原解放区的叶蠖生、曾次亮、杜子劲，东北解放区的孙起孟、孟超、吴伯箫，苏皖鲁边区的戴伯韬、杭苇，晋冀鲁豫边区的皇甫束玉，以及中宣部的胡绳、于光远、王惠德、王城、武纤生、石盘等。其中，刘御（1912—1988）是在革命圣地延安锤炼出来的儿童文学家、小学教育家，走出了一条从革命诗歌到儿童诗歌、从儿童教育到儿童文学之路。刘御是云南临沧人，国立北平师范大学肄业、陕北公学毕业，历任陕甘宁边区教育厅教材编审科副科长，西北军政委员会教育部编审室副主任，人教社语文组组长、小语室主任，昆明师范学院（现云南师范大学）副院长、党委书记，中国作家协会云南分会党组书记、副主席等。他在儿童文学史上的地位业界已有定论，他对小学教育特别是小学教材的贡献也值得肯定。新中国成立前后，刘御在陕甘宁边区和人教社工作时，编写了《识字课本》《初小国语》《初小常识》和《小学课本语文》及其教学参考书等，成为边区儿童文学和小学教材的开拓者、新中国小学语文教材的奠基人，也成为新中国第一场关于语文教材问题论争的主角。

一、中国现代儿童文学的拓荒者

刘御在儿童文学特别是儿童诗歌创作上的贡献最大、时间也最长，成为"自然之歌、乡土之诗"创作的典范。

（一）早年创作的革命诗歌

刘御出生在云南缅宁（今临沧市）乡下一个地主家庭，自幼在家乡私塾念书，1924 年 12 岁到县城高小就读，喜欢上了民歌民谣。1928 年考入省城昆明东陆大学附中，开始天天写日记，曾在《新缅宁》上发表散文和小说，从此走上了革命的创作之路。1931 年初中毕业，只身赴上海，求学于立达学园，受教于夏丏尊、叶圣陶、刘薰宇、丰子恺、周予同等，并加入了进步组织"中国互济会"，出壁报、写标语、秘密散发传单，后被学校开除。为维持生活，开始尝试写诗糊口，发表《丰年》《是谁破坏了我们的爱情》《一条饥饿的巨蟒》等，都是抨击时弊、呼唤民生的作品。如《丰年》（1931）以一个孩子的所见所感，反映了当时"谷贱伤农"的现实，可比叶圣陶的著名短篇《多收了三五斗》：

姜老爷，来催租。王老板，来讨账。保长来抽捐，甲长来要粮，保卫团里来派饷。没有办法想，只好贱卖粮。……一卖卖个精打光。精打光，饿肚肠。饿肚肠，走四方——大哥当长工，二哥进工厂，爹爹卖零活，妈妈给人洗衣裳。咱家咱家要革命，要把黑暗一扫光。

1934 年，刘御化名杨采，考入国立北平师范大学教育系，积极参加学生运动和左联工作。1935 年"一二·九"运动时加入中国共产党，并与谷景生、谷牧三人组成北平左联党组。这期间，又发表了一些诗歌，如《月光曲》《越思越想越生气》《这不过是斗争的开端》《发动》《囚徒之歌》等，并将自己过去写的 17 首诗结集为《史巴克诗歌第一集》准备出版。其中《越思越想越生气》（1934）是以一位少年车夫的口气写的，展现了两个不同的阶级、两种不同的生活，成为那一时期不可多得的佳作：

　　大少爷，你的身材比我高。大小姐，我的年纪比你小。我拉车，你坐车。我这里热汗淌，你那里好风凉。咱们都是娘养的，为什么苦苦乐乐命不齐！难道说，你们的骨头多几根？难道说，我的四肢五官不如人？左想想，没道理！右想想，没道理！我越思越想越生气！

（二）边区最早出版的儿歌集

　　1936年5月刘御被捕，与薄一波等61人关在一个监狱里。几个月后，经过党组织营救出狱，赴日本东京暂时躲避。1937年七七事变后，刘御毅然回国，奔赴延安，进入陕北公学学习，并在"一二·九"纪念晚会上朗诵了长诗《咱们不干谁来干》。之后，他创建了一个诗歌团体——"战歌社"，被推举为社长，又与公木、萧三、海棱等延安诗人组织开展了影响广泛的"街头诗运动"。他们把自己写的诗贴在街头，供来往行人阅读、欣赏。刘御完成陕北公学学业后，被分配至陕甘宁边区教育厅（厅长周扬）教材编审科（科长辛安亭）任副科长，由此开启了他的儿童教材编写和儿童文学创作相结合之路。

　　为了做好本职工作，刘御从擅长的诗歌入手，创作了大量儿歌和故事，它们成为边区少年儿童阅读和学习的重要读物。他在《从儿童教育到儿童文学》（1980）一文中说："我在延安所编写的教科书主要是小学教科书。为了要做好这一工作，我必须经常到小学校和小学生当中去，我必须对我的服务对象有所了解，并且向他们虚心学习，就在这个基础上我开始搞了点儿童文学。"1938年夏，刘御为孩子们写了第一首儿歌《梦》（《新中华报》），通过夸张手法和带有幻想色彩的梦境，抒儿童之情，揭示抗战主题：

昨天晚上做个梦，梦见我在天上飞。飞呀飞，一飞飞到大前线。大前线、鬼子多，他在那里杀人又放火。我在天上撒泡尿，淹死鬼子一百多。我在天上喊口号，吓得鬼子蒙耳朵。

接着，刘御又在《新中华报》《警钟季刊》上发表了许多儿童诗，如《小阿毛》《小公鸡》《小英雄》《小脚苦》《萤火虫》《我们也来写诗了》《行诗》《儿子到前线去了》《秋收小调》《边区少先队进行曲》《边区工人曲》《义务工》《第一架水车》《喜雨》《边区妇女参政歌》等。1939、1940 年分别集成两书，取名《新歌谣》和《边区儿童的故事》，都由边区教育厅石印出版，以供小学生课外阅读之用，成为延安最早出版的儿童读物，其中《新歌谣》是"边区出版的第一部儿童文学作品"。[①] 后来，他又以鸟兽虫木为题材写了不少儿歌，与孟溪合作，在延安新华书店出版了《儿童歌谣1》《儿童歌谣2》。如《小英雄》（1939）一诗写一个"少说话，多做事"的劳动小英雄，人物刻画得很形象：

李有娃，年纪小，去摘棉花不弯腰。眼儿明，手儿快，过来过去真轻巧。少说话，多做事，一会摘了一大包。和大人，比一比，有娃不比大人少。你叫他，小英雄，有娃听了低头笑。

《小阿毛》描写儿童团员小阿毛的种种本领，把一个充满生机与活力的边区儿童刻画得栩栩如生：

---

① 吴然：《刘御和儿童文学》，《云南师范大学学报》1985 年第 8 期。另见董庆保：《边区儿童文学的拓荒者——论延安时期刘御的儿童文学创作》，《楚雄师范学院学报》2011 年第 1 期。

大门开，小狗咬。谁来了？小阿毛。别瞧阿毛年纪小，年纪小小本领高：会写信、会看报、会宣传、会放哨。他当小先生，当得呱呱叫。

刘御还有一首虽然并不是为儿童写的，但颇受儿童欢迎的小诗，这就是《小脚苦》，不失为一首内容与形式完美统一的、写给儿童的优秀诗歌：

宝塔山，高又高，张三娶个李姣姣。人也好，品也好，可惜一双小脚像辣椒。地不会种，水不能挑；走路风摆腰，怕过独木桥；想回娘家怕路远，想走亲戚叹山高。

（三）边区最早的儿童报

刘御与董纯才在给小学生编写课本的同时，还为他们办了个石印小报——《边区儿童》。该报是综合性的，发表了《边区儿童歌》《朱德童年的故事》《找牛的故事》《一个抗日小英雄》等作品，通过诗歌、小说等各种体裁和图画、游戏等多种形式帮助边区儿童学习各种知识和常识，关心国家大事和世界动向，由陕甘宁边区教育厅作为小学补充教材出版。毛泽东为《边区儿童》创刊号（1938 年 6 月 16 日）亲笔题词："儿童们起来，学习做一个自由解放的中国国民，学习从日本帝国主义压迫下争取自由解放的方法，把自己变成新时代的主人翁。"刘御在《解放区第一张儿童报》一文中回忆说："参加办报，也曾是我工作的一部分……我曾用几个笔名在小报上同时写稿。除了儿童歌谣和陕北小调之外，我还写《时事讲话》《生活指导》和《编者的话》等。""但是这个小报——老解放区的第一份儿童报纸——仅仅办理两期就在纸张不足的情况下，被迫停刊了！"

陕甘宁边区教育厅教材编审科人员合影（1945）。
前排左一为刘御，左二为马肖云，后排左一为辛安亭，左二为霍得元

二、边区识字和国语课本的开拓者

小学语文与儿童文学分属两个不同学科领域，却有着天然的血缘关系。对小学语文而言，能否以儿童的心灵去体会儿童，编写出适合儿童需要、具有儿童文学特性的课本，是至关重要的一环。刘御就是一个善于从儿童角色出发、以童心编织小学教材的人。从 1938 年到 1950 年，他在陕甘宁边区教育厅和西北行政大区教育部编写小学教材时，不仅创作了大量儿歌，并且很好地运用了儿童文学这个有利的武器去开垦小学国语、常识和识字课本，从而成为解放区小学教材的开拓者。

（一）第一本教材——《识字课本》

刘御早在大学学习时，就署名史巴克发表了《谈谈儿童文学与〈表〉及其他》（载《西南风》1935 年 6 月 10 日第 2 期）、《语文论战之发端及其开展》（载《云南旅平学会季刊》1935 年第 4 期），这些可以说是他最早评论儿童文学和语文问题（从"中小学读经"到"文言文、白话文和建设大众语"）的文章。

刘御编写的第一套教材是他初到陕甘宁边区时编写的《识字课本》（2 册，冬学用，周扬校阅，陕甘宁边区教育所印行，1938）。其内容主要是日常生活中的一般知识，并突出了抗战主题；课文类型包括诗歌、小调、书信、日记、传单、通知、挑战书和说理议论文等，并且课文后面附有练习题，偶有插图。从我们见到的《识字课本》第二册看，共有 355 个生字（均有注音），课文有《一年四季》《阳历和阴历》《方向》《中国的地势河山》《海洋和陆地》《地球是圆的》《雨水回老家》《怎样战胜水灾和旱灾》《一去不回头》《盐》《生物和无生物》《生物都要吃东西》《假如世上没有水》《轮船》《车子》《中日关系》《飞机》《仪器吃不吃东西》《中日战争》《"九一八"事变》《机器变成了武器》《中国共产党和共产国际》《"八一"宣言》《"七七"事变》《抗日民族统一战线》《野蛮侵略与正义》《最后的胜利是中国的》《中国抗日战争是持久的》《一个八路军士兵的日记》《传单》《通知》《给前方战士的一封信》《一封挑战书》《救过公粮》《自卫军》《不识字》《小脚婆姨》《怨爹妈》等 40 多篇。其中，《小脚婆姨》是刘御自己的作品。

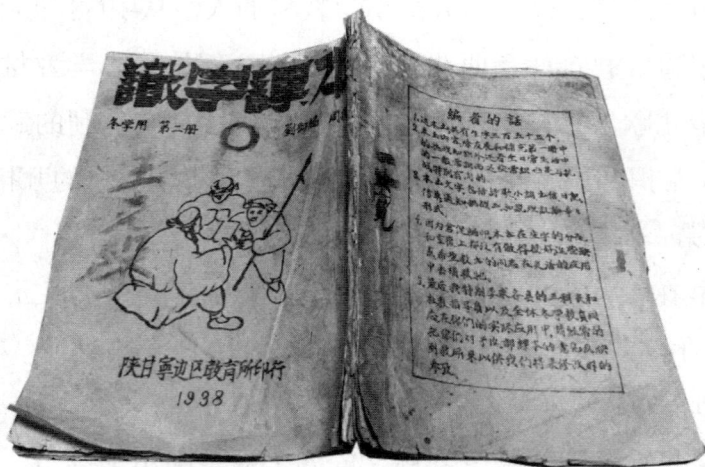

刘御编写的第一本教材《识字课本》（1938）

（二）初小国语和常识课本

1945年春天，刘御接受了重新编写陕甘宁边区初小国语课本的任务。为了把这项光荣而艰巨的任务完成好，他进行了一系列的准备工作，并对边区1938、1942、1944年三部初小国语课本做了认真的研究。在此基础上，他独自编写了《初小国语》（6册，新华书店，1946），并且接着又编写了《初小常识》（2册，新华书店，1946）。其中，《初小国语》"编撰要旨"称："为供给陕甘宁边区春季始业之三年制初小之用而编撰，共六册，前四册与常识合编。本书内容，以边区儿童今日之实际需要为主，并照顾其接受能力，故不强调抽象的知识体系……一、二册以韵文为主，以引起初学儿童之兴趣。三册以后则逐渐以普通文为主，以便儿童之摹仿与应用。"每一册前面都有"本册教学参考"，以供教师教学之用。1949年春，为了适应新解放区小学四二制（老解放区是三二制）之急需，刘御又编写了《初小国语》第七、八册，作为"临时课本"，由陕甘宁边区教育厅审定使用。《初小常识》则供给陕甘宁边区三年制初小三年级使用，共2册，每册25课。该教材与《初小国语》，都多次修订再版，一直使用到新中国成立后，并改由西北人民出版社出版，西北军政委员会教育部审定，主要在西北地区小学中流行。

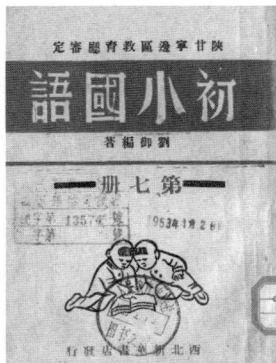

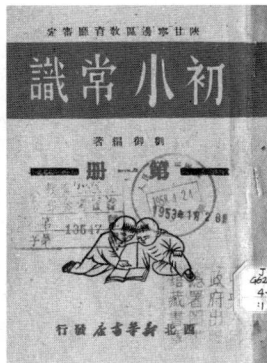

刘御在陕甘宁边区编写的《初小国语》《初小常识》

《初小国语》和《初小常识》是刘御早年的代表作，是陕甘宁边区小学流行的重要教材。与国统区和各大解放区的同类教材比较，其内容和形式具有时代性、区域性的特点，体现了思想性、知识性、趣味性的有机结合，尤其在适应边区生活实际、切合儿童心理上下了很大功夫。教材编写不仅增添了较多儿童文学的成分，而且注重围绕一个主题、符合单元教学的要求；对于脍炙人口、富有教育意义的名篇寓言，他也不是一选了之，而是按照儿歌的韵律进行了一番深加工和大改造。刘御在《从儿童教育到儿童文学》一文中说，该课本的最大特点是"尽量使用了儿童文学这个有利的武器"，还说"经过延安整风，我在思想上略有提高，故在教科书的编写工作中，对自己的要求也更高了。要求之一，就是要更多地了解儿童，并在课本中多有一点儿童文学的成分，以期使孩子们读起来有趣些，教育的效果更好一些"。比如，他编写的《初小国语》第一册里，有一个单元是这样写的：

第三十二课 小弟弟说：我有六个指头。小妹妹说：我有八个指头。妈妈说：错了错了。一只手，五个手指。两只手，十个手指。

第三十三课 一个人，两只手。一只左，一只右。拿碗的，是左手。拿筷的，是右手。

第三十四课 左手和右手，两个好朋友。不论穿和吃，动手样样有。

第三十五课 我的手，会扫地。爸爸的手，会种地。姐姐的手，会洗衣。妈妈的手，会缝衣。

第三十六课 猪儿没有手，狗儿没有手。有手不动手，好比猪和狗。

这一单元一共 132 个字，围绕"手"这个中心，讲到了手的主要功能、人和动物的根本区别，以及劳动光荣、不劳动可耻的观念，还讲到了左和右这两个方位概念以及五与十这两个常用数字的倍数关系。通过具体、形象和简洁的语言，小孩子不但读起来朗朗上口，而且也不难理解其中有点抽象、艰深的内容，既解决了语文学习的问题，也增加了常识知识（当时初小一、二年级语文与常识合一）。不仅如此，在这个单元后的练习环节，又用学生已经学过的字词，编写了可读性强的相关阅读材料（多为散文），进一步温习生字、巩固认知、加深理解，也能够弥补韵文"不便于儿童之摹仿与应用这一缺点"（《初小国语》"第一册教学参考"）。

又如，刘御在《从儿童教育到儿童文学》一文中说，《初小常识》"也曾努力使这部常识课本多一点文艺性。在实践工作中，我发现确有一个这样的公式：'知识性＋文艺性＝知识的趣味性＋学习的积极性'——我正是遵循这一公式来编写《初小常识》的"，"在多数课文里使用了文艺手段，就是为求得知识的趣味性和学习的积极性"。

新中国成立以后，刘御到西安担任西北军政委员会教育部编审室副主任，继续从事教材编订工作。为了适应四二学制初小三、四年级学习常识的需要，他将过去三二制三年级学生使用的《初小常识》2册，改编为《初小常识》4 册（西北人民出版社，1951），并且又修订再版了他编的《初小国语》8 册。此外，配合小学教材编写和使用工作，刘御还撰写了一些研究文章，如《我对陕甘宁边区抗战期间三部初小国语课本的认识》（写于 1945 年，发表于《人民教育》1950 年第 6 期）、《谈谈初小国语教科书中的劳动观点》（载教育资料丛刊社编《小学的思想政治教育》，新华书店，1950）等。

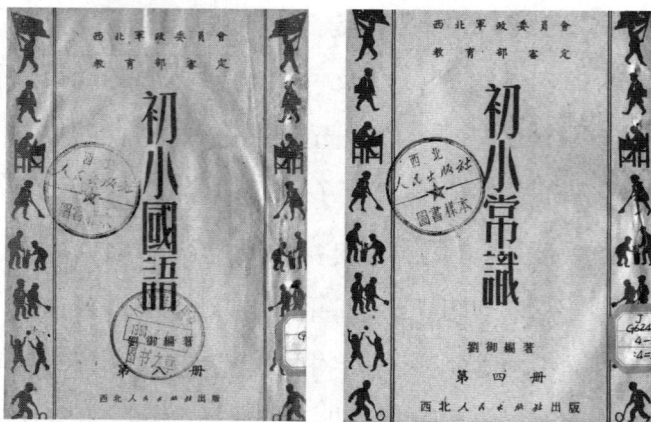

刘御修订的《初小国语》（1951 年）

三、新中国小学语文教材的奠基者

1951—1955 年，刘御在人教社担任语文组组长、小语室主任，主持编写了五年一贯制的小学语文课本及其教学参考书。这是人教社第一部自编的通用小学语文教材，也是我国首次使用"语文"名称的小学语文课本，还引发了新中国第一场有关语文教材问题的论争。

（一）人民教育出版社语文组组长

1951 年 8 月，时任西北军政委员会教育部编审室副主任的刘御作为"特邀专家"出席了全国第一次初等教育会议，这次会议提出，从1952 年起，小学初、高两级六年学制改为五年一贯制，要求负责全国通用教材编写出版的人教社尽快完成新学制小学全套新课本的编写工作。会议一结束，刘御就被组织安排到人教社担任语文组组长（1951年 9 月，接宋云彬）。与刘御几乎同时调到人教社的，还有曾在陕甘宁边区工作的同事辛安亭、王微、霍得元，以及曾在晋察冀边区从事教材编审工作的柳湜、刘松涛等。他们这些人带来的是新、老解放区的教育和教材工作的经验和做法，是当时国家中小学教科书编写工作所急需的一个方面军。人教社社长兼总编辑叶圣陶和副社长兼副总编辑辛安亭，也都是小学语文教材的著名专家，其中一个是国统区的进步代表，一个是解放区的先进代表。

语文组可谓人教社第一组，包括中小学语文，人员整齐，兵强马壮，汇聚了一批学有专长的名家。不久，语文组分成小学、中学两部，刘御改任小学语文编辑室主任，成员有朱文叔（副总编辑兼）、黎明、丁酉成、张翠英、周石华、王绮。

刘御在人教社工作四年，带领小语室编写了一套小学语文教材及其教学参考书，并配合这套教材，在《人民教育》、《编辑工作》（人教社内刊）等刊物上发表了《对初中语文课本第一册思想内容的几点意见》《谈谈小学语文课本第一册的思想内容和教学要求》《介绍小学语文课本第一册形式方面的五个特点》《再谈小学语文课本第一册的思想内容和教学要求——答箫垠同志》《关于小学语文教材的几个问题——答吴研因先生对试用课本语文第一册的批评》《在改进小学语文教学座谈会上的发言》《少打官腔，多讲道理》《难道可以这样对待调查材料

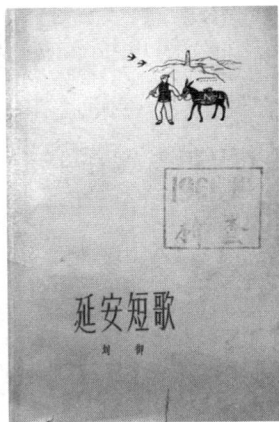

刘御出版的诗集《小青蛙》《延安短歌》（1955）

吗?》《从苏联小学语文课本的质和量看我们的小学语文课本》《"关于中小学教育的性质和目的"的学习总结》等文章。此外,还出版有诗集《小青蛙》(少年儿童出版社,1955)、《延安短歌》(通俗读物出版社,1955;上海文艺出版社,1959)等。

(二)首部以"语文"命名的小学语文课本

刘御在人教社,主要负责五年一贯制语文课本的编写工作,根据《小学课程暂行标准(草案)》,在过去人教版第一套小学语文课本的基础上,编写了《小学课本语文》(3册,1952),"这是人民教育出版社完全自主编写的、拥有自主知识产权的第一套教科书之肇始,是在中国小学阶段第一次使用'语文'取代'国语'的教科书"。[①] 其中,第一册40课,8个单元,编者署名"朱文叔、刘御";第二册48课,8个单元,编者署名"丁酉成、朱文叔、张翠英、刘御";第三册30课,6个单元,编者署名"人民教育出版社";每个单元后面附有练习。作者都是人教社小学语文编辑,绘图者为王璹、任梦璋、傅乃琳、靳尚谊、杨之光、詹建俊、刘继卣、蔡亮、鲁少飞、权正环、丁井文、吴为、孙鸿绪、张同霞、江萤、刘菁蕙,以及人教社绘图室的李惠乔、陈圣西、蒋德舜、刘承汉、孙全洁等,都是国内有名的专业画家或教科书绘图者。此外,刘御还主持编写了《"小学课本语文"教学参考书》。教育部和出版总署在1952年秋季和1953年发布的中小学教科用书决定中,将该课本及其教学参考书作为"小学部分"语文教科书的首选向全国推荐。

---

① 石鸥:《百年中国教科书论》,湖南师范大学出版社,2013,第235页。

刘御主持编写的五年制《小学课本语文》（3 册）

　　其中第一册目次为开学、上学、同学、老师、好学生、放学（练习一），回家、讲故事、课本、国庆日、到北京去、红领巾（练习二），工人、农民、中国人民解放军、手、种瓜得瓜（练习三），秋天、公园里的花、马和牛、羊和狗、鸡（练习四），洗手洗脸、要上课了、值日生、这样坐、书和笔（练习五），扫树叶、拔萝卜、大萝卜（练习六），棉衣、爸爸回来了、不要吃得太多、换牙、新年、拜年（练习七），猫捉老鼠、听妈妈的话、大雪、东方红（练习八）。课文开始前有国旗和毛主席与少先队员在天安门城楼上合影的两张彩色照片。刘御借鉴陕甘宁边区教材编写经验，将每册《小学课本语文》中的课文分为若干单元（练习置于每个单元之后），并将几课划为一个单元进行编排的做法，与其他解放区的一些国语课本的编写方法是一样的。但是，第一册起始课文（第一单元）为"开学了""我们上学""学校里同学很多""老师教我们。我们听老师的话""我们天天学习。我们要做好学生""放学了，我们回家。我们说'老师，再见！'老师说'再见！再见！'"，基本沿袭了他过去编写《初小国语》的路数，既不同于其他解放区国语课本流行的"人、手（左右手或一人两手）、指（五个指头或十个指头）"和"一二一、排队走"的开头，也有别于国统区小学国语教科书流行的"人、猫、狗、马""来、跳、跑、叫""一二三四、弟哥姐妹"和"手、走、来"的开篇方式。

小学五年一贯制改革推行以后，遇到了师资、教材准备不足等很多困难，于是政务院决定从 1954 年起一律暂行停止推行，小学仍沿用四二制，即分初、高两级。因此，刘御等 1951 年开始编写的五年一贯制《小学课本语文》及其教学参考书，于 1952 年秋季开始使用，1954年停用，只出版了第一、二、三册。后来，按照小学六年制要求，刘御等便以这三册《小学课本语文》为基础，结合上海临时课本编审委员会原编、人教社改编的《初级小学国语课本》（8 册），改造为《初级小学课本语文》（8 册），于 1954 年由人教社出版。

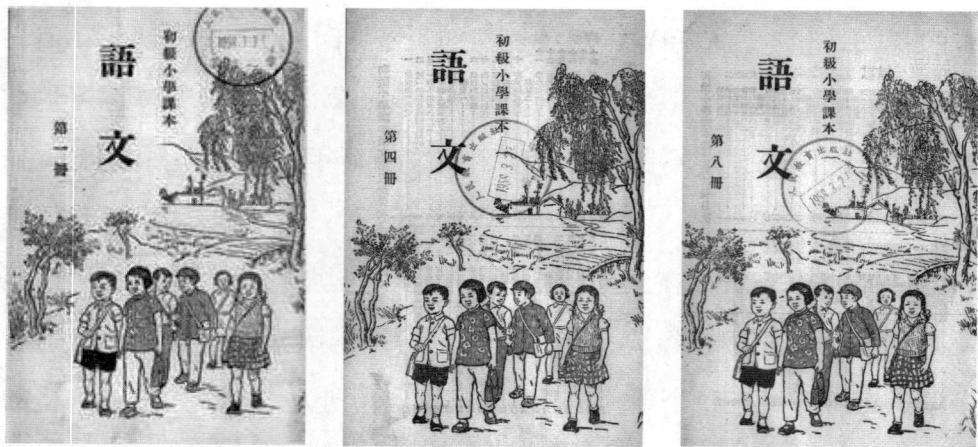

1954 年刘御负责改编的六年制《初级小学课本语文》

（三）引发新中国第一场语文教材论争

《小学课本语文》尽管寿命不长，但影响不小，还引发了新中国成立后第一场关于语文教材问题的论争。这次论争从 1953 年开始，持续了两年。一方以刘御为代表，另一方以曾在商务印书馆编辑小学教材多年的教育部初等教育司司长吴研因①为代表。双方借助《人民教育》杂志为阵地而展开，史称"刘吴之争"。

1953年初，教育部为了研究改进教材，曾发出调查提纲，征求各地教育行政部门和学校对小学语文课本的意见。6、7月间，教学指导司（司长张萃中）负责小学语文工作的陆静山、黄秀芬、刘永让等对各地几百封来信所提出的正反意见进行整理和统计。吴研因以这些意见为基础，撰写了《各地区对小学试用课本语文第一册的批评建议》一文，发表在《人民教育》杂志1953年11期上，批评刘御等编辑的小学试用课本语文第一册思想性不强、生字过多、内容较深、韵文较少、句子和文章都有些太长、不用手写体印刷等缺点。1954年12月《人民教育》发表刘御的文章《关于小学语文教材的几个问题——答吴研因先生对试用课本语文第一册的批评》，根本不同意吴的批评，认为"吴先生在文章里曾不加分析地引用了一些调查材料。引用的标准是：合乎自己的看法的，即便是个别教师的意见也罗列无遗；不合乎自己的看法的，即使是'有的地区'的反映也一笔带过。显然，用这样的方法绝不可能揭露事物的本质，绝不可能从萌芽状态中去认识新鲜事物，当然也不可能得出正确的论断"。1955年1月号《人民教育》又发表吴研因继续批评的文章《读"关于小学语文教材的几个问题"——我对小学语文教材的主张兼答刘御先生》。这本是关于小学语文编辑原

---

① 吴研因（1886—1975），江苏江阴人，中国近现代教育家。1906年毕业于上海龙门师范学校，早年曾任江阴县立单级小学和上海尚公学校校长，上海中华书局、商务印书馆编辑，江苏省立第一师范学校教员兼附属小学主任。中华人民共和国成立后，历任教育部初等教育司司长、中学教育司司长。中国民主促进会中央委员，中国人民政治协商会议全国委员会常务委员。一生致力于研究小学教育和语文教育，编写过多部国语教科书和儿童读物。

则的争论，参加争论者也不只吴、刘二人。但到 1955 年春，不少读者来信，对吴、刘最后的两篇文章提出意见，认为他们有的地方是无原则的意气之争，并希望《人民教育》作出结论，不应再这样发展下去。同时刘御认为，吴研因的《各地区对小学试用课本语文第一册的批评建议》一文，使用各地来信的统计数字完全与事实不符，又写出《难道可以这样对待调查材料吗？》（后刊登于《人民教育》1957 年第 9 期）一文，要求发表。为了弄清楚这一问题，教育部曾委托李之乾、鲍永瑞、张新民三人组织一个调查组，对各地方来信及当时统计情况加以调查。调查组写出一份报告《关于试用课本小学语文第一册的争论问题的调查报告》（《人民教育》1957 年第 9 期），认为“吴文引用的统计材料是不全面的、不科学的，以多数意见来断定课本的优缺点也不见得是完全正确的。但刘御如因此而拒绝批评不考虑批评意见，也是不正确的”。可以说是双方各打五十大板了事。后来，教育部机构改革，撤销教学指导司，涉及此事的张莘中、陆静山、黄秀芬、刘永让以及李之乾、鲍永瑞、张新民都调到了人教社，或担任、兼任社领导，或专门从事语文教材编辑工作。

“刘吴之争”之后，刘御因身体一直不大好，主动要求离京，于 1955 年 6 月调回家乡云南工作，担任昆明师范学院副院长、党委书记、中国作家协会云南分会党组书记、副主席等。他与小学教材的关系则逐渐疏远，创作精力主要用于儿童文学，撰写和发表作品 50 余篇，整理出版旧作多部，如《绿鹦鹉》《红山茶》（云南人民出版社，1964）等。“文化大革命”期间，刘御因属薄一波“六十一人案件”之一员而长居底层。他写了不少申诉书，1979 年才得以平反，恢复名誉。

改革开放后，刘御（后排左一）与早年革命战友谷景生（后排左二）、
谷牧（后排左三）及夫人合影

改革开放以后，刘御先后担任云南教育学院院长、党委副书记，
云南省文联副主席、教育学会副会长、中小学语文教学研究会名誉会
长等职，享受副省级离休干部待遇。这期间，他又焕发了儿童文学创
作的热情，先后出版《鸟兽草木儿歌一百首》（新蕾出版社，1985）、
《要吃果果把树栽》（未来出版社，1991）等。他还对自己过往的教育
和教材编写经历进行了总结，发表了《从儿童教育到儿童文学》《读书
与作文》《日记与作文》《北平文艺青年救国会的建立及其前后史料》
等文章。1988 年，刘御在昆明因病去世，终年 76 岁。1991 年，《刘
御教育文集》由陕西人民教育出版社出版；1993 年，刘御文学创作的
诗集《幸存集》（即《史巴克诗歌第一集》）由云南人民出版社出版；
2010 年 4 月，董庆保、刘琼撰写的《刘御评传》由云南人民出版社
出版；2014 年 9 月，临沧农校原校长彭遂冲撰写的《刘御的故事》问
世。在国家统编三科教材《语文》一年级上册中，曾收录了刘御的一
首儿歌《小白兔》：

小白兔，穿皮袄，耳朵长，尾巴小。

三瓣嘴，胡子翘，一动一动总在笑。

当代出版的有关刘御的图书

陈伯吹：以童心编织小学语文课本

陈伯吹（1906—1997）

当它们成为教材的形式时，还须经过一个洗练的阶段，刮垢磨光，千锤百炼，正如从铁到钢一样。换一句话说，它必须要经过温床孕育成长的阶段，使它的内容与形式成为最适当的教材；这在小学教材，尤其应该如此。

——陈伯吹

陈伯吹（1906—1997）是我国著名的儿童文学家，被誉为中国儿童文学的一代宗师，对小学语文也有重要的贡献。新中国成立前后，他在北新书局、国立编译馆、中华书局和人教社担任编辑期间，曾五次参与小学语文教科书及其教学参考书的编写工作，其中既有北新版、商务版、华东版，也有国定教科书、全国统编教材。与此同时，他又撰写了研究小学语文教科书和教学的一些论著，从而形成了较为系统、独具特色的小学语文教学思想，并成为陈伯吹教育思想或儿童读物思想的一个重要组成部分。

一、编写第一套教科书——北新版《高小国语读本》

陈伯吹是家中老大，少时生活贫困，但学习极为上进，工作也极其勤奋，对写作尤为爱好，很早就显露出了儿童文学创作天分。他在北新书局工作和编写第一部教材之前，曾有多年的学习、教书和写作经历。他就学于宝山县甲种师范讲习所（1920），毕业后在朱家宅小学（1922）和县立小学（1925）教书，并把《儿童世界》和《小朋友》两种儿童周刊"选作教材"。[①] 又在上海大夏大学师范专科（1928）深造，同时在上海幼稚师范兼课（前后长达十年）。其间，他在商务印书馆出版了报告文学《学校生活记》（1927），在芳草书店出版了诗集《誓言》（1929）以及爱情小说《畸形的爱》（1929）；还在商务印书馆《学生杂志》《儿童世界》《妇女杂志》《小说月报》，中华书局《小朋友》，以及《宝山县立师范学校校刊》《宝山县教育会年刊》《今代妇女》《大夏月刊》《大夏周报》《电政周刊》《北新》《教育建设》等刊物上发表了几十篇文章。陈伯吹（1990）回忆说："这是我一生中最困难的时期，因为我的父亲去世后，母亲和四个弟妹的生活费用，需要我负担。我只

---

① 陈伯吹：《蹩脚的"自画像"》，载《我和儿童文学》，少年儿童出版社，1980。

能努力写作，从勤勉中获得报酬。我又一次得到在写作上的锻炼。"

1930 年底，大学毕业的陈伯吹到上海北新书局当编辑，当时《野草》杂志"文坛新讯"还刊登了一则消息《陈伯吹将任北新编辑》："儿童文学素有研究之陈伯吹，本学期卒业于大夏高师，闻已被北新书局老板李小峰聘为儿童文学编辑，并担任出版部事。闻陈先生所著之儿童文学书籍极多，亦为商务出版之《儿童世界》特约撰述者。"陈伯吹在该书局主要负责编辑《小学生》半月刊和一套"小朋友丛书"，为此他创作了许多诗歌、小说和童话，独自出版了十多部儿童读物，进一步受到业界的关注。其中，关于儿童读物的研究文章，如《儿童故事的趣味问题》（1932）、《不适用于幼稚园的儿童故事》（1932）、《故事的讲述》（1932）、《儿童诗歌研究》（1932）、《故事的价值研究》（1932）、《儿童文学与儿童》（1933）、《从行为主义到公民教育的实施》（1933）、《童话研究》（1933）等，主要发表在《儿童教育》《上海教育界》《大夏周报》上。从此，陈伯吹开启了主创儿童文学、潜心研究儿童读物和编写小学语文教材之路，并长期过上了编辑、教书、创作"三位一体"式的生活。

就在这段时间，陈伯吹被北新书局主办人李小峰、总编辑赵景深（李小峰妹夫）拉去一起编小学语文教材。一是《高小国语读本》，共4 册，高小用，由赵景深、李小峰、陈伯吹、徐学文编辑，周作人、吴研因校订；同时，他们还编了配套的《北新国语教本教授书》（4 册）、《高小国语读本教学法》。二是《北新文选》，共 8 册，高小用，林兰、陈伯吹编选。以上教材均由北新书局 1932—1933 年出版，依据的是 1932 年教育部颁布的《中小学课程标准》。这是陈伯吹参与编写的第一套小学语文教科书。

陈伯吹在北新书局参编的小学国语教材

二、主持编写第一套教科书——商务版《复兴国语课本》

在上海读书时，陈伯吹因为写作投稿的原因，常去联系商务印书馆编译所负责人、《儿童世界》主编郑振铎和《妇女杂志》主编杜就田。他们对陈伯吹的作品很熟悉，也很欣赏他的文笔。郑振铎还分析了陈伯吹创作的优势：熟悉小学教学和儿童读物，有多年和孩子在一起的经验，并建议他专攻儿童文学，后来又提出请他业余时间为商务印书馆编写教科书。于是，由王云五挂帅，陈伯吹领衔，沈秉廉、庄俞参与，共同编辑了供初小使用的《复兴国语课本》（8 册，春季始业），由商务印书馆 1934 年出版发行。之后，陈伯吹与宗亮寰还编写了《默读练习本》（8 册，初小用），也由商务印书馆出版，这是配套《复兴国语课本》、供小学生略读的教材。陈伯吹的这套初小《复兴国语课本》，与沈百英的高小《复兴国语课本》，是当时商务印书馆推出的小学语文教科书的主打品牌，并且与叶圣陶编、开明书店出版的《开明国语课本》，朱文叔编、中华书局出版的《小学国语读本》，吕伯攸编、中华书局出版的《新编初小国语读本》，吴研因编、世界书局出版的《国语新读本》，陈鹤琴编、儿童书局出版的《儿童国语课本》，蒋息岑编、大东书局出版的《新生活国语教科书》等，都是 20 世纪

30 年代国内流行的几种初小国语课本。其共同特点是："以儿童为本位，以儿童文学为主体。"[1]

陈伯吹为商务印书馆主持编写的国语课本

出版教科书历来是出版社的利润来源和发展之要，所以北新书局对陈伯吹业余时间为商务印书馆编教科书的事颇有意见，彼此搞得不大愉快。儿童书局经理张一渠早就想邀请陈伯吹去儿童书局工作，该书局是我国第一家专门出版儿童读物的出版机构。于是在 1934 年初，陈伯吹转到儿童书局担任编辑部主任，主要负责编辑《儿童杂志》《常识画报》和《小小画报》，并办得有声有色，刊物不仅成为小学生喜爱的读物，也颇受小学教师和学生家长欢迎。此外，陈伯吹在该书局还参与一些辅助教材的校订工作，如《儿童书信范本》（4 册，贺玉波著，儿童书局，1935）出版后曾多次再版，甚至远销边远地区以及南洋各地，华侨小学大量采用，用作教学课本。

陈伯吹在儿童书局工作期间，在从事文学创作儿童同时，继续钻研儿童文学、儿童读物和儿童教育问题，在《儿童教育》《新儿童杂

---

[1]　林治金：《中国小学语文教学史》，山东教育出版社，1996，第 307 页。

志》《初等教育》《生活教育》《兴华》《女子月刊》《妇女生活》上发表了《神话的研究》（1934）、《儿童生活的一斑》（1934）、《儿童读物问题》（1935）、《儿童用品与儿童教育》（1935）、《从人到妇女到儿童》（1936）、《怎样教育民众》（1936）、《国难时期中小学之自然》（1936，署名夏雷）、《最近的苏联儿童文化》（1936，署名夏雷）、《国语科暑期略读教材教学法》（1937）等文章。七七事变爆发后，陈伯吹先后在英美人办的上海华东联合中学和育才公学高中部担任国文教员，又在《华东联中期刊》《正言教育月刊》《小说月报》上发表了《儿童与青年读物研究》（1940）、《特殊儿童的行为指导》（1941）、《明日的青年教育》（1941）、《论儿童阅读的习惯》（1941）、《论儿童的文学》（1941）、《论儿童与阅读》（1941）、《儿童阅读的量表》（1942）、《论儿童文学的型式》（1942）等文章。

其中，他在《儿童文学与儿童》（《上海教育界》1933年第8期）中提出，儿童文学对于儿童心性的影响主要表现在情绪、想象、思想三大方面。"儿童感受文学，涵养他们的真情，简直是一种天赋的本能；换一句话说，是自然的需要培养。"他在《儿童读物问题》（《兴华》1935年第32卷第31期）中提出，儿童教育对增进儿童的幸福和健康，进而增强民族复兴具有重大意义。他认为，根据20世纪是科学的世纪和"教育即生活""做中学"的教育原则，应该多出版关于儿童生活、科学普及和社会常识的书籍。他在《国语科暑期略读教材教学法》（《初等教育》1937年第1卷第3期）中提出，国语科尤其是国语读本的"精读"很重要，"略读"也"同样重要"。首先，略读的第一个目的是要养成快速阅读的习惯，即阅读速率问题，其中团体训练比个别训练的效果好，阅读材料选择不能仅仅凭借兴趣。其次，还要讲求阅读记忆，不能一味地快读、毫无所得地快读。再次，略读除了速率、记忆之外，还得注意儿童"用脑去想"，同时"用手去做"，以此帮助理解和记忆。就以上三点，陈伯吹还提出了许多具体办法，也推荐了不少书目。

三、参编首部"国定教科书"——国立编译馆初、高小《国语课本》

1943 年初，陈伯吹费尽周折抵达重庆北碚，应聘在国立编译馆中小学语文教科书编辑部（负责人是陆殿扬）担任编辑，主要负责小学语文教科书国定本的编写工作。后来，经国立编译馆同意，又主编了中华书局《小朋友》杂志，兼任了复旦大学新闻系"期刊研究"课程的教授。在全面抗战期间，国民政府借机推行"国定教科书"政策，即中小学公民、国文、历史、地理四科教材部编统用，并交由正中书局、商务印书馆、中华书局、世界书局、大东书局、开明书店、文通书局七家出版社联合委员会共同出版发行。其中，就有陈伯吹参与编写的《初级小学国语常识课本》（8 册）和《高级小学国语课本》（4 册）。《初级小学国语常识课本》（8 册）的依据是 1941 年 11 月教育部公布的小学国语、常识两科课程标准，由国立编译馆主编，吴织云、祁致贤、李伯棠、俞焕斗、陈伯吹、高兰蕙、莫明坤、彭荣淦、潘仁、赵荣光编辑，沈麓元等人缮绘，丁晓先、李廉方等多人校阅，教育部审定，1943—1944 年初版，1946、1947 年又做两次修订。该书"编辑要旨"称，"将常识与国语配合编辑，以常识教材为经，以国语教材联络之"，并且"常识教材以图表为主，附以简要之注释；国语教材以儿童文学为主"。《高级小学国语课本》（4 册）前后有几个版本：一是根据 1941 年修正之小学国语课程标准编辑，最早于 1943—1944 年出版，署名教育部教科用书编辑委员会；二是 1945—1946 年版本，署名国立编译馆校订，教育部审定，编辑者吴鼎、俞焕斗、陈伯吹、张超、潘仁，参阅者王云五、梁实秋、顾树森等；三是 1947—1948 年又做了一次改版，编辑者改为俞焕斗、陈伯吹、张超三人，校阅者改为金兆梓、陈子展、罗根泽三人。

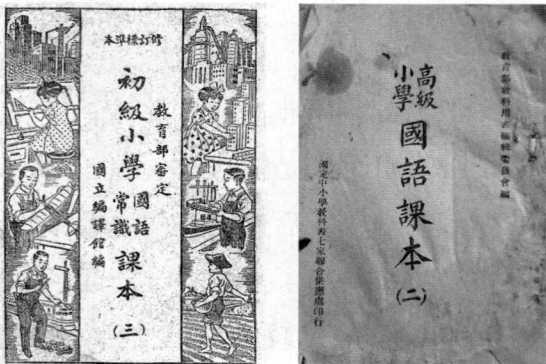

陈伯吹参编的"国定教科书"

陈伯吹在国立编译馆工作期间，仍然是辛勤耕耘、笔耕不辍，不仅创作、翻译了许多儿童文学作品，而且在《中华少年》《新中华》《东方杂志》《学生杂志》《文化先锋》《儿童福利》等杂志上发表了一系列研究论著，如《格林兄弟和他们的童话》（1943）、《斯蒂文生和他的金银岛》（1943）、《大作家与小孩子：狄更斯》（1944）、《王尔德和他的童话集》（1944）、《梦与儿童文学》（1944）、《论寓言与儿童文学》（1944）、《儿童的文学和教育》（1945）、《论儿童阅读的量表问题》（1945）、《马克·吐温和他的杰作》（1945）、《老人的童心：托尔斯泰》（1945）、《高尔基论普式庚①》（1945）等。此外，陈伯吹还为儿童书局校订了《国语新选》（4 册，余再新编，1945 年 9 月起陆续出版），这是供初级中学、高级小学及补习学校国语科用的补充教材。

———————————

① 普式庚，今译作普希金。

陈伯吹校订的《儿童书信范本》（1935）和《国语新选》（1945）

抗战胜利后，陈伯吹回到上海，担任中华书局编审，主编《小朋友》杂志，并兼任复旦大学、大夏大学教授。其间，他不仅创作和翻译了许多儿童文学作品，而且在《东方杂志》《学生杂志》《中华教育界》《教育杂志》《新教育杂志》《儿童问题丛刊》《大公报》等报刊上发表了一系列研究文章，如《儿童读物的编著与供应》（1947）、《学校与家庭联系的新论》（1947）、《谈儿童读物》（1947）、《儿童读物的检讨与展望》（1948）、《儿童读物的用字和用语问题》（1948）等。至此，陈伯吹形成了比较系统的儿童文学观及小学语文教材观。其中，《小学教材与儿童读物的检讨》（1947）既是他撰写的第一篇专论语文教材的论文，也是他全面研究小学教材的代表作。

关于什么是小学教材，陈伯吹认为，教材是"从最好的民族经验中，选出最主要的来，供作教学的材料"，小学教材是"把上面那个教材的广义的解释，再加上'儿童本位的'一个区别词"。虽然教材源于人类经验和学科知识，但"当它们成为教材的形式时，还须经过一个洗练的阶段，刮垢磨光，千锤百炼，正如从铁到钢一样。换一句话说，它必须要经过温床孕育成长的阶段，使它的内容与形式成为最适当的教材；这在小学教材，尤其应该如此"。①

关于教材编写的原则，陈伯吹认为，"一提到教科书，尤其是小学教科书，这就能在她各方面写成若干篇论文，因为这是一个复杂而又专门的问题"，"在编著进行时，必须注意到'儿童本位化'：文字合于儿童的程度，事物合于儿童的了解，顾及儿童的生理和心理，以及阅读的兴趣，务使成为儿童自己的读物，而不是成人的儿童读物"。② 在他看来，"教材能否达成教育上的各个目标，第一要义，所有的各性类的各科教材，在本质上应该是文学的、艺术的"。③ 他还认为，"注重阅读趣味，是合于教育原理和儿童心理的"，但不要"太热心于趣味，把趣味纯娱乐化了，甚至于低级化了"，只有"能熔铸趣味与教育在一炉，烹煮成一种上等的精神食粮，去哺育儿童"，才能"不使他们尝到一种枯燥的焦味"。④

关于小学语文教材与儿童读物的异同，陈伯吹认为，"儿童读物是儿童阅读的书籍"，也是"小学教材的温床"，可以说"所有的儿童读物，可以说即是全部的小学教材"。⑤ 但是，两者的区别也很明显，"简单说来：小学教材是'精读的教材'，儿童读物是'略读的教材'，这是它们两个不同的分野"，具体来讲，"儿童读物在性质上是辅助的、补充的、课外的、自由的读物；小学教材则是在教室内教学用的材料，所以后者比前者有着更多的条件——（1）配合教学时间；（2）适应一般程度；（3）引起普遍兴味；（4）符合多数需要；（5）满足全班愿望；（6）划一考查标准"。⑥

---

① 陈伯吹：《小学教材与儿童读物的检讨》，《中华教育界》1947 年复刊第 1 卷第 8 期。

② 陈伯吹：《儿童读物的编著与供应》，《教育杂志》1947 年第 32 卷第 3 期。

③ 陈伯吹：《小学教材与儿童读物的检讨》，《中华教育界》1947 年复刊第 1 卷第 8 期。

④ 陈伯吹：《儿童读物的检讨与展望》，《大公报》1948 年 4 月 1 日。

⑤ 陈伯吹：《小学教材与儿童读物的检讨》，《中华教育界》1947 年复刊第 1 卷第 8 期。

⑥ 陈伯吹：《小学教材与儿童读物的检讨》，《中华教育界》1947 年复刊第 1 卷第 8 期。

关于小学语文教材的制作，陈伯吹提出了五种方式："小学教材，除一小部分的'创作'以外，一大部分都是'改编''重述''节选''采用'着儿童读物。"而"儿童读物的制作，不外乎创作、编辑、翻译、重述、节选等等几种手法，但是创作与编辑两者方式，占了制作的大部分"。[①]

四、编写新中国第一套教科书——上海版初、高小临时课本《国语》

1949 年 6 月上海解放后，在上海市教育局局长戴伯韬的领导下，开始了改造旧教育、重建新教育的工作，成立了上海联合出版社及临时课本编审委员会，召集了一批进步学者集中一段时间编写一套新教科书，供应中小学秋季开学使用。其中，陈伯吹与陆静山、沈百英、贺宜等组成了小学国语课本的编写班子，参考山东解放区教材、上海旧有教材，并根据城市师生需要加入城市材料，很快编出了《初级小学适用临时课本国语》（8 册）、《高级小学适用临时课本国语》（4 册）。

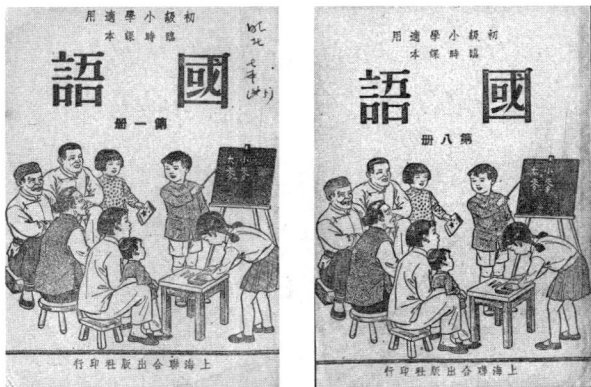

陈伯吹参编的上海版初级小学国语课本（1950）

[①]　陈伯吹：《小学教材与儿童读物的检讨》，《中华教育界》1947 年复刊第 1 卷第 8 期。

在这一年，陈伯吹发表的文章有《儿童读物座谈会发言》《一个健康教学的设计》《儿童戏剧与儿童教育》《儿童读物应否描写阴暗面》。他主张，小学教材必须强调教育意义，"所谓'教育意义'，并不就是'道德教训'。前者是生动的'感应'，后者是苦涩的'说教'。说教是乏味的，而且因为它的平坦率直，还会引起不快的反应来。所以写作者对于题材的处理和结构，必须煞费苦心，遵循艺术的美感律，缜密地组织……把教育意义的光辉织入字里行间，而欣赏的读者，犹如喝鲜橘水，只尝到醇香的橘味，却喝不到橘络和橘核等渣滓"。[1]

五、编写新中国第一套统编教科书——人教版初、高小课本《语文》

1953 年 5 月 17 日，毛主席主持召开中央政治局会议，作出了"重视教材，抽调大批干部编教材"的决定。据此，从 1953 年底开始到 1954 年，包括陈伯吹在内的一大批优秀教育干部和学科专家从全国各地被选拔到人教社，从事教材编写工作。陈伯吹于 1954 年 10 月奉调人教社小语室担任编审。与他同时担任人教社"编审"这一重要职务的，还有教育编辑室负责人曹孚（原为华东师大教育系主任）和历史编辑室负责人陈乐素（原为浙江大学历史系教授）。陈伯吹之所以能够入选新中国统编教材编写的国家队，与他过去的经历是分不开的——除了新中国成立前后政治上表现进步之外，还在于他出身师范和教育专业，长期担任中小学教师和儿童书刊编辑，曾参与过多部小学国语教材的编写，创作了大量的儿童文学作品，而且对儿童读物和小学教材还颇有研究。可以说，陈伯吹具备了作为一名优秀教材编写者所应有的核心素养和全部条件。

---

[1] 陈伯吹等：《儿童读物应否描写阴暗面》，《中华教育界》1949 年复刊第 3 卷第 4 期。

陈伯吹与孩子们在一起

与陈伯吹同时从上海选调到人教社的，还有教育学科的戴伯韬（上海市教育局局长）和曹孚，语文学科的张毕来（华东师大中文系教授）和孙功炎（育才中学语文教研组长），历史学科的苏寿桐（新建中学校长）和邱汉生（上海市教育局中等教育处副处长），地理学科的陈尔寿（格致中学校长），化学学科的梁英豪（上海市教育局视导处视导员）等。

陈伯吹作为第二作者，参与了新中国第一套教科书《初级小学课本语文》（8 册）、《初级小学课本语文教学参考书》（8 册），以及《高级小学课本语文》（4 册）的编写工作。这些教材的主编都是蒋仲仁，主要编写者有陈伯吹、陆静山、袁微子、文以战、钟华，刘永让、黄秀芬、冯惠英、计志中、王绮、李明、刘默耕、马精武也参加了部分编辑工作，校订者为叶圣陶、辛安亭、朱文叔，由人教社于1955—1957 年初版。从此以后，人教版统编小学语文教科书基本定型。

在叶圣陶、朱文叔带领下，陈伯吹与小语室的同事们还代拟了1956 年教育部颁布试行的《小学语文教学大纲（草案）》。这是新中国成立后的第一部小学语文教学大纲，也是截至目前我国颁布的内容最详尽、要求最高的一部小学语文大纲。① 这个教学大纲提出："阅读教学的课文分为两类：一类是文学作品，一类是科学知识的文章。文学作品包括童话、寓言、故事、谜语、谚语、歌谣、诗、小说、剧本和文艺性散文。……到了第五、六学年，自然、地理、历史都单独设科，阅读课文就以文学作品为主。"② 这一编写理念和陈伯吹的小学语文教育理念非常吻合，也体现到了他参与编写的统编小学语文课本之中。比如，在《初级小学课本语文》中以儿童文学作为课文比较普遍，一、二年级的课文，儿歌、谜语、童话、儿童故事占了一半多，贴近儿童生活，富有童心童趣，其中不少课文至今仍在使用。该课本还选有陈伯吹的作品，如第二册的《小宝宝要睡觉》即选自他的儿歌《摇篮曲》：

风不吹，浪不高，小小的船儿轻轻摇，小宝宝啊要睡觉。 风不吹，树不摇，小鸟不飞也不叫，小宝宝啊快睡觉。 风不吹，云不飘，蓝色的天空静悄悄，小宝宝啊好好睡一觉。③

陈伯吹在人教社工作期间（1954—1957），迸发出新的热情和活力，也迎来了他儿童文学创作和研究的又一高潮。他在《蹩脚的"自画像"》（1980）中回忆说："1954年10月，我被调往北京工作。在'阳关大道'上，进入了另一个佳境胜处。当时的儿童文学事业，在党的领导下，早受到了各有关方面的关注，工作起来有事半功倍的感觉。"而且，这一段也是他一生中非常愉快的时期。1955年4月2日，

① 许月燕：《小学语文教学大纲及教材》，东北师范大学出版社，1999，第9、12页。
② 教育部：《小学语文教学大纲（草案）》，人民教育出版社，1956，第9页。
③ 王林：《陈伯吹》，载郭戈主编《人教名人录》，人民教育出版社，2020。

陈伯吹参与编写的新中国首套统编小学语文课本和教参

陈伯吹在《人民日报》发表《向安徒生学习什么》一文，在文艺界产生了较大影响，许多单位邀请他去讲儿童文学，许多报刊也约请他撰稿。为此，他向人教社实际负责人戴伯韬请示。戴伯韬说："你放心地去讲吧，这些工作都是国家的工作，而且都是教育方面的工作。"这样，他"从事业余创作，就有了良好的环境"。仅就其著作创作和出版而言，就有童话《一只想飞的猫》（1956）、小说《毛主席派人来了》（1956）、翻译童话《出卖心的人》（1956）和《野东西》（1956）、翻译小说《吉坷德先生的冒险故事》（1956）、童话《一个秘密》（1957）和《小火车头》（1957）、散文集《从山岗上跑下来的小女孩子》（1958）、童话《哈巴狗与红天鹅》（1958）和《十一个奇怪的人》（1958）等。此外，陈伯吹在人教社工作期间又撰写了大量研究儿童文学的论文，如《关于儿童文学的现状和进展》《谈有关儿童文学的几个问题》《试谈"童话"》《从"慧眼"谈童话的特征和创作》《试谈"短篇小说"和"儿童小说"》《谈儿童文学作品中写人物》《读儿童文学 谈写人物和用语言》《试谈"儿童戏剧"》《从两本儿童文学选集说起》《在1956年的儿童文学园地里》《从童话和语文教学谈到"三只熊"》《鲁迅先生与中国儿童文学》等。这些文章大都收录到他编著的《儿童文学简论》一书中。该书是新中国成立后的第一部儿童文学论文集，也是反映陈伯吹儿童文学思想的代表作。《儿童文学简论》1956 年 9 月初版时，只收了 5 篇文章，不到 4 万字；1957 年 10 月第一回增订时，增加到 11 篇，将近 9 万字；1959 年 4 月再度增订出版，又增加到 20 篇。集子里的论文多数发表在《文艺报》上，也有发表在《人民日报》《光明日报》《人民文学》《诗刊》《作品》《延河》《红岩》《新港》《处女地》《文艺月报》和《北京文艺》等报刊上的。其中，《谈有关儿童文学的几个问题》（《文艺月报》1956 年 6 月号）一文阐述了关于儿童文学创作的若干基本观点，并提出了著名的"童心论"："一个有成就的作家，愿意和儿童站在一起，善于从儿童的角度出发，以儿童的耳朵去听，以儿童的眼睛去看，特别以儿童的心灵去体会，就必然会写出儿童能看得懂、喜欢看的作品来"，否则，"那些被发表和被出版的作品，很可能得到成年人的同声赞美，而真正的小读者未必感到有兴趣"。这一观点今天看起来，依然很有现实意义和启发作用。

陈伯吹出版的部分儿童文学和儿童文学研究著作

1957 年 5 月，陈伯吹被调到中国作家协会，成了一名专业儿童文学作家和儿童文学研究家，并且把自己的后半生都献给了他在中国作家协会第二次理事会扩大会议上发言时所倡导的"为小孩子写大文学"（1956）的事业。从那以后，他就再也没有参与过语文课本的选编工作，他的作品也很少涉猎这方面的内容。如果说他与小学语文教材有关系，就是通过"为小孩子写大文学"，从而为各个版本的小学语文课本提供了更多的课文和素材。如目前使用的国家统编小学语文教材二年级上下册的推荐阅读书目和课文分别收录了陈伯吹作品《一只想飞的猫》和《一匹出色的马》，而收入最多的则是当代著名儿童文学家金波与2020年度"陈伯吹国际儿童文学奖"得主张秋生的作品。由此可见，陈伯吹、叶圣陶等所开创的我国儿童文学事业后继有人、人才辈出，他们以童心编织小学语文课本、倡导小学生的"语文课本必得是儿童文学"（叶圣陶语）的观点主张也被后人所继承，并在新时代教材编辑中一步步地落实和实现。

矗立在上海宝山区陈伯吹实验幼儿园里的陈伯吹塑像

计志中：一生献给儿童教育事业

计志中（1889—1971）

教育儿童，是一桩很不容易奏效的事情，大都做过小学教师的，没有一个不照这样说法。

20世纪的世界，是科学的世界；20世纪的生活，是需要科学的生活。要救中国，要救自己，只有研究科学，振兴科学。

——计志中

20 世纪五六十年代，在人教社工作、编写小学语文教材的儿童文学家有不少，如叶圣陶、朱文叔、陈伯吹、陆静山、刘御等，都是善于以儿童为本位、以童心编织小学课本的人。这里要介绍的计志中（1889—1971），读者比较陌生，他是新中国第一套统编小学语文教材的编写者，也是民国时期《儿童谜语》《儿童剧本》《笑话》和《儿歌》以及小学国语、修身、常识、社会等诸多教材的编写者，还在上海创办了两个书局和两份儿童期刊，从而为我国儿童教育事业作出了积极贡献。

一、早年在苏州和上海的求学、任教经历

计志中，字剑华，1889 年 3 月 28 日出生于江苏省苏州市吴江县（今吴江区）同里镇，据说是明代造园大师计成的后裔。[①] 小时候在家乡读私塾，并就学于同川小学堂（现为同里实验小学）。江苏为清末教育先进之地，张謇于 1902 年在南通创立了我国最早的师范学校——通州民立师范学校，随后师范学堂便先后在苏州、上海、南京、淮阴、无锡、扬州、徐州等地兴起。1904 年，计志中考入了江苏师范学堂（由苏州紫阳书院改建，后更名江苏省立第一师范学校，现为苏州中学），与江问渔等为该校第一届师范生，罗振玉为学堂监督，日本人藤田丰八为总教习，王国维 1904 年在此执教，讲授伦理、心理等科。计志中 1907 年毕业，历任吴江县小、同里镇沈氏小学、溪港镇李氏家塾教师。

1915—1916 年，计志中与同乡费揽澄、沈天民、孙本文等人在上海商务印书馆"单级教授讲习社"进修，并获优等奖。1917 年，留在上海，在江苏省立第二师范学校附属小学担任教师。1919 年回吴江平

---

① 明代造园大师计成是同里镇人，叶圣陶说过计志中是计成的后裔，而且计志中的妹妹住的房子就是计成的故居。

望镇担任第七高等小学校长。其间，一边从事教学和管理工作，一边进行教育教学研究，在《时事新报》上连载多篇文章，如《参观南通小学笔记（一）（二）（三）》（1918）、《选择教材与乡土生活问题（一）（二）（三）（四）》（1919）、《训练与个性问题（一）（二）（三）（四）（五）》（1919）、《义务教育与补修科问题（一）（二）（三）》（1919）等。1920年，应聘任上海"宁波旅沪同乡会第三公学"校务主任，又在《时报》上发表《教育儿童应该注意的事项》（1921，另载《国语注音字母报》1921年118、119期）等文。他认为："教育儿童，是一桩很不容易奏效的事情，大都做过小学教师的，没有一个不照这样说法。"之所以如此，是因为没有把握好应该注意的事项，即"儿童的天性""儿童的环境（就是围着儿童周身常见的事情和物）""儿童的习惯""儿童的身体"。[1]可以说，计志中十多年的小学教学、学校管理和教研经历，为他后来从事小学教材和教育图书的编辑工作，以及儿童书刊出版工作都奠定了良好的基础。1936年，计志中被推举为苏州吴

苏州同里镇计志中故居（现挂牌"计成故居"）

---

[1] 计志中：《教育儿童应该注意的事项》，《国语注音字母报》1921年第118、119期。原载《晓报》。

江旅沪同乡会负责人，他曾发文呼吁吴江旅沪同乡"互助之不可缓""合作精神之不可少"。①

二、在商务印书馆编写小学教材和儿童读物

1921 年，计志中被聘为上海商务印书馆编译所编辑，主要从事小学教科书、教学参考书和儿童读物的编辑工作。到 1931 年离开，他一共在该书局工作了 11 年。当时商务印书馆以出版各种教材和学术书刊为中心，兼及多种经营，人才济济，是各学科知识分子的汇集之地，与北京大学、中央研究院一样，可谓现代中国文化重镇、学术高地之一，编出的教科书、工具书、期刊以及学术著作和文学作品是很有名的。计志中在这里工作十多年，与郑振铎、叶圣陶、周建人、周予同、杨贤江、沈雁冰、章锡琛、胡愈之、吴研因、丁晓先等共事，主要做了以下几项工作：

一是编著出版了近 20 种 80 多册的小学教科书和教学参考书，并涉及国语、修身、常识、社会等多个学科。"五四"运动以后，白话文渐渐取得合法地位，商务印书馆于 1920 年开始编出"新法教科书"，得风气之先，该丛书全部采用白话文。计志中负责编写了《新法国文教授案》（8 册，与樊平章等合作，1921—1922）、《新法修身教科书》（4 册，高小用，1922）、《新法国语教授书》（4 册，朱经农、庄适、周予同校订，高小用，1923），并校订了《新法卫生故事读本》（6 册，马客谈、张九如编，1923）等。

1922 年，新学制即"六三三制"颁布，商务印书馆又及时推出"新学制教科书""新撰教科书"系列，其中计志中独自编有《新学制作文教科书》（8 册，朱经农、王岫庐校订，初小用，1924）、《新学制

---

① 计志中：《为旅沪同乡进一告》，《吴江旅沪同乡会季刊》1936 年创刊号。

作文教科书》（4 册，朱经农、王岫庐校订，高小用，1924）、《新学制常识教授书》（8 册，与范祥善合作，初小用，1924）、《新撰国文教授书》（8 册，合作，1925），以及《新撰常识教科书》（8 册，朱经农、王岫庐校订，1926）、《新撰常识教授书》（8 册，朱经农校订，初小用，1926）等。

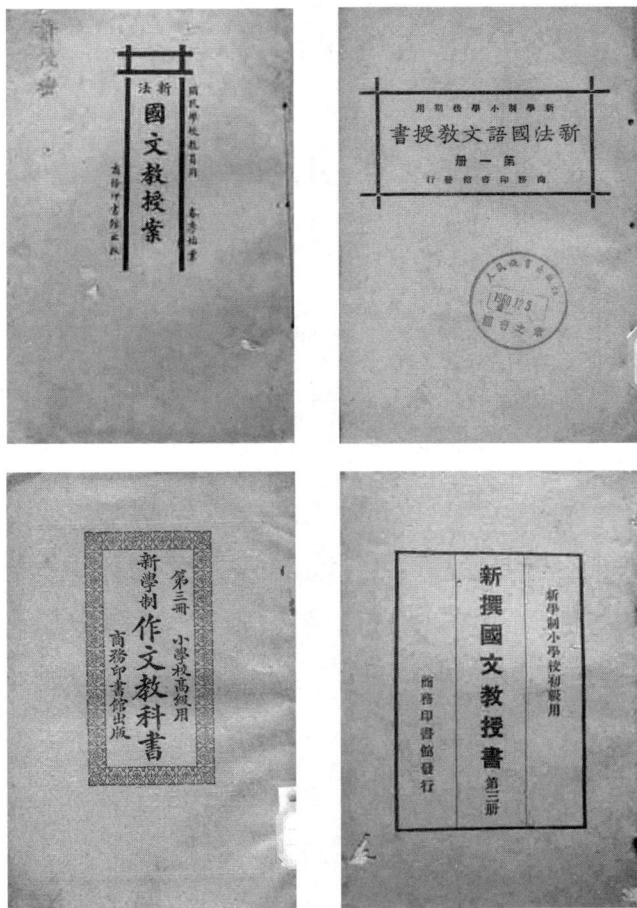

计志中在商务印书馆编出的小学语文教材

1928 年，南京国民政府大学院以"新学制"为基础并略加修改，提出了《整理中华民国学校系统案》，即"戊辰学制"，并于 1929 年颁布《中小学课程暂行标准》。据此，商务印书馆先后推出"新时代教科书""基本教科书"，计志中编写了《新时代三民主义教授书》（8 册，初小用，1928）、《新时代常识课本》（8 册，初小用，1929）、《新时代民众学校常识课本》（2 册，王云五、何炳松校订，1929）、《新时代民众学校农业课本》（1930）、《新时代民众学校商业课本》（1930）、《新时代民众学校卫生课本教授法》（1930）、《基本教科书 常识》（8 册，何炳松校订，初小用，1931）、《基本教科书 社会》（8 册，何炳松校订，初小用，1931）等。1932、1936 年，教育部先后颁布《中小学课程标准》与《修正课程标准》，商务印书馆据此推出了一套"复兴教科书"与"更新教科书"的教科书，但计志中由于离开了商务印书馆而没有参与其中。

二是为商务印书馆编写了一系列笑话、谜语、儿歌、剧本等儿童文学作品或学生补充读物。1921 年，商务印书馆推出的"儿童文学丛书"，以小学中高年级和初中学生为对象，包括各种体裁的儿童文学作品，是中国出版界最早推出的一套儿童文学丛书，十分畅销，很受儿童欢迎。其中计志中编写的《笑话》（3 册，与徐半梅合编，1923）、《儿童谜语》（3 册，1923）和《儿童剧本》（与俞嘉瑞合作，1923），也曾多次重版。他又为"平民小说"丛书撰写了《大力将军》（1925）等。1926 年，商务印书馆推出"小学生分年补充读物"，计志中又与俞嘉瑞、费赞九合作，将《儿童剧本》扩充为 4 册，作为"四年级国语科"的补充读物。其中《笑话》（2 册，与徐半梅合编，徐应昶校订，1933）是一本图文并茂、非常有趣的笑话集锦，内容以孩子们日常生活以及学校里发生的趣事为主，贴近孩子们的生活，真实生动，幽默诙谐，再现了孩子们的童真、童趣，很适合少年儿童阅读。《儿童谜语》是一部谜语集锦，图文并茂，词句优美，朗朗上口，通俗易懂；内容生活化，主要以日常生活中常见或常用的东西为主，读起来趣味盎然。如：

身体轻巧，随我过桥；落水不湿，火烧不焦。（影子）

远望好像一个圈，半个湿来半个干。（桥）

空中有一鸟，要用线牵牢；不怕大风吹，只怕细雨飘。（风筝）

麻布衣裳白夹里，桃红衬衫白身体。（花生）

小时头发白，老来头发黑；无事戴帽子，有事要秃头。（毛笔）

一个黑种人，跳进洗浴盆；愈洗愈不净，长人变矮人。（墨）

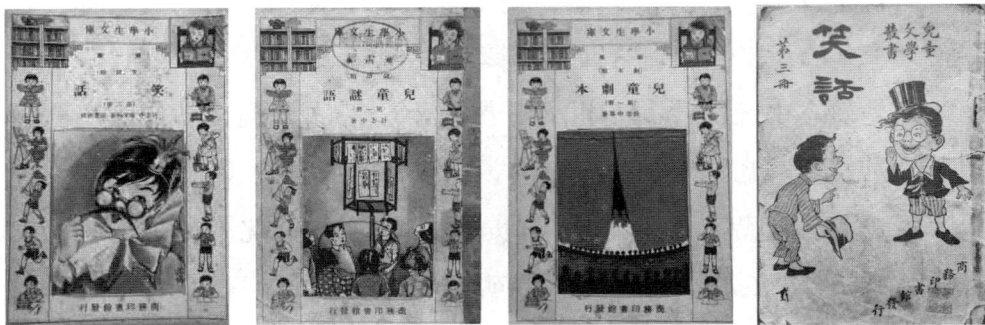

计志中早年编写的儿童读物

1933 年，为少年儿童提供适宜的各种补充读物，商务印书馆王云五、徐应昶在"万有文库"的基础上，又主编了一套"小学生文库"，汇集了近两百位教育家、文学家及各领域专家的作品，涵盖自然、社会、文化、生活等方方面面，总共 45 类 500 册，在当时产生了巨大的社会影响。该文库收入了计志中的一些作品，除了上述的《儿童谜语》《笑话》《儿童剧本》的修订版之外，还收入了计志中新编的《儿歌》（2 册，与朱仲琴合作，校订者江问渔、朱经农、赵景源，1933）。《儿歌》收录了民国时期创作和整理的儿童诗和儿歌作品 60 多首，如第一册《大公鸡》《猫和蜻蜓》《小弟弟》《桃花》《小桃子》《玻璃窗》《鸡冠花》《黄莺儿》《月季花》《早起》《小学生》《月儿》《小小鼠》《自鸣钟》《老虎》《玫瑰花》《小花猫》《苹果》《小青蛙》《东风》《雪和月》《喜鹊》《风雨》《赏月》《老公鸡》《鸡声叫》《东方白》《新年到》《九十九》《小老鼠》《撒芝麻》《小小豆》，第二册《贺新年》《小鸟》《放牛》《好颜色》《钱哥哥》《摇摇摇》《小弟弟》《小雨点》《快活多》《圆圆饼》《蝴蝶儿》《笑呵呵》《花鹊鹊》《小小猫》《西北风》《鸡鸡冠》《养猫狗》《种棉花》《萤火虫》《放鸽子》《挂钟》《鱼儿小》《蟹》《懒惰》《阁阁阁》《游公园》《泥娃娃》《花蝴蝶》《慢慢做》《唱反歌》等，语言生动活泼，音韵和谐，朗朗上口，图文并茂，画面有趣，具有寓教于乐的意义，很适合儿童阅读。

三是计志中还为《儿童世界》撰写了一系列儿童文学作品。商务印书馆所办的期刊也是相当有名的，当时杨贤江负责《学生杂志》，周予同负责《教育杂志》，郑振铎负责《儿童世界》，沈雁冰负责《小说月报》，章锡琛负责《妇女杂志》，胡愈之负责《东方杂志》，周建人负责《自然界》。其中，1922 年 1 月 7 日由上海商务印书馆出版发行的《儿童世界》，是现代中国最早的以刊登儿童文学作品为主的综合性白话文儿童期刊，该杂志开始由郑振铎担任主编，后由徐应昶接替。中国现代儿童文学的重要作家大多都在《儿童世界》杂志上发表过儿童文艺作品，其中叶圣陶、陈伯吹、贺宜的童话处女作都发表于此刊。计志中以"计剑华"之名，自 1923 年至 1930 年在《儿童世界》发表有 20 多篇文章，主要是儿童诗词、短剧、故事、游戏等，如《瞎子摸象》（1923）、《打盹》（1923）、《黄菊》（1925）、《摇船戏》（1925）、《稀奇》（1926）、《骑竹马》（1926）、《飞艇》（1926）、《唱反歌》（1926）、《跳绳》（1926）、《奇怪歌》（1926）、《抢地方》（1926）、《臭皮匠》（1926）、《乞儿》（1926）、《何苦》（1926）、《桃和桑》（1926）、《妈妈的照片》（1926）、《老母鸡》（1926）、《捕鲸》（1927）、《勿贪懒》（1927）、《我要问问你》（1928）、《一报还一报》（1928）、《潜水艇的发明》（1930）、《钟表的发明》（1930）等。

四是作为编辑，计志中还为商务印书馆编校了许多图书，如《儿童歌谣》（马客谈编，1924）、《音乐家趣事录》（雷家骏编，1924）、《表情唱歌》（嵇宇经编，1926）、《优美体操》（袁莹编，1926）、《学校生活记》（儿童常识丛书，陈伯吹编，1927）、《甜歌 77 曲》（沈秉廉著，1927）、《民间游戏》（嵇宇经编，1929）、《最新游戏法》（黄斌生译，1929）、《中山故事》（马眉伯著，1929）等。在编辑出版这些图书的过程中，计志中也培养了一批作者。如《学校生活记》是陈伯吹出版的第一部著作，他曾经回忆过"1927 年 3 月，他怎样捧着经商务印书馆编辑计志中先生校订的小说处女作《学校生活记》，奔走相告的情景"。[1] 计志中在编辑过程中悉心指导作者压缩、修改和完善，一字一句地校改和推敲，并将原书名《模范同学》改为《学校生活记》。该书成为陈伯吹"登上文坛的第一级台阶"。[2] 除了上述编校的图书外，计志中以"计剑华"之名，并作为"特约编辑"，参与了唐钺、朱经农、高觉敷主编的《教育大辞书》（1930）的编写工作。[3] 后来，还为商务印书馆"民众基本丛书"撰写了一部小说《君子国》（1935 年 9 月），书中描绘了一个"礼乐之邦"君子国，此国中，"耕者让田畔，行者让路。士庶人等，无论富贵贫贱，举止言谈，莫不慕而有礼"，故事出自

---

[1]　程逸汝：《永恒的纪念》，载《陈伯吹先生纪念文集》，少年儿童出版社，2007，第 152 页。

[2]　程逸汝：《儿童文学作家陈伯吹的青少年时代》，载刘方成等主编《登上文坛之前》，明天出版社，1985，第 146—153 页。

[3]　孙燕京、张研：《民国史料丛刊续编·史地·年鉴》，大象出版社，2012，第 191 页。

《镜花缘》一书。此外，计志中还为广益书局编撰了《初级学生白话尺牍》（1940），十分实用，深受学生喜欢。其"例言"称："本书专供初等学生学习写信之用。本书分家庭、亲戚、师长、同学四类，每类都是十五篇。"到1950年，该书印刷达16版。

三、在上海创办两个书局和两个儿童期刊

1931年7月，计志中辞去商务印书馆的编辑职务，开始"下海"自己干出版，与人合作成立了新中国书局，并作为发行人创办了两份杂志——《我的画报》与《儿童科学杂志》（后改为《少年科学杂志》）。后来又创办了沪江图书社（公司）。到新中国成立之前，近20年的时间里，他把全部精力都投入到这两家出版社和两本儿童期刊的编辑、出版和经营上面，为丰富和繁荣书刊出版事业作出了重要贡献。

（一）新中国书局

20世纪二三十年代，上海出版业进入发展的黄金时代、"鼎盛时代"，黄浦区文化街书局、报馆林立，多达100多家，令人眼花缭乱。新中国书局成立于1930年，由计志中创办于上海福州路300号，属于合资的股份公司，计志中为经理，董事有陈济成、徐士浩、洪佐尧等，主要出版文艺丛书及小学各科补充读物，达数百种，包括语文、社会、自然、劳作、卫生等科，大多以丛书形式出版，如"低年级文艺读物""常识小丛书""新中国史地小丛书""少年科学丛书"等。新中国书局还出版过一些文艺丛书，如"中国文艺丛书""新中国文艺丛书"，内收小说、散文、文论集近20种。从1931到1936年出版有李素伯编的《小品文研究》，杨逸棠著的《太平天国之研究》，彭城著的《风声》，施蛰存著的《上元灯》《将军底头》《梅雨之夕》，丁玲著的《水》，巴金著的《光明》《电椅》《海行》《复仇》《雾》，沈从文著

的《虎雏》《都市一妇人》，郑振铎著的《文探》《海燕》，叶绍钧著的《脚步集》，靳以著的《群鸦》，王统照著的《霜痕》，王味辛著的《小三子》，蹇先艾著的《酒家》，韩侍桁著的《胭脂》，谢六逸著的《茶话集》，傅东华著的《诗歌与批评》等。这套丛书中的不少著作，在现代文学史上是可以占有一席之地的，其中有些书籍还被国民党政府查禁。① 计志中出任新中国书局经理，并且亲自撰写了不少学生读物，如《我的家》（1932）、《我的乡》（1932）、《出游去》（1932，低年级文艺读物）、《象和月亮》（1932，国语补充读物，小学用）、《自己管得很好》（1933）、《月亮亮》（1935）、《自然现象的研究》（1935）等。根据计志中等主编的《新中国儿童图书第一集目录》（1935），新中国书局编，"新中国儿童图书第一集" 150 种图书，分低、中、高三级。

计志中编著的部分学生读物

当时，叶圣陶在日记中记载了他与计志中及新中国书局的交往：

1930 年 3 月 2 日，散馆后冒雨赴虹桥状元楼丁晓先约，同坐王芝

---

① 张泽贤：《民国出版标记大观（精装本）》，上海远东出版社，2012，第 534 页。

九、王伯祥、计剑华（计志中），纵谈甚快，至九时归。

1932 年 5 月 15 日，开明书店与新中国书局联合成立"上海舆地学社两会公司"。当晚，新中国书局陈稼轩、陆震平、葛石卿在致美楼宴请章雪村、夏丐尊、叶圣陶、王伯祥，议定《上海舆地学社两会公司章程》及《学社与开明特约合作合同》。

1932 年 12 月 10 日，赴新中国书局同兴楼之约，开执监联席会，报告一年来营业情况及账略。

12 月 18 日，偕王伯祥出席新中国书局股东会，晤金煦春、俞剑华、傅彦常、陈稼轩、韦息予（丁晓先）等。

由此可见，新中国书局与开明书店有密切的合作关系，这也进一步加强了计志中与叶圣陶之间的个人交往，为其后来到叶圣陶主持的人教社工作奠定了基础。此外，该书局遭受不少劫难。1932 年"一·二八"事变，上海商务印书馆工厂设备以及编译所全部毁于战火，损失达 1000 万元，新中国书局除纸版原稿外，全部被毁，学海书局存货被劫，出版合作社、民治书店全部被掠被焚。[1]1935 年 3 月 30 日，上海市教育局会同公安局派人搜查新中国书局及现代书局，销毁《羊棚外之奇想》及《新写实主义之论文集》两书，理由是两书鼓吹无产阶级革命，宣传普罗文艺。[2]这说明该书局出版了不少进步书籍。全面抗战爆发，新中国书局被迫歇业。

（二）《我的画报》

新中国书局曾出版过两份教育期刊，其中 1932 年 7 月出版的《我

---

① 谢灼华：《中国图书和图书馆史》，武汉大学出版社，2011，第 292 页。

② 《二十世纪中国实录》编委会：《二十世纪中国实录》第 3 卷，光明日报出版社，1997，第 2318 页。

的画报》是计志中在上海创办的第一份儿童杂志。上海市政府批文第274 号核准并同意"具呈人新中国书局计志中为请领我的画报登记证由"。① 出刊时，《时事新报》《申报》《儿童生活》《现代出版界》等有专文推介，言称《我的画报》第一期订户创刊号"自六月开始发售预定以来，不数日间，订户已达四五千之多"②，"较之商务印书馆的《儿童画报》，不但内容丰富，即印刷图画等也亦有进步"③。此刊设计与编辑为计志中、沈志坚，所发图文大都没有署名。此刊为半月刊、月刊，五彩印，32 开，设有笑话、儿歌、谜语、图画、游戏、常识、故事等栏目。读者对象为儿童，以启发小朋友智慧为宗旨，是传播科学知识的儿童图画刊物，为儿童课外补充优良的读物，内容力图用优美的图画、浅显的文字来表达，材料新颖，形式多样，趣味浓厚。《我的画报》出至 1935 年第 4 卷第 11 期停刊，为研究 20 世纪 30 年代的中国儿童文学、儿童教育和儿童刊物提供了大量翔实的资料，为后来的中国儿童报刊做了良好的榜样，在中国儿童文学史上有重要的意义。1939 年出版的《我的画报》为成人杂志，与其无关。

（三）《儿童科学杂志》（《少年科学杂志》）

《儿童科学杂志》是计志中在上海创办的又一份教育期刊，于 1934 年 5 月 1 日创刊，半月刊，由新中国书局出版，当时《时事新报》《时报》《儿童生活》《进修半月刊》等都有专文推介。他在创刊号上撰写的《发刊本志的原因》开明宗义，指出我国的现状和落后的原因在于科学不昌明、不研究科学，而只有科学才能救国。"20 世纪的世界，

---

① 《上海市政府批第二七四号：为〈我的画报〉已咨部核办批示知照由》，《上海市政府公报》1932 年第 124 期。
② 《〈我的画报〉之畅销》，《申报》1932 年 8 月 12 日。
③ 《我的画报》，《现代出版界》1932 年第 3 期。

是科学的世界；20世纪的生活，是需要科学的生活。要救中国，要救自己，只有研究科学，振兴科学"，所以"把社会科学和自然科学上极普通的常识，以及世界上最新奇有趣的发明，用最浅显的文字写出来，源源不绝地供给诸位，务使诸位读了本志，可以引起研究科学的兴趣，于研究科学上获得不少的助力"。^① 经常给该杂志撰稿者主要有白桃（戴伯韬）、叶之华、徐柏生、于翰才、周性初、沈志坚、崔健民、沈若华、杨春绿、周缵善、程乐饥、万绿丛、强济昌、孙伯才、朱炳煦、金轮海、李贻荪、赖碧如、庸耕等。茅盾的《几本儿童杂志》（1935）一文，根据上海杂志公司的《杂志月刊》（附在《读书生活》后边）第一号的调查，认可当时较为有名的儿童杂志主要有《新儿童报》《小朋友》《儿童世界》《儿童科学杂志》《我的画报》《儿童画报》《小朋友画报》《小学生》《高级儿童杂志》《中级儿童杂志》《低级儿童杂志》《儿童良友》等12种，并就其中6种的优缺点加以评论，认为"《儿童科学杂志》的材料能够注意时间性，能够注意于儿童们日常接触的事物，能够不偏于一方面：这都是好的。文字是除了少数的例外，大多数也能够保持着'明白如话'的条件：这也是好的。然而我们不得不指出它的最大的缺点就是仅仅能够'明白如话'，而不能活泼有味。给儿童读的科学常识的文章应该比别的文章更加活泼有趣，应该竭力避免平淡的'讲义式'的叙述"，而且，该刊一些文章"程度太高了一点"。^②

《儿童科学杂志》1936年5月出到第3卷第1期时，计志中将其刊名改为《少年科学杂志》，增加篇幅，充实内容，以适应中小学生阅读，而不限于低年级儿童。《少年科学杂志》每期封面均为彩色图画精印，设计独特，配有图片，颜色醒目；沿袭《儿童科学杂志》的刊出

① 计志中：《发刊本志的原因》，《儿童科学杂志》1934年第1卷第1期（创刊号）。
② 茅盾：《几本儿童杂志》，《文学》1935年第4卷第3期。署名"子渔"。

特点，有图说、简易工艺、科学世界、科学新闻、小知识、小工艺、科学游戏、科学问答、科学趣谈等栏目。在部分栏目之后还配有参考书目，以备青少年读者查询翻阅。除上述栏目之外，还多出"少年科学画集"栏目，刊载大量铜版插画，每幅插画下皆配有简短文字说明。另外，该刊起止页面增设新中国书局发行的其他书籍刊物的宣传广告，如《评注少年文选》《少年模范文选》《国民自卫读本》等。值得一提的是，该刊在第3卷第17期指出，中小学生没有经济收入，加之国民经济不景气，中小学生父兄为经济所困，无法购买刊物，因此为满足知识青年（中小学生）读书阅读的愿望，也为了我国几千年来崇尚信义的国民性，新中国书局采取记账订阅的方式售出该刊。《少年科学杂志》一直出到1937年5月停刊。计志中既是《儿童科学杂志》（《少年科学杂志》）的创办者或发行人，也是总编辑，他为该刊写了不少文章，但均未署名。

（四）沪江图书社（公司）

1935年1月，计志中又创办了沪江图书社（公司），出版图书、教材，并经销外版书刊。目前可知，有《简体字帖》（徐澄著，1935）、《国拳举隅》（方冲主编，1940）、《文章作法》（沈志坚著，1941）、《最新算术习题指导》（计志中、周性初等编，1942）、《初中升学投考常识》（汪人杰编，1943）、《高中会考升学指导》（汪人杰主编，1943）。全面抗战爆发后，计志中去了江西，在吉安、赣州和邻近的福建长汀县办了沪江图书分公司。1944年沪江图书社（公司）歇业，1947年6月复业，又出版《英文法初步》（沈同文编，1947）、《小学生唱歌表演》（蔡雁宾编，1947）、《幼稚园音乐教材》（胡敬熙编，1947）、《小学生适用体育教材》（蔡雁宾编，1948）、《给小朋友的十二封信》（孙一芬著，1948）、《中国故事和寓言》（计志中编，1948）、《我的故事和童话》

（1949）、《假装慈善的敌人》（1951）等书。1950 年 10 月，沪江图书社
（公司）与建国书店、万有书店、东方书社、经纬书局、光明书局、新
中国书局、会文堂书局、上海书店、陪都书店、复兴书局、胜利书社等
18 家书店联合成立重庆联合图书出版社，1951 年 11 月停办。

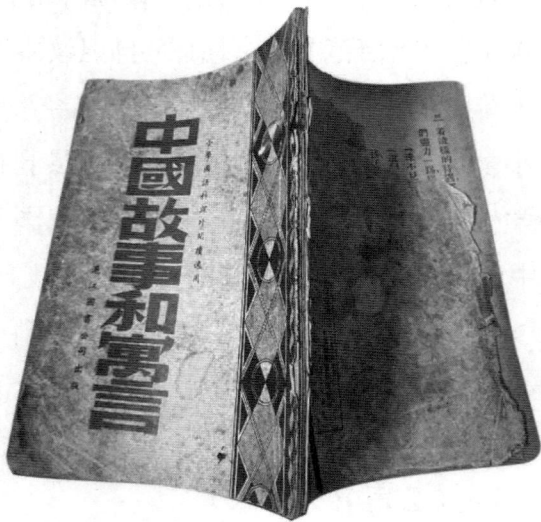

计志中在沪江图书社（公司）编出的小学国语课外读物《中国故事和寓言》

四、在人教社参与编写统编小学语文课本

新中国成立后，计志中的好多同事、同乡和朋友都北上进京，几
近退休的他，仍想为新中国中小学教材建设作点贡献。于是，经叶圣
陶介绍，1950 年 11 月 20 日，计志中调到人教社工作，担任总编室编
务科科长，协助总编室两任主任蒋仲仁、卢芷芬负责编辑业务管理和
协调工作。后来，他又调到小语室，参与了新中国第一套统编小学语
文教材的编写工作，直至 1958 年退休，从而为人教社初创时期的编辑
业务管理与小学语文课本及其教学参考书的编写出版工作作出了贡献。

计志中在单位属于老同志，且年岁较大。与他年龄相当的，除了社领导叶圣陶、宋云彬、曾世英、刘薰宇、朱文叔之外，还有胡墨林（校对）、蔡德柱（编务）、董秋芳（中语）、姚韵漪（中语）、周石华（小语）、黎明（小语）、丁晓先（历史）、侯崎（地理绘图）、孙福熙（设计）、吴范寰（出版）、肖家霖（辞书）、朱冲涛（辞书）、杜子劲（辞书）等。人教社初建时期，来自江浙沪的人甚多，其中的苏州人除了计志中之外，还有叶圣陶、丁晓先、王芝九、马精武、卢芷芬、张允和等，他们工作之余，不时地会聚聚，小酌或唱唱昆曲。对此，《叶圣陶日记》《宋云彬日记》都有多处记载。如上所述，计志中在儿童文学创作领域颇有造诣，像他这样在儿童文学领域作出重大成就的人教人，还有叶圣陶、辛安亭、朱文叔、陈伯吹、陆静山、刘御等。说到计志中工作的总编室，也是名人荟萃的地方，一开始只有蒋仲仁、计志中、胡墨林、施友敏（原国立编译馆馆员）、李沂（心理学专家）等10人，几年之后便扩大到几个科、近30人，又调进了卢芷芬（负责人）、隋树森（检查科长）、史晓风（编辑行政科长）、李惠乔（绘图科长）、丁酉成（外文科长）、林伶（图书资料科长）等，叶立群（改革开放后任社长、总编辑、党委书记）、龙在田（俄语专家）、孙福熙（散文家）、张中行（散文家）、周光岐（地理教材专家）、蒋德舜（绘图专家）等也曾在此工作过一段时间。

当时人教社刚刚成立，主要负责教育图书特别是教材的编辑出版，方方面面都需要懂行的人。计志中是一位经验丰富的老编辑、老出版，之前一直在上海出版界前沿从事教育书刊和学生读物的经营业务，对教材编辑行当和出版程序十分熟悉，所以叶圣陶选他具体负责人教社的编务工作是很合适的。一开始，计志中具体负责的是编务行政工作，校对科科长胡墨林调到人民文学出版社以后，他又担负起校对科的管理工作。《叶圣陶日记》有两处记载计志中的工作情况，可以反映他的工作态度和钻研精神：

（1951 年 12 月 15 日）看计志中所辑我社各书版式之材料。当初每发一稿，以意为之，不相关顾，今观此材料，五花八门，殊无条理，非求其一致不可。此后当订定若干规格，不属于甲，即属于乙，乃见规模。唯订定亦非易事，须详细商酌乃可。

（1952 年 4 月 7 日）（小学五年制语文和算术课本编出）此书亦多图画，排版亦非易，将托志中主之，而以二三同人为之辅。我人不仅司编撰，且须顾及排版，身兼数役，亦复甚劳。

从 1954 年开始，国家以人教社为平台，进行新中国第一次教材大会战，要编出第一套统编教材。计志中过去编过不少小学国语、常识教材，以及儿童文学作品，因此于 1955 年被调入小语室做编辑，回归了他的学科教材编写的老本行。在社领导、审订者叶圣陶、辛安亭、朱文叔指导下，计志中与小学语文课本主编蒋仲仁（接刘御），以及主要编写者陈伯吹、陆静山、袁微子、文以战、钟华、黄秀芬、马精武、刘默耕等一起，编写了《高级小学课本语文》（4 册）、《初级小学课本语文》（8 册）及其教学参考书，陆续由人教社在 1955—1957 年间出版。并且，他与陆静山共同编辑了《初级小学习字帖教学参考书》（6 册，人民教育出版社，1958），《初级小学习字帖》是供 1958 年秋季三、四年级写字教学的选用教材。这套教参在"编者的话"中做了"总说明"，指出是根据《初级小学习字帖》，"以汉字字形结构为系统，按照由易到难和便于比较异同的原则选编的"，"目的是给教学习字帖的教师作参考，使教师对这本习字帖的编辑意图、内容系统、编排形

计志中参与编写的小学语文教材

此外，计志中还撰写了三篇文章。《初小一年级作文教学》一文，发表在《教师报》1958年1月3日第3版上。《节约用纸的排印问题》与《谈谈小学课本的成品》，先后发表在人教社内部刊物《编辑工作》1957年第22期、23期上，其中前文认为："节约的办法，首先应该注意课本的排版，因为课本印数最大。不过节约用纸，也仍要注意版式的美观。"为此，他提出了20条建议，受到了表扬。社领导辛安亭的评语是："这篇稿除刊于《编辑工作》之外，设计科还可与有关单位研究一下，切实可行者，在目前工作中就做起来。"后文则提出关于课本插图与内容的16条意见，并一一分析了造成这些问题的原因，最后又给绘图科与有关编辑室提出了5点具体改进建议。

1958年4月，69岁的计志中从人教社退休，回到家乡苏州市吴江县同里镇养老，每月领取110元的退休金。1971年因病离世，终年82岁。

计志中先做教师、后做编辑，一生主要从事教育编辑和出版工作，毕生都献给了儿童教育事业，用他与书刊为伴的人生，在中国现代教育出版史、小学教材史和儿童文学史上写下了浓重的一笔。值得欣慰的是，计志中的《儿童谜语 字谜》《儿歌 儿童诗歌》和《笑话》，已于 2012 年 10 月由海豚出版社编入"小学生文库"丛书，重新出版。不仅如此，龙门书局 2012 年 8 月出版的《自然一百六十课》《常识一百七十课》（老课本精粹书系），也是以计志中 20 世纪 30 年代在商务印书馆编撰的相关教科书为蓝本汇编而成的。其中《自然一百六十课》主要从民国时期和部分清末的自然教科书中精选出一百六十篇，由"风霜雨雪""四时·花木""蔬菜瓜果""农作物""飞禽走兽""家养动物""虫""水生动物"八辑组成，以浅近的形式呈现贴近生活的自然知识，给孩子最轻松有益的科学启蒙。《常识一百七十课》则从民国时期和部分清末的老课本里精选出一百七十多篇，由"家庭""学校""农·食""住·行·用""乡村·城市""卫生保健""综合"七部分组成，将那些生活中人人应知、人人应懂的最普遍的常识和道理以图文并茂的形式告诉孩子，着力从小培养孩子良好的生活、学习习惯。编者以儿童的视角和兴趣为出发点，既充分调动孩子的好奇心理，又引导他们循序渐进地掌握各类常识。这可谓当代后人对前辈智慧的充分肯定，也是后人对先生最好的纪念。

现代重版的计志中编写的教材和儿童读物

霍懋征：参与统编教材编写的一线名师

霍懋征（1921—2010）

没有爱就没有教育，没有兴趣就没有教育。没有教不好的学生，只有不会教的老师。教育教育，为育而教，不是为教而育。

——霍懋征

许多人可能不知道，教育家霍懋征（1921—2010）既是优秀的小学语文教师，又是出色的小学数学教师，与新中国教材也有着不解之缘。

一、优秀的小学语文和数学教师

霍懋征的教育生涯曾有过三次重要的选择——

第一次是1943年从北京师范大学数理系毕业时，放弃了留校任教或教中学的机会，自愿到北师大第二附属小学（1955年更名为"北京第二实验小学"，简称"北京实验二小"）教书，自此开始，将一生都奉献给了小学教育事业。

第二次是1952—1954年先后调入教育部教学指导司和人教社工作，之后回到北京实验二小，继续从事小学数学和语文教学工作，从此再也没有离开过教学一线岗位。

第三次是1978年从"牛棚"出来，重回北京实验二小工作并担任副校长，"不得不放弃了我十分喜爱的数学教学"，从此专心于小学语文教学和改革试验，并形成了著名的"爱的教育"思想。

霍懋征大学毕业后在现在的北京实验二小任教，既教数学，又教语文。求学时期，她就是一名勤奋好学的好学生；当了教师，仍是一位勤学上进的好老师，教学工作很快就有了起色和亮点。尤其是新中国成立后，国家很重视教师的学习和提高，不断组织教师钻研业务，请国内外专家指导工作，霍懋征的教学、教研水平因此有了明显提升。

霍懋征把所有的时间和精力投入到钻研业务、教学实践和培养教育学生上，不但承担了语文、数学教学工作和班主任工作，还担负着教研组长工作，经常组织年级组的教师研究教材和教法。经过多年探索和改革，霍懋征逐渐形成了一套有效的，以讲为主、以读为辅的"讲读教学法"，学生的学习积极性和学业成绩都有很大的提高。

二、小学语文和算术课本的编写者

1952 年教育部教学指导司在选调学科专家和一线名师时看中了霍懋征，调她到该司小学语文组工作。与她一起奉调的还有上海师范学校校长、儿童教育家陆静山，以及年轻人吕敬先、刘永让、黄秀芬等，主要从事新的小学五年一贯制语文教学大纲和教材的编订工作。当时，人教社副总编辑朱文叔和小语室主任刘御编出了一套五年一贯制教材《小学课本语文》。1953 年初，教育部通知，如对小学试用课本有意见可以提出来，在短短的几个月中，收到各地送来的几百份材料。这些材料由霍懋征等人整理出来后，再由司长吴研因执笔，写成一份批评建议发表在《人民教育》上。一年之后，刘御、朱文叔先后在《人民教育》上发表文章进行反驳，并回答了吴研因提出的关于小学语文教材的几个问题。

1953 年 10 月，教育部教学指导司全体人员在办公室门前（郑王府逸仙堂）合影。
第二排右四为霍懋征，右二为陆静山，前排右二为刘永让。

1953 年 5 月，毛主席主持召开中央政治局会议，作出了抽调大批教育干部编教材的决定。为此，许多优秀的学科专家和一线名师从全国各地被选拔出来充实到人教社，进行"教材大会战"，从而编出了新中国第一套中小学全学科的统编教材。当年 11 月，教育部决定将教学指导司全部学科人员划归人教社，这样一来，32 岁的霍懋征便被分配到小语室做编辑（岗位为助理编辑）。与她一起调来从事小语教材编写的同事，还有陈伯吹、陆静山、袁微子、钟华、文以战、刘永让、黄秀芬、张田若、吕敬先等。时任小语室主任蒋仲仁，人教社领导叶圣陶、辛安亭、朱文叔，都是小学语文有名的专家。除了霍懋征来自教学一线之外，还有来自北京小学界的王企贤、周文郁、王德英等，也参与了部分册次教学参考书的起草工作。可以说，大规模团队作战，并组织由学科专家、一线名师和专业编辑构成的"三结合"队伍，是这次统编教材编写的主要特点。正如 1954 年教育部审议通过的《关于本社当前任务、编辑方针、组织机构及组织领导的决定》提出的："为切实贯彻编辑方针，完成前述任务，必须发挥现有干部的积极性与创造性。除依靠他们外，还须调配得力的人员，即有专门知识、写作能力、一定政治修养与教学经验的人员，来充实编辑部。这是能否完成任务的决定环节。"因此，像霍懋征这样的一线名师，在教材特别是教参编写中的作用是十分重要的，也是不可替代的。从此以后，每次新教材的重编都会吸收一些有教学经验的人员参与其中。

在教材会战期间，霍懋征主要参与了《初级小学课本语文教学参考书》（8 册，1955）、《高级小学课本语文教学参考书》（4 册，1955）部分册次的编写工作，并且根据自己过往的教学经验提供了许多案例。比如，初小课本语文第二、五册教参阅读课的教学案例"小猫钓鱼""小宝宝要睡觉""猫和松鼠"等，就是由霍懋征撰写和提供的。她又在叶圣陶、朱文叔带领下，与小语室的同事们代拟了 1956 年教育部颁布试行的《小学语文教学大纲（草案）》，并参与《初级小学课本语文》（8 册，1955）部分册次的草拟工作。除此之外，她还作为骨干人员参与编写了《聋哑学校算术课本》（10 册，1957）。需要指出的是，这次教材会战除了编出了中小学全学科的教科书、教参和教学大纲之外，又编出了师范、工农学校和特殊教育部分学科的教材。由于任务繁重、册数众多，所以一部分课本特别是教参委托给了社外专家编写，但人教社都配备一位专业人员参与其中并负责编辑工作，并明确提出书稿质量的标准和交稿时间的要求。其中，霍懋征、文以战代表人教社分别参与编写的《聋哑学校算术课本》、《聋哑学校识字课本》（8 册）与《聋哑学校阅读课本》（12 册），都是当时借助外力、委托完成的主要的聋哑学校教材，也是新中国最早编成、教育部盲聋哑教育处审定的一套统编特教教材。

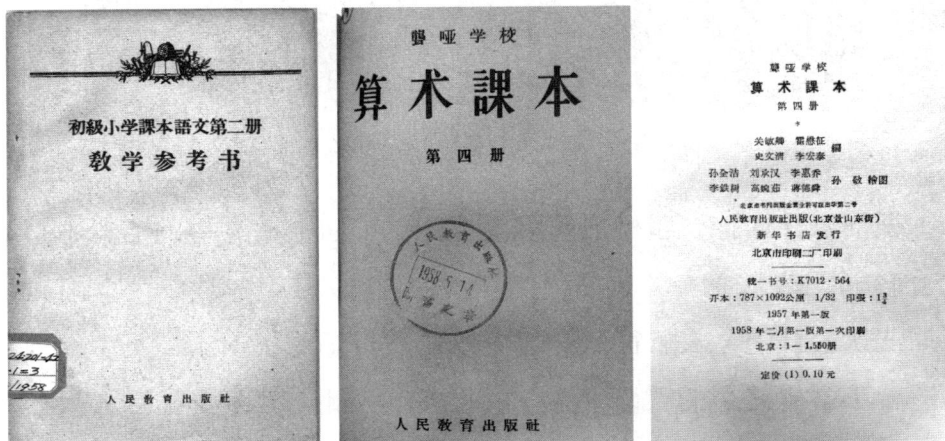

霍懋征在人教社参与编写的小学语文教参和算术课本

霍懋征在人教社工作时间并不长，大约一年多后就调回了北京实验二小，但从此便与人教社特别是小语室结下了不解之缘。1956 年，霍懋征被评为共和国首批特级教师之一，这与她在教育部和人教社的工作和锻炼也是分不开的。后来，人教社于60年代编出第二、第三套统编教材时，在小学语文教材编写和试教试用过程中都曾征求过霍懋征的意见。改革开放以后，霍懋征作为国家教材编审委员会委员还多次审定过人教版教材，并对人教社的编辑出版工作提供了很多有益的建议。

霍懋征（前排右四）代表人教社参加1954年教育部职工文艺汇演

据刘永让回忆，霍懋征曾多次提到，市面上成人用的字典不是很适合孩子，应该编一本小学生专用字典。1979年6月，在全国政协五届二次会议上，霍懋征联合部分政协委员郑重提出了"关于编写一部适合小学生使用的汉语字典"的提案。为此，教育部指示人教社承担这项工作。接到任务后，人教社很快成立了一个"小学生字典编写组"，并迅速调集各路人马，其中社长兼总编辑叶立群与儿童教育家陆静山任主编，同时成立编委会，由当时主管各学科的副总编辑和一些科室主任包括刘国正、袁微子、刘默耕、陈侠、陈尔寿、张志公、苏寿桐等知名专家担任编委，最后由著名学者蒋仲仁、隋树森、张中行把关，责任编辑则安排给了刘永让。霍懋征听说后特别高兴，"她（指霍懋征）专门打过电话来跟我（指刘永让）说，早就应该做这项工作了，还特别嘱咐我，以后评职称的时候一定要把这件事写上，因为功不可没，后来她还真的专门为我写了推荐信"。《新编小学生字典》紧密结合小学语文教学和学生的需要，图文并茂，通俗易懂，自出版以来深受读者欢迎，曾荣获首届中国辞书奖、全国优秀畅销书奖、第四届中华优秀出版物奖等诸多荣誉。

有关霍懋征的著作，人教社也曾出版了好几本：1980年首先出版了霍懋征撰写的《班主任工作札记》，1983年出版了高惠莹等编的《霍懋征语文教学经验选编》，2003年出版了崔峦、陈先云主编的《斯霞 霍懋征 袁瑢语文教育思想与实践》，2011年又出版了霍懋征的女儿赵萱等编的《把爱献给教育的人——霍懋征》。

人教社出版的有关霍懋征的部分书籍

邓散木：手书小学语文课文的艺术大师

邓散木（1898—1963）

国家百政新，兴革事弥巨。汉字病繁异，删简利众庶。招我来都门，书范备镕铸。殚思供一得，何敢惜衰暮。

——邓散木

邓散木（1898—1963）是 20 世纪著名的书法家、篆刻家，也是罕有的集诗、书、画、印艺术成就于一身的杰出艺术家。他晚年自沪进京，工作于人教社，参加新中国第一次统编教材会战，先后两次为小学语文课本前六册手书了全部课文，并帮助制作了手书体字模，还写了学生字帖，对当时文字改革、简化汉字起到了积极的推动作用，在新中国教科书中留下了深刻印记。对此，他在《六十自讼》（1957）中是这样说的："国家百政新，兴革事弥巨。汉字病繁异，删简利众庶。招我来都门，书范备镕铸。殚思供一得，何敢惜衰暮。"

邓散木为小学语文课本封面、插图和课文书写的简化字

一、"名士""奇人"邓散木

邓散木是一个真正的"名士"，也是一个传奇人物，可以说是至今都无法超越的"奇人"。

邓散木，上海人，原名菊初，又名铁，学名士杰，字钝铁、散木，别号粪翁、芦中人、无恙、且渠子、厕简子，因动脉硬化截去左腿，后更号夒、一足，斋名叫厕简楼、三长两短斋。他出生于富足的书香门第，12 岁考入英国人开办的华童公学，16 岁那年写过一篇不错的英文文章，英国老师怀疑非其所作而拿戒尺敲打他的头。邓散木觉得人格受到侮辱，愤然把英文教科书付之一炬，从此休学在家自学作文、书法和篆刻，十分痴迷，朝夕不辍，进步神速。他曾写诗回忆道："教师碧眼胡，贱我如奴星。我亦强哉矫，罢学归杜门。埋首故纸堆，无师自钻寻。"（《六十自讼》）后来受教于韩不同和李肃之，又向赵古泥、萧蜕习书法、篆刻，并自约极严，每天黎明即起，从事写字刻印，数十年从未间断。邓散木在 20 世纪 30 年代便以书刻扬名海上，曾在上海、南京等地连开个展或师生展 12 次，引起中国书法、篆刻界轰动，在艺坛上有"北齐（白石）南邓"之称，也有"江南四铁"之说：一是"苦铁"吴昌硕，二是王冰铁，三是钱瘦铁，四是自谦为"钝铁"的邓散木。邓散木说："我对篆刻颇有心得，因之可以说是有把握的。书法不论碑帖，见好就学，熟能生巧，也能应付。诗自问还可以，词则偶一为之。画无基本功，应酬而已。前三者是我所长，后两者乃我之所短也。我之斋称为'三长两短斋'即是此意。"

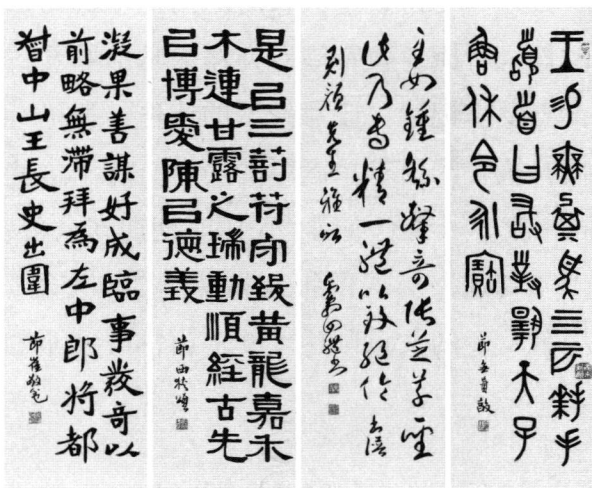

邓散木的多体书法

邓散木的书法好，印更好，他早年撰写的《篆刻学》更是业界钻研绕不开的名著。著名书法家、中国书法协会原会长沈鹏在《邓散木的书法与篆刻》一文中说："现代老一辈有成就的书法家、篆刻家，一般说来都有比较深厚的传统功夫。其中有些书法、篆刻家，还能在传统基础上努力创新。邓散木先生就是其中的一位。……邓散木（1898—1963 年）于书法，真、行、草、篆、隶各体皆精。……一般的评论者认为，邓散木的篆刻成就高于书法，有人说他'以秦汉为经，而纬之以皖浙，旁搜远绍，遂集大成'，是对他的篆刻所作的一个概括性评价。"[①]

邓散木是一位多才多艺的高产艺术家，其艺术成就集诗、书、画、印于一身。就诗而言，沈鹏在《再读邓散木》一文中说："诗、书、画、印全能，文人雅士一向当作追求目标。现代有些书画家也有兼擅诗者，可惜我看到的有些作品，不免有'为诗而造情'之嫌，再是诗意常停留在书、画自身的小圈子里，境界不广。……读了邓散木之作，我以为即便单以诗论，也应给予应有的位置。在此我要提醒大家：邓散木的'三长'之一——诗，过去长时间内比较鲜为人知甚至不为人知，被另外'两长'所掩。我希望研究邓散木的朋友，乃至研究近现代诗词的朋友，不要忘记读一读邓散木的诗作，那里有着他桀骜的性格，雄健的气概，执着的追求，深厚的功力。有了这些，他为治印而写的绝句也非同一般。"[②]我们查阅"民国时期期刊全文数据库（1911—1949）"，发现以"粪翁"为题的报刊文章达 350 多篇，而以"粪翁"或"邓粪翁"为名发表的文章则达 450 多篇，可见邓散木的"文"也是相当高产的。

---

① 　沈鹏：《邓散木的书法与篆刻》，《读书》1980 年第 9 期。
② 　沈鹏：《再读邓散木》，载《沈鹏书画续谈（1996—2010）上》，人民美术出版社，2010。

慧容

换了人间

天涯涕泪一身遥

虚心使人进步

粪翁

邓散木的篆刻、绘画

邓散木还是一位有良心、极富爱国心的艺术家。年轻时，他对"国父"孙中山极为崇拜，成为三民主义信徒，并参加了国民党。蒋介石发动政变后，他对国民党极其失望，遂公开宣布脱离国民党，并取"粪除"之意，改名"粪翁"，将居所命名为"厕简楼"，以示要同污秽腐朽的世风分庭抗礼。邓散木说："粪字含有扫除之意，并不单指动物的排泄物，退言之，粪的本身也没有什么可恶之处。而且我还用粪字来测验人们的心理。"[1]他在《六十自讼》中说："行年当三十，去姓字以粪。非敢求惊人，聊以托孤愤。"抗日战争中，他多次组织书刻名家举办展览、义卖来支持抗战。他看到山河破碎、生民涂炭，心焦如焚，表示自己愿为抗日献身，并有题竹诗云："西望夔州一泫然，莫惭无力报涓埃；一枝聊寄风前意，杀贼原知要箭材。"但抗战胜利，虎去狼来，事与愿违，他痛感自己无能，借用《庄子·人间世》"散木"之喻，改名为"散木"以自嘲。面对统治者不顾国家和人民利益，弃和求战，卖国求荣，大兴楼馆，花天酒地过醉生梦死的生活，他在愤激之余，写下一诗："白袷堂堂老楚囚，披荆来吊旧金瓯。

---

[1] 李昂：《记粪翁》，《申报》1940年3月23日。

下方鸡犬无丹鼎，胜国衣冠有沐猴。复礼新镌纲纪论，和戎早系庙堂谋。后庭玉树前朝迹，闲杀春江十四楼。"该诗表现出邓散木忧国忧民的热切情怀，无情地揭露了国民党政府的丑恶嘴脸和反动本质，指出了这个没落集团必然灭亡的命运。1948年，曹聚仁在《前线日报》发表关于邓散木艺展印象记的文章，在标题中称他为"一个血性的男子"。

艺术家大都很有个性，邓散木有过之而无不及。他一生清高孤傲，落拓不羁，愤世嫉俗，淡泊功名，文坛流传有不少关于他的轶事。郑逸梅《写市招的圣手唐驼》中说："其时尚有两位名书家，商店素不请教，一邓粪翁，这粪字太不顺眼。一钱太希，商店唯一希望是赚钱，这个姓和赚钱有抵触。"旧时文人生活清苦，写市招（商店招牌）取得的润笔费是书法家贴补家用的重要来源。李昂在《记粪翁》中说：一次，一位富翁请他写一幅中堂，说愿付两倍的润资，为挂在堂上雅观，唯一的要求是落款不用"粪"字，遭他断然拒绝。1936年报纸上曾记载，当时国民党一名"中委"，仰慕邓散木的书法，托人送来巨资请为亡母写碑文，只是"心憾翁之名粪，因请更易"。邓散木愤而答曰：公厌我名耶？美名者滔滔天下皆是，奚取于我？我宁肯饿饭，不能改名，我心匪石，不可转也。

邓散木好酒，且酒量惊人。漫郎《粪翁谈酒》言：所饮多为绍兴花雕，章东明出品，尤嗜好酸酒，故酒中必略含酸味，方投翁胃口也。据他夫人说，粪老曾与人打赌，一下子喝了一坛黄酒，足足有五十斤，吓得别人目瞪口呆。粪老家中的院子里分两边放酒坛子，一边是满的，一边则是空的，且他买酒从来不是像我们一瓶一瓶地买，而是一次进好几坛黄酒，放在院子里，喝完了就扔在空的一边。粪老性烈如火，喝醉后常常针砭时弊，破口大骂，旁若无人。如此真性情的"名士"

如今已不复存在。有人曾有七绝赞曰："酒色才气是真人，雕虫小技也成尊，纵有千杯还不醉，人间不复邓粪翁。"

上海解放后，一向愤世嫉俗、豪放不羁并无正式职业的邓散木，像换了一个人似的，居然做起了上海里弄的居委会主任。甚至像出板报、登记图书、办扫盲班、治安巡夜、读报宣传等琐碎工作，他都是亲力亲为，做得有模有样、有滋有味。其间，他还参加了上海市文联组织的土改工作队，到绍兴道墟参加土改工作。新中国成立初期，书画篆刻一度无人问津，他不去从事书、刻，也就断了家庭经济来源，平时生活就靠卖掉一些旧存书籍、家具维持。虽然工作繁忙、生活拮据，但他乐在其中，以为这才是自己为新社会、为民众所应该做的。对此，邓散木在《六十自讼》中写道："开门喜解放，初见天地清。长揖迎父老，谓我容颜新。诏我以天责，组织里与邻。所赖群众力，三年薄有成。常恐落时后，钝步追飙轮。聿免掉队耻，终知鲜补纫。"

1952 年，经高足单晓天推荐，邓散木为一家专制印刷字模的厂家书写了一批字，很快受到了人们的注意和赏识。1954 年，人教社

在北京工作时的邓散木及其与家人合影

邀请邓散木正式参加汉字改革的有关工作，他才算有了固定的工资收入，生活上有了保障，就带着家眷迁到北京，度过了艺术人生的最后八年。

二、课本"书写者"邓散木

从 1954 年底开始，国家组织开展新中国第一次教材大会战，集中编写一套中小学国家统编教材。为了提高装帧设计质量，并使教材的插图、字形更为美观，人教社邀请了人民美术出版社的刘继卣、阿老、陈沙兵、王叔晖、林锴、沙更世（又名沙更思），中央美术学院的戴泽、靳尚谊、萧肃、汪志杰、邵晶坤、王恤珠等一批画家。之所以想到和敦请邓散木，是因为主持这套教材编写的教育部副部长兼人教社社长、总编辑叶圣陶，与主持文字改革的文化部副部长、出版总署署长胡愈之，都想在新编的小学语文课本中，采用手写体的形式，一改过去呆板、单调的印刷体。他们认为，入学儿童应该学习和认识规范化的手写简体字，要进一步改变繁体字的印刷体成为简化的手写体，改换原是印刷体的铜模。在这个时候，国务院设立"中国文字改革委员会"，大力推进文字改革，主要是解决汉字简化、推广普通话和汉语拼音问题，这对于包括教科书在内的全国书报刊的出版，都将产生重大影响——全部由过去的繁体竖排，改成了简体横排的方式，数千年的传统规范和习惯被全面替代。这就要求新制作一套完整的简化字模，其中简化字手写体的字模制作，就需要既精通书法又擅长篆刻的人来从事。于是，这两位过去一同长期在上海出版界工作的老朋友、老同事商量后，便决定请在沪的马公愚、邓散木这两位艺术家来京做手书印刷体的书写工作，并让也曾在沪工作多年的人教社社务委员、出版部主任吉少甫专程去上海请他们。对此，吉少甫在《革命的启蒙师——胡愈之》（1986）中这样说道：

大概是 1954 年的下半年，我代表胡愈老到上海去请两位书法家。马老（马公愚——笔者注）因体弱多病不习惯于北方生活，没能如愿请到。另一位邓散木，生于 1898 年，因激愤于旧社会的冷遇，自号粪翁。他对楷、行、篆、隶各体皆精，熟谙中国的"六书"，懂得汉字演变的由来。他更精于篆刻。我总算靠胡愈老传授给我的一些关于文字改革的知识，加上自己的一片赤诚，才把他请到北京，这大概是打破了怀疑文字是否能够改革的顾虑而投入这项运动的第一位书法家。那年人民教育出版社开始新编建国后第二套中小学教材，正式使用简体字。①

邓散木觉得这是政府看得起他，对出版社的邀请一口应允。根据人教社编写出版的《初级小学课本语文》第一册的出版时间（1955 年 6 月第一版），可以推断邓散木开始为新编教科书书写的工作时间，大致是 1954 年底或 1955 年初，这时候他还在上海担任居委会主任。人教社并没有要求他移居北京，可他因其爱女家齐在北京矿务系统工作，配有一套公房，便决定携夫人到北京，与女儿同住在邱祖胡同，这样更便于与出版社联系工作，可以想象他对于到北京工作有多积极。根据人教社档案记录，邓散木是 1955 年 9 月 19 日正式报到任职的。他在人教社工作两年多，主要做了两方面的工作。

一是作为小学语文课本的"写字者"，为前六册手书了精美的课文

---

① 吉少甫：《革命的启蒙师——胡愈之》,《胡愈之印象记》, 中国友谊出版公司, 1989, 第 159 页。另载吉少甫：《书林初探（增订本）》, 上海三联书店, 1995, 第 337 页。

（包括注音符号）、封面书名和插图说明，并为制作新的汉字手书体字模提供了范本。以前的课本均为印刷体，无需再制作新字模。1954 年开始新编的全学科教科书，是新中国真正自编的第一套统编教材，各方面都提出了新的高要求。其中小学语文课本按照叶圣陶的设想，初级小学全部采用手写体的形式，一改过去呆板、单调的印刷体。于是，邓散木就用"波罗"牌钢笔尖（金笔头）和黑色墨水，经过多次试写，用工工整整的小楷，精心写了初小第一册到第六册语文的全部课文，并通过拍照制成了一页、整版式的铜锌字模，从而使这套课本在形式上给人以耳目一新的感觉。加上选材适宜、内容丰富、装帧美观、插图丰富，这套新中国首部统编小学语文课本从内容到形式都达到了一个新高度。就课文手书体这一点，可以说后来的语文课本均未超越，甚至也未发现课文再采用手书体的教材版本。其原因除了成本高、费时费力之外，与没有合适的书写者有很大关系，由此也可以看出邓散木的书法水平和艺术境界。

值得一提的是，邓散木为这套课本正式书写过两遍，即形成了两个版本的手书本。第一次是 1956 年 1 月《汉字简化方案》公布之前，按照小学语文课文繁体横排的方式手书了一遍；第二次是《汉字简化方案》公布之后，汉字出现了 515 个简体字和 54 个简化偏旁，于是邓散木又按照简体横排的方式手书了一遍（见《毛主席小时候怎样学习》）。除了书写，还要先后制作出两个版本的铜字模，这项工作是相当繁重的。对此，该课本主编蒋仲仁写道：

课本是用手写稿去照相制版的，不受铅字的限制；参考书是用铅字排的，一些简体字，铅字的铜模还没有，只好用原来的繁体字排。例如"买""卖"两个字，课本上印的是简体，参考书印的还是繁体。

参考书是给教师看的，教给儿童一律用简体。[1]

字模用铜或其他金属制成，是凹型字符的铸字模具。其制作方法是：先用电镀的方法，在手工雕刻的铅字上镀一层较厚的铜，然后把铜层剥下来，从背面浇铸铅或锌，再锯成小块，镶嵌在铜坯上，便制成了字模。用铸字机通过字模将铅合金制成活字，用来进行活字印刷。电镀字模价格便宜，设备简单，但加工时间较长，使用寿命短。邓散木既是书法家又是篆刻家，他对手书体字模的制作就比一般书法家技高一筹。他为小学语文课本和学生使用的字帖手书的简化字，都刻成了整版铜模，为出版社制作简化字模提供了标准和范本。遗憾的是，由于 1957 年邓散木被打成"右派"，加上心情郁闷、疾病缠身，他没有能够写完一副全套的教科书的单个铜模字。

邓散木用简化字书写的小学语文课文

二是为了促进学生练好简化字书法，邓散木还书写了配合语文课

① 蒋仲仁：《初级小学课本语文第二册教学参考书·编者的话》，人民教育出版社，1955。

邓散木与白蕉合著的《钢笔字范》

本学习的学生字帖，如《四体简化字谱》《简化字楷体字帖》（文字改革出版社，1965）等，在书法尤其是硬笔书法的普及教育方面作出了贡献。这类字帖，工整规矩，美观大方，主要供初学者习字用。实际上，早在1949年，邓散木与书法家白蕉就合著出版了《钢笔字范》（万象图书馆）。这是中国出版发行的第一本楷、行、草钢笔字帖，可谓开启了硬笔书法之先河。1955年，香港上海印书馆还出版了邓散木《邓粪翁书钢笔字范》。这些书籍全面细致地介绍了钢笔的执笔方法、楷书的基本运笔和钢笔书写笔法，精写了楷、行、草的三体字范。

在人教社工作期间，邓散木十分热心书法普及事业，积极参加组织中国书法研究社，举办讲座，编印讲义，广为宣传。他的女儿邓国治回忆说：

1955年，人民教育出版社要出版一套全国统一使用的小学语文课本，邀父亲来北京工作，每月有固定的工资收入，生活上有了保障。从1955年到1957年，除了书写小学课本、铅字铜模外，父亲还积极参加组织了中国书法研究社，主持书法讲座，参加筹办建国以来的第一届时人书法展览等等，为发扬光大书法艺术传统做了许多工作。[1]

记得五十年代中期，北京举办"中学生书法展览"，爸爸当时腿病

---

① 邓国治：《我的父亲邓散木》，《人物》1982年第6期。

已较严重，他不但扶病亲去参观，还把每一个作者的名字、年龄、学校、年级详详细细地记下来，回家后兴致勃勃地逢人就讲。①

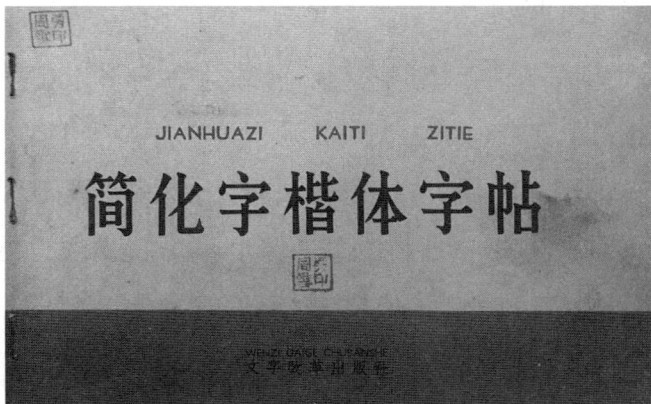

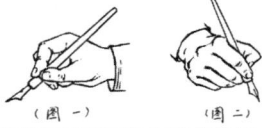

邓散木编写的部分字帖及其楷书

对于上述工作情况，邓散木在《六十自讼》中是这样说的："国家百政新，兴革事弥巨。汉字病繁异，删简利众庶。招我来都门，书范备镕铸。殚思供一得，何敢惜衰暮。……往昔矜三长，诗书与刻画。

---

① 邓国治：《剩有未干江海笔，衰年报国有余情——回忆父亲邓散木》，《美术》1980 年 10 期。

造门多龃龉，伏案为粒食。今许效戈戈，始为群众役。书苑茁奇葩，浇灌诚有责。"

三、晚年逆境之邓散木

邓散木晚年境遇多舛，精神上、身体上、生活上接二连三地受到打击。1957 年，在"反右派斗争"中，秉性耿直的邓散木以民盟会员、中国书法研究社社员身份，上书提了两方面的意见：一是对文化部不重视书法篆刻，说书法篆刻不是艺术的意见，做了《书法篆刻是否孤儿》《救救书法篆刻艺术》的书面发言，为书法篆刻请命；二是认为不应随便给张伯驹等人扣帽子，随便下结论，这是压制鸣放、自造宗派。同时，由张伯驹主持、邓散木参加筹组的中国书法研究社也被定成了"反党"组织。张伯驹是大收藏家，对书画篆刻十分在行，是邓散木在北京认识的京都名流。张又与邓散木观点相同，两人遂成好友。岂料有人写大字报揭发张伯驹。邓散木去看了大字报，心里十分气愤，在他看来，那大字报简直是一派胡言。于是他手握生花妙笔，用他那一手著名的书法也写了张大字报予以反驳。他于艺术造诣精深，于政治却十分幼稚，不知道在"运动"中反驳就是一条罪状。可能是违反了《关于划分右派分子标准的通知》规定右派分子的最后一条标准："为犯有上述罪行的右派分子出主意，拉关系，通情报。"不多时，邓散木被宣布为"反党反社会主义的右派分子"，成为中国美术界著名五大"右派分子"之一（其他四位为刘海粟、庞薰琹、江丰、丁聪，皆已平反）。这简直把邓散木吓呆了。可他并不是人教社的正式职工，他的工作是特约、临时性的，出版社无法接收这个"右派分子"，于是乎只好交与街道居委会监管。受此打击，邓散木厄运迭至，政治上备受歧视，生活上亦乏保障，以抄录供影印之书稿获取报酬为生，还扫过胡同。他以前那种意气风发的精神状态消失了，整天闷闷不乐。随后几年，他手、足、胃三个部件都出了毛病，连续住了三次医院，动了两次大手术，尤其是因左下肢动脉硬化而截去一足，走路只能靠拐杖了。他从截肢起，就改名为"一足"。

晚年邓散木

在重重压力面前，邓散木是坚强的，始终没有丢开他所钟爱的书法与刻印，其晚年作品功力丝毫未减，反而更添奇崛之气。他刻了一方印"白头唯有赤心存"，只要身体条件许可，他必坚持临池、读书；在人生最后几年中，他忍辱负重，身残志坚，春蚕吐丝，不遗余力，以"堂堂霸气在，一足抵十夫""剩有未干江海笔，衰年报国有余情"的豪迈气魄，译注了《荀子》二十三章数十万言，并诠释了《欧阳结体三十六法》等古代书法理论，还花费大量精力和时间编写一些书法普及读物和字帖，如《中国书法演变简史》《怎样临帖》《草书写法》等。这些著述或手迹，直到改革开放后才得以问世，恩泽后世，影响至今。仅 20 世纪 80 年代，《人民日报》就发表过四条与邓散木有关的新闻报道：《邓散木金石、书法展观后》（苏伟堂，1980 年 8 月 29 日）、《邓散木遗著〈钢笔字写法〉出版》（吴惠霖，1982 年 4 月 4 日）、《邓散木遗作捐赠仪式在京举行》（1983 年 12 月 3 日）、《邓散木书刻艺术作品在上海展出》（1988 年 9 月 6 日）。其中，《邓散木书刻艺术作品在上海展出》称："当代著名书法篆刻艺术家邓散木的书刻艺术作品 9 月 3 日起在他的故乡上海展出。故于 1963 年的邓散木，生前工作于北京人民教育出版社。他一生治学严谨，著述丰富，所书篆、隶、真、草各体，自成一家。我国几代学生使用的字帖便是由邓散木先生书写，制成铜模的。1983 年，邓先生夫人张建权将他的书法篆刻作品及其他纪念文物计 2000 余件全部捐献给国家。"与此同时，其《篆刻学》《邓散木印谱》及其书法篆刻的普及读物，也在日本和东南亚等国家和地区出版并广泛传播，对发展中华传统文化、普及书法篆刻艺术作出了重要贡献。

2018 年，黑龙江人民出版社出版了《邓散木全集》（庞学臣编），共 52 卷，收录了邓散木先生的作品近千件，收藏近 400 件，文房四宝、来往信件、日记、生活用品等 340 余件，分为作品、收藏、生活掠影、建馆题赠四大板块。该书通过邓散木先生所创作的诗词、书法、绘画、篆刻、印谱以及他与同时期艺术家的往来书信，全面深入地介绍邓散木先生的人生，向人们展示了这位艺术家的风采，也向人们展示了这位艺术家半个世纪以来艰难跋涉的人生历程。"作为学者和艺术家，邓散木不仅在诗、文、书、画、印等方面造诣非凡，且他的赤子之心、他的公益精神、他的书生仗义、他的爱憎分明等都具有独特性，也时刻彰显出人性的光芒，具有垂范后人的积极意义和榜样作用。"[1]

有关邓散木书法、篆刻、诗词的著作

---

[1] 梁鸿：《霸气堂堂在，一足抵十夫——回眸邓散木艺术人生的最后八年》，《荣宝斋》2019 年第 4 期。

王微：中学语文编辑室的"老帅"

王微（1914—1988）

最初我喜欢胡乱涉猎，我读莎士比亚、屠格涅夫、泰戈尔、托尔斯泰、尼采，也读福楼拜尔、莫泊桑、普式庚、高尔基、索洛科夫等等的作品之后，就选择了鲁迅、郭沫若、茅盾、叶圣陶诸人的作品来读，特别是鲁迅先生的深刻、叶圣陶先生的严谨，尤使我敬佩。

——王微

人教社中学语文编辑室（简称"中语室"），历来是名人荟萃、人才聚集的地方，曾在此工作的先后有王泗原、张中行、蔡超尘、姚韵漪、李光家、张传宗、蒋仲仁、隋树森、刘国正、孙功炎、吕冀平、张毕来、张志公、鲍永瑞、董秋芳、洪心衡、黄光硕、田小琳、张厚感、黄成稳等。其中担任中语室负责人时间最长的是王微（1914—1988），他从1952年自西北大学师范学院（时任副教授兼语文专修科主任）调到人教社中语室，接替蒋仲仁担任主任（中间一度让位于张毕来，改任副主任、编辑部第一党支部书记），到1969年下放到安徽省凤阳县教育部"五七干校"劳动锻炼，前后长达近20年时间，因此也被同事尊称为"老帅"。其间，他负责编写了多套中学语文教材，参与起草了几部中学语文教学大纲，主持编注了教师进修读物《古代散文选》等。

王微早年就读于中国大学和陕北公学，是从陕甘宁边区走出来的优秀教育工作者。他的老战友董纯才称赞他是"一生献身党的教育事业，主要从事语文教材编写工作"的"语文教育家"。[1] 贾芝说他"多才博学，知识渊深，从延安时代起至建国后的三十多年中，多次编著中学教材，从无到有，精益求精，功绩是卓著的。他倾心血于集体事业，功劳少为局外人所知"。[2] 可以说，王微是"述而不作，信而好古"者，很少发表自己的观点和论著，仅有的《中学语文教材研究》《中学语文教学法》《汉字问题研究》等讲义，翻译的托尔斯泰的《尼基塔的故事》和契诃夫的《牡蛎》《公爵夫人》等也都未正式出版。加上1957年"反右派斗争"之后出版的教材多不署

---

① 董纯才：《序言》，载《王微书法作品选》，人民教育出版社，2000。
② 贾芝：《我所认识的王微——为〈王微书法作品选〉而作》，载《王微书法作品选》，人民教育出版社，2000。

名，所以知晓王微的人并不多，现在互联网上查询也很难发现他的踪迹。因此，"相知的许多人，对他的有千里之才而惯于伏枥不动，都有惋惜之意"。①

一、从延安走出来的教材编写者

王微，原名王福恩，别名黄棣、顽石，1914 年 8 月 27 日出生于山西省新绛县古交乡中社村一户地主家庭，家有土地三百余亩，房屋数十间。其曾祖父、祖父都是做官的。父亲王克宽是前清秀才，后毕业于山西省立法政学堂，主要从事教育工作，曾在县高中教了 20 年国文，还兼任过新绛县财政局长、教育会长。哥哥王沐恩，山西大学中文系毕业，在省政府机关做秘书，后一直当中学教员。王微自幼聪敏好学，9 岁起在县立小学和第一高小读书，奠定了很好的国学基础。1929 年，15 岁的王微考入校址在临汾的山西省立第六中学，开始关注新思想，与部分同学成立了一个文学研究会（读书会），读了不少新文学作品，并与同学交流阅读《东方杂志》《妇女杂志》《小说月报》等刊物的体会。学校教师中既有师大毕业的思想进步者，也有保守复古的乡绅或前清遗老。1931 年，17 岁的王微升入太原云山高级中学，这是一所以法政学科见长的私立中学，校长冀贡泉是当时山西法学界的权威。王微的父亲、兄长都是搞文学的，他们认为学文学用处有限，即便从事文学也要有一个职业，因而建议他选择当时最时兴的法律专业。在校期间，对他影响最深刻的还是社会科学和治学方法书籍，以及抗日救亡活动。

1934 年，为了以后更好地就业，20 岁的王微考取中国大学法律系。他在陕北公学社会科学部学习时写的《自传》（1940 年 12 月

---

① 张中行：《跋》，载《王微书法作品选》，人民教育出版社，2000。

28 日）中说："不过，我在中大却把大部分的时间都花费在其他学科上——特别是文学。在初入中大的第一年以社会科学的书籍读得较多，而且社会科学在我第一年课程上就占着相当大的比重，各课的教授也很有名气，如社会学的李达、经济学的马哲民、政治学的刘侃元，还有吴承仕、陈伯达、黄松龄、许凌青、吕振羽、孙席珍等。"中国大学是具有革命传统的，在这里王微开始接触马克思主义，阅读了不少有关著作，如李达的《社会科学概论》、刘莹的《人类社会发展史》、林超真的《唯物辩证法》、邓初民的《政治学概论》、刘侃元译的《马克思与恩格斯》、沈志远的《新经济学大纲》、张仲实译的《政治经济讲话》等，逐步地开始同情共产党、不满国民党。在大学里，文学仍然是王微的最爱。他在《自传》中说："我也读了一些关于文学的书，记得当时几位同班同学也喜欢弄弄文学，这就更鼓励了我，使我爱好文学的心情更加高涨起来。最初我喜欢胡乱涉猎，我读莎士比亚、屠格涅夫、泰戈尔、托尔斯泰、尼采，也读福楼拜尔、莫泊桑、普式庚、高尔基、索洛科夫等等的作品之后，就选择了鲁迅、郭沫若、茅盾、叶圣陶诸人的作品来读，特别是鲁迅先生的深刻、叶圣陶先生的严谨，尤使我敬佩。诗我则喜欢卞之琳、何其芳、李广田、曹葆华、戴望舒的，尽管当时有人批评他们的诗'晦涩难懂'，但我却非常爱好，也许是因为我曾弄过几天旧诗的缘故吧，总觉得他们的作品很适合我的胃口，有时候自己也写些短诗在小杂志上发表，但写得很少，好坏自然更谈不到。"1935 年，他写过一首短诗《胜利的微笑》，发表在《现代评坛》上。此外，他还积极参加了"一二·九"运动和抗日救国示威游行，在 1936 年后的北平新旧学联斗争中，属于中间派。

1937 年暑假，王微返乡探亲，时逢七七事变爆发，留居家中，未能回北平完成最后学业。1938 年冬，王微考入校址在临汾的第二战区民族革命大学，后在该校《文化前锋》月刊担任编辑（主编梁纯夫，编辑有陶夫、吕琳）。

1940年5月，王微与叶实、余峥、茅白珩、胡磊等毅然冲破种种阻力，投奔陕北苏区参加革命，入延安陕北公学学习，被分配到社会科学部第一班第七组，1941年调到陕甘宁边区政府选举工作团。他在《自传》中说，过去"接受的是中国社会所特有的那种'正心、诚意、修身、齐家、治国、平天下'的教育，所以在十七岁之前的人生哲学是'明哲保身'，通过努力苦学，以期做一个'劳心者治人'的那种特殊人物"或"超然的人"，经过延安的革命教育和洗礼，"坚定了对共产主义的信仰，并要求做一个真正的布尔什维克，为共产主义的实现而奋斗"。

经过延安审干运动和改编甄别后，1941年6月，王微任延安中山图书馆馆员、副主任、主任（馆长林伯渠）。1944年，调任延安中学（行知中学）语文教员、八班班主任，后担任过教务主任，与贾芝（时任学校政治委员兼教员）同事。贾芝眼中的王微"为人忠厚，工作认真负责"，"工作之余正攻读俄语"，"并且取得了在战争时期凭两手空空，自选教材，进行语文教学的宝贵经验"。[①] 1944年后，王微历任军委编译局外国语学校、延安中学教员、教育主任。1948年，任陕甘宁边区教育厅教材编审科编辑，与辛安亭、刘御、霍得元等为同事，一起编写和修订教材，并由徐劲、孙玮介绍加入中国共产党。

1949年9月，王微由西北教育部分配到陕西省立一中任国文教员，

---

① 贾芝：《我所认识的王微——为〈王微书法作品选〉而作》，载《王微书法作品选》，人民教育出版社，2000。贾芝（1913—2016），山西临汾人。新中国成立后长期在现在的社科院文学研究所工作，曾任《民间文学》主编、中国民间文艺研究会副主席、社科院少数民族文学研究所所长、荣誉学部委员等。

半年后调任西安高中教育主任兼共青团总支书记、党小组长。1950 年 8 月，又调任西北大学师范学院（院长刘泽如）中文系副教授、语文专修科主任，兼西北大学工会文教委员会副主任、"三反"委员会秘书主任。

二、辛勤耕耘、默默无闻的编舟人

1952 年 10 月，王微调任人教社中语室主任，副编审职称。

王微一到中语室工作，正赶上 1952 年人教版各学科第一套教材的全面修订，并启用小学五年制教材。在叶圣陶、吕叔湘（兼职）的直接领导下，王微与中语室编辑蔡超尘、张中行、李光家、姚韵漪、张传宗、杜草甬等对《初级中学语文课本》（6 册，1952，原编者为宋云彬、朱文叔、蒋仲仁、杜子劲、马祖武、蔡超尘、王泗原、张中行）、《高级中学语文课本》（6 册，1952，原编者为周祖谟、游国恩、杨晦、赵西陆、刘禹昌、魏建功）再次进行修订。其中，《初级中学语文课本》1953 年 1 月修订完成，一直使用到 1956 年才全部退出。《高级中

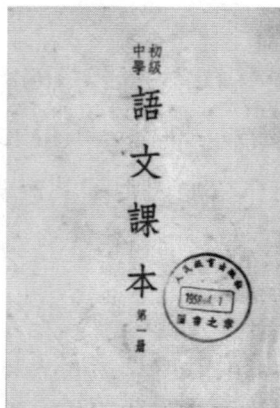

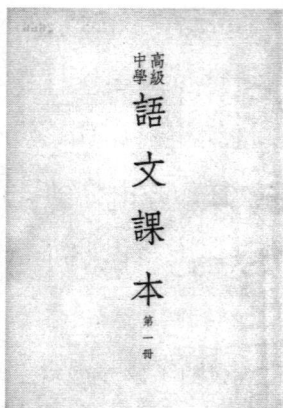

王微参与修订的初、高中语文课本

学语文课本》则是 1952 年 2 月完成的。

1953 年 5 月，中央政治局会议决定，从全国调集一大批学科教学专家充实人教社力量，进行统编教材会战，编出新的中小学全学科教材。1954 年 2 月，中央政治局扩大会议批准了中央语文教学问题委员会《关于改进中小学语文教学的报告》，决定全国中学实行文学、汉语分科教学，分别编订教材，由胡乔木、周扬直接领导，由教育部副部长、人教社社长兼总编辑叶圣陶，副总编辑吕叔湘及新调入人教社工作的副社长兼副总编辑吴伯箫具体负责教材编审领导工作。为此，人教社在中语室基础上，又成立了汉语编辑室，分别由新调入的张毕来（原为东北师范大学中文系主任、华东师范大学中文系教授）和张志公（原为中国青年出版社《语文学习》杂志主编）担任这两个编辑室的主任。业务上相对薄弱的王微则改任中语室副主任，并兼编辑部门第一党支部书记。由教育部具体负责的这次大规模教育干部选调，新到中语室、汉语室工作的还有冯钟芸（借调，北京大学中文系教授）、董秋芳、刘国正、余文、韩书田、梁伯行、周同德与吕冀平、孙功炎、洪心衡、郭翼舟、周振甫（借调）、徐萧斧、陈治文（借调）等。他们与中语室原有人员王微、蔡超尘、张中行、李光家、姚韵漪、张传宗，开始策划和拟订文学和汉语的教学大纲，同时编写教材。① 其中，张毕来、王微、蔡超尘负责的中学文学教材编写团队经过充分调研，于 1954 年夏提出了《中学文学教材的编写计划（草案）》，规定了文学教学的目的和任务、教材的范围和标准、教材体系（含初中、高中各三个年级）、编辑体例、编辑工作进度等。比如，中国文学教材包括中国民间文学、古典文学、现代文学和一部分世界文学作品，体裁应

---

① 课程教材研究所：《新中国中小学教材建设史（1949—2000）研究丛书·中学语文卷》，人民教育出版社，2010，第 38 页。

包括诗歌、小说、戏剧、散文、传记、随笔、杂文、报告、游记、书信、寓言等。富有文学风趣的论文，也须酌量选入。教材的选择标准：（1）入选的作品必须是具有高度的思想性、政治性和艺术性，富有教育意义，堪作学生学习的典范的；（2）入选的作品必须适合于学生的年龄特征与接受能力。中国古典文学、现代文学和世界文学作品在初一课本的比例是 20%、65%、15%，在初二课本的比例是 30%、60%、10%，在初三课本的比例是 35%、50%、15%，民间文学分别包括在古典文学与现代文学之中。关于工作进度，拟于 1954 年 9 月开始，1958年 2 月全部结束，先编教学大纲，再编课本及教学参考用书。[1]

到了 1955 年 2 月底，中语室完成了初、高中全部 12 册的篇目未定稿，初中全部教学大纲及说明草案草稿。1955 年秋季学期开始，初中课本文学第一册在全国各地区 77 个学校进行试教，中语室根据试教学校的第一次汇报，撰写了《初中课本文学第一册试教情况的综合报告》[2]。其中，王微参与或主编的有：

——《初级中学课本文学》，6 册，主编张毕来、王微、蔡超尘，校订者叶圣陶、吴伯箫、朱文叔，人教社 1955—1957 年第一版，1956—1958 年修订版。

——《初级中学课本文学教学参考书》，同上。

——《高级中学课本文学》，4 册（计划是 6 册），主编张毕来、王微、蔡超尘，校订者叶圣陶、吴伯箫、朱文叔，人教社 1957 年出版。

——《高级中学课本文学教学参考书》，同上。

——《初级中学文学教学大纲（草案）》，中语室集体创作，署名"教育部编订"，人教社 1956 年出版。

---

[1] 《编辑工作》第 5 期，人民教育出版社，1955。
[2] 《编辑工作》第 12 期，人民教育出版社，1956。

——《高级中学文学教学大纲（草案）》，同上。

此外，中语室还在上述教材的基础上编辑出版了《师范学校语文课本》（6册）及其教学参考书（1958），主编为张毕来、王微、蔡超尘，校订者为叶圣陶、吴伯箫、朱文叔。

王微参与主编的第一套统编中学文学课本和教学参考书

这套文学教材出版后，一开始是一片叫好声，不久便出现了一些反对者，引起了中央领导的关注，并且要求教育部拟订一个具体的改进办法。教育部责令人教社草拟稿子应对，人教社决定此稿由王微代拟。于是，在广泛征求社内外意见后，王微提交了一份报给教育部及

中央的有关报告。对此,《叶圣陶日记》中有所记载:

1957 年 2 月 20 日,星期三。上午在社中,与社中同人座谈语文教学问题。中学文学课本大受外间批评,上级领导颇为注意,令教育部拟订具体改变办法。部中交社中草一报告,其稿由王微同志拟就,今日社中首次讨论此稿。拟取得社中同人一致意见而后,再请外界共商,然后送往部中,作为社中之正式意见。①

1958 年 3 月,中央文教小组、中宣部宣布中学文学、汉语分科教学改革实验停止,恢复原来的中学语文课程设置,轰轰烈烈的分科教学实验和教材编写工作戛然而止。于是,主编者张毕来、王微、蔡超尘与中语室的同事便投入新的语文教材,即《初级中学课本语文》(6 册,1959)及其教学参考书、《高级中学课本语文》(6 册,1959)及其教学参考书的编写工作。截止到 1966 年"文化大革命"开始,王微带领刘国正、郭翼舟、王泗原、朱垫华、张葆华、张传宗、鲍永瑞等,参与了 1963 年 5 月教育部颁布的《全日制中学语文教学大纲(草案)》的起草工作,并编出了 1960 年出版的十年制学校中学实验教材与 1963 年出版的十二年制学校初、高中语文教材(何其芳、吕叔湘等审阅),从而为新中国的中学语文教材建设作出了积极贡献。

---

① 叶圣陶研究会:《叶圣陶日记选刊》,《叶圣陶研究年刊(2018 年)》,开明出版社,2018。

王微在 20 世纪 60 年代上半期主持编写的中学语文课本

此外，为了配合中学语文教材使用和教学，在分管领导吴伯箫主持下，王微作为中语室负责人，还主持编辑出版了《苏联文学教学论文选》（1956）、《文学教学法》（1957）、《中学语文教学经验选辑》（1959）、《汉语知识》（1959）、《论学习语文》（1961）、《古代散文选》（1962、1963）以及"语文学习丛书"（1958—1962）等，为语文教师研修和专业成长提供了重要的精神食粮。其中，《古代散文选》（上、中册，1962、1963）由王微与隋树森、王泗原、张中行、刘国正等选编，主要是供中学语文教师研习，以便改进文言教学，也适合喜欢文史的大中学生阅读。计划收文范围由先秦到鸦片战争，分上、中、下三册，只出了上、中册，下册因"文化大革命"开始而未编成。即便如此，这两册《古代散文选》在当时的中学教师和青年读者中仍产生了很大影响，被认为是可以常看常新而管用的书。[①] 关于王微的工作作风和特点，中语室的"老兵"张中行曾经这样评价：

工作中交往，多半是我们起草什么，他审。他细心，常常提出疑问，而较少表示自己的意见。速度不快，表现为稳而不干干脆脆。这有优点，是出大错的危险比较少。对人呢，像是原则性加儒家的恕道，说轻些是奉命做什么，不忘对方的情面，说重些是居心厚，也为别人设想。[②]

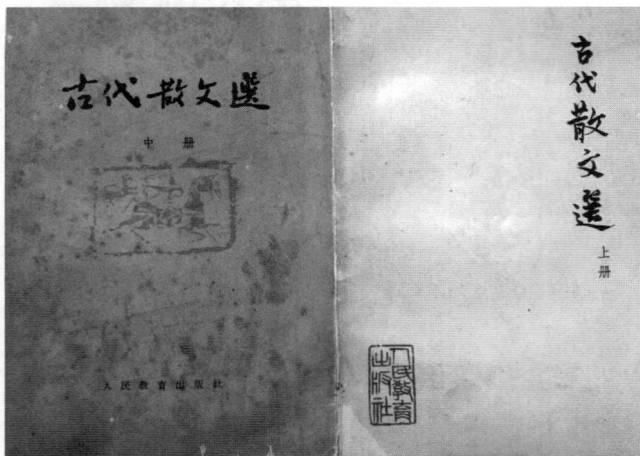

王微组织选编的《古代散文选》（上、中册）

---

① 韩石山：《装成了个读书人》，载《装模作样：浪迹文坛三十年》，陕西人民出版社，2013。
② 张中行：《跋》，载《王微书法作品选》，人民教育出版社，2000。

除了业务工作之外，王微还一直担任中语室乃至人教社党组织的一些职务，历任支部书记、总支委员、党委委员等，做了大量的思想政治工作。在历次运动中，如"三反五反""肃反整风""反右倾运动""反修斗争""文化大革命"等，他能够站稳立场，严格按照党的指示工作，没有发生过大的偏差和错误。他还能够进行批评与自我批评，同时对轻政治重业务的思想、资产阶级的文艺观等都曾多次在编辑室和支部展开过批评讨论。工作上遇到困难，他能够坚持原则，坚决按照上级的意图办事。如1958年，批判文学课本后，有的同志对文学课本的错误认识不明确，个别同志对编写语文课本思想上有抵触，有的同志对少慢差费有不同的看法，修订语文课本时，工作上有一定的困难。在这种情况下，王微还是尽力设法澄清误解，消除阻力，坚决贯彻党的指示。与别的单位合作，他的做法一般是照顾整体利益，如支援小语文室工作，尽量抽调能力较强的得力干部；帮助北京师范大学编写十年制语文课本，他选派了大批主要干部参加工作。处理书稿遇到的重要问题，特别是学术有争论的问题，他能够与有关的同志反复商量研究，求得妥善解决。王微还比较关心社里的工作，曾就加强业务研究、培养干部问题等，向社领导提出过具体意见和建议。

三、晚年致力于汉字研究、书法创作

"文化大革命"期间，人教社工作完全停顿。1969年11月，王微被下放到安徽省凤阳县教育部"五七干校"劳动锻炼。1971年冬，他被调往兰州甘肃师范大学（现西北师范大学）中文系工作。"文化大革命"期间无事可做，他主要是在老领导辛安亭（当时负责甘肃省中小学教材编写工作）手下做老本行，担任了教材编写组组长。1975年6月，61岁的王微退休后回到北京，安度晚年，居住在沙滩附近的银闸胡同 32 号，归东华门街道办事处管理。从这时候开始，他专心练习书法，尤其是篆书，并整理过去收藏的一些碑帖、砚台等。王微一直有一个癖好，就是喜欢收藏碑帖、砚台，他喜爱这些是受家风影响，其祖父曾在北京做京官，好古，也有些收藏，所以他不时地去文物店看看旧砚、旧帖，但又有非佳品不收的习惯，所买并不很多。

改革开放以后，王微被人教社返聘，主要帮助中语室（负责人刘国正、黄光硕）审阅初、高中统编语文教材，继续修订再版上、中册的《古代散文选》，并完成下册的出版工作。对此，张中行回忆说：

动手之前要组班，原来的编辑室主任王微干校结业后回他的原单位兰州大学（原单位是西北大学，实际工作单位是西北师范大学——笔者注），可是已休，还在北京的出版社宿舍住，于是请他主持。隋树森和王泗原由干校回北京，也请来参加。……多年惯例，王微是审而不做，王泗原是不愿总其成，由上册和中册顺流而下，当然应该由隋树森定稿，可是不知为什么，他说他不再担任定稿的工作（不久患了脑血栓——笔者注），于是三面推，就把定稿的工作推到我头上。……如果没有编《古代散文选》下册的任务，我用处不大，也许就不能回社了吧？ [1]

这套完整的《古代散文选》（上、中、下册，人民教育出版社，1980）为同类书的经典：一是量大，共计 237 篇；二是面宽，有大量名家也有普通作家的作品；三是注释详细，有助于读者学习古文。

其间，王微在中央广播电视函授大学兼课，主讲"汉字的历史"，包括汉字的特点、汉字造字法的发展、汉字形体的演变等。其文字稿

---

[1] 张中行：《十年而后返》，载《张中行全集》第 9 卷，北方文艺出版社，2019。

《汉字的历史演变》收录到张志公主编的《现代汉语》上册（1982）一书中。该文既是中国文字史探究之作，也是书法历史研究之文。王微认为，"汉字是世界上使用年代最久的一种文字"，"汉字的发展历史，对文字学的研究的确有很高的学术价值"，"三千多年来，汉字一直是我国人民记录语言的工具，这是一个漫长的发展演变过程，由古文字变而为篆，而隶，而楷，尽管在笔法和结构上有过多次大的变化，但文字的性质并没有变，这就是汉字的表意性质。汉字同拼音文字相比，性质有所不同。拼音文字是所谓从形见音，从音定义的；汉字则是另外一种情况，每一个字都是单独、方整的形体，而且每一个字只是一个音节的符号，不是音素符号，并且是一个有意义的音节符号，即语素符号，不是单纯的语言符号。这是汉字的主要特点。我们今天使用的汉字，是直接从商代的甲骨文演变下来的，古今形体虽然大不相同，但是从历代的文字资料里，完全可以看出古今汉字一脉相承的嬗变痕迹。一种文字，使用年代如此之久，而且还有极为丰富的文字史料说明它整个的发展演变过程，这在世界上恐怕是绝无仅有的"，当然，"汉字还需要进一步进行改革"，"对于汉字，我们要采取正确的科学的态度，努力学习，正确使用，认真研究，适时改革，任何脱离实际的褒和贬都是有害无益的"。[①]

王微又指出，"现行的汉字是从商周古文字直接演变而来的，要了解它的性质，必须从古代汉字的造字法入手，因为汉字的性质是和造字法密切联系的"，"关于造字法的理论，古代有所谓'六书'，这是从文字结构中所总结出来的六条构成文字的原则，汉朝人称之为'造字之本'，也就是造字法"，这也是古代"识字的门径"和"识字的方法"。为此，他对现在通行的六书（象形、指事、会意、形声、转注、

---

① 张志公主编：《现代汉语》上册，人民教育出版社，1982，第280—281页。

假借）的名称和次序一一进行了考证和研究，认为由表意向既表意又表音的方向发展，也就是向音义文字发展，是汉字发展的规律。

关于汉字形体的演变，王微说："汉字是由象形文字发展起来的，始终保持着象形的特征。""汉字本身的特点加上特别的书写工具，就形成了我国特有的书法艺术，书法是随着汉字形体的演变而发展的。汉字的每一种形体发展到成熟期，书法也就达到了登峰造极的地步。汉字形体的时代特色总是以书法的时代风格为主要特征的。它们形成一种不可分割的关系，因之，谈汉字形体的演变而不涉及书法几乎是不可能的。""汉字形体的演变，主要有三个阶段：由商周古文字（主要指甲骨文、金文——作者注）发展为篆书，由篆书发展为隶书，由隶书发展为楷书。这是汉字形体演变的主流，另外还有两个旁支：就是隶书通行以后的草书和楷书通行以后的行书。""整个演变过程，也就是汉字形体由繁趋简的发展过程……每一种字体由粗趋精的发展趋势，则是汉字本身的发展规律。""魏晋以后，篆、隶、草、楷、行各体也已大备，书家就有可能自觉地对各种书体进行书法艺术的探究，这些都为以后书法艺术的蓬勃发展提供了条件。汉字的发展也就转到了书法艺术方面。"他对书家各派及其代表人物的书法艺术一一进行说明和对比，也做了批评和反思。

王微不仅对中国文字和书法艺术颇有研究，而且十分擅长书法，尤其是篆书。他从"文化大革命"时期开始，专心苦练书法，并整理过去一直收藏的旧碑帖、古砚台等。其书法水平在人才济济、鸿儒聚集的人教社是数一数二的，特别是篆书可与书法名家媲美。同样精于书法的老领导叶圣陶，曾多次赞扬过他的笔墨。张中行说：

在此之前，他学书用过什么功，我没问过他，但看他的硬笔字，精整流丽，想来年轻时候也是费过不少力的。专说近十几年来，他在这方面的用心之专，功力之深，都是一般人难于望其项背的。他常游书店，重点是买新影印的碑帖，以及有关书法的著作。临池，每天用多少时间，我也没问过他，但可以推知，时间一定很长，因为到他家里去，十回有九回，我总是看见他坐在窗下写。屋子不大，书柜里整整齐齐；其他地方则相当乱，笔砚，碑帖，空白无书纸和宣纸，已写成的字幅，几乎堆满屋子。所写，绝大多数是篆书，少数是行楷。

1985 年 3 月，王微由退休改为离休。这一年是人教社建社 35 周年，为此，社里组织并广泛征集稿件，编出了一个纪念文集，王微为这个集子《继承·开拓·前进——人民教育出版社建社三十五周年 1950—1985》题写了书名。

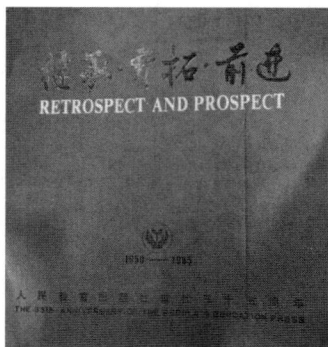

王微题写的"继承·开拓·前进"（1985）

1988 年 8 月 25 日，由于积劳成疾，医治无效，王微不幸与世长辞，享年 74 岁。其骨灰安葬于北京八宝山革命公墓。

2000 年 10 月，人教社出版了《王微书法作品选》。该书辑录王微的 46 幅遗墨，由李铠选编，董纯才作序，张中行作跋，沈鹏题写书名，中语室编辑张厚感担任责编。该书还附有王微的好友、早年在延安中学任教时的同事贾芝专为该书出版而撰写的《我所认识的王微》，并附有叶圣陶、启功、董寿平与王微的书画唱酬及《王微小传》。《王微书法作品选》并无大的影响，却成为一辈子从事语文教学和教材编审工作的王微留在这个世上的唯一著作，不免令人唏嘘！

隋树森：编辑也能成就大学问

隋树森（1906—1989）

我对于国文的主张是："能用国语文或浅近的古文，描写人生，发表思想及其他。"我决不希望成："摘句寻章的古文家；作出文章使人不懂的文人。"我对于讲国文的希望是："古文与国语文都研究。"

最近四五十年，我的业余时间，绝大部分放在对元曲的研究上。

——隋树森

隋树森（1906—1989），著名的元曲专家、语文专家，北京城长大的山东人，人教社资深编辑。他做了一辈子编辑工作，但鼎鼎大名却来自一生的业余爱好——元曲研究。隋树森全面整理和校勘了元曲作品，并校点了所有今存元人编的散曲集，还持续对元曲创作进行了理论研究，代表作为《全元散曲》（1964）、《元人散曲论丛》（1986）、《古诗十九首集释》（1936）等。由于隋树森长期搞创作、做编辑，编的又是教材，所以其概括和表达凝练而且通俗。对此，曲学界评价甚高，"卓有成就""空前成果""造福学林""劳苦功高"等，便是其中的关键词。这也再次证明了为他人作嫁衣裳的默默无闻的编辑，只要找准方向、坚持努力，也能成就大学问、大事业，就像大学教授边教学、边研究一样，两者完全是相辅相成、相得益彰的关系。在这一点上，他在人教社的同事、另一位资深编辑王泗原可与之媲美：工作之余长期钻研楚辞，先作《离骚语文疏解》，后著《古语文例释》《楚辞校释》，"有所作就重如泰山，甚至压倒古人"（张中行评语）。

隋树森何以成为一方栋梁之材？志向远大、目标明确、勤奋努力、坚持不懈、笔耕不辍、严谨认真等，自然是不可或缺的——这也是人才所共有的要素。隋树森的编辑人生和治学之道，可以给我们一些有益的启发和新的感悟。

一、从读书学习到文学创作（1920—1926）

隋树森，字育楠，原籍山东招远，1906年1月6日生于北京。小时候回老家上学，读了初小。读高小返京，就学于京师第十七小学，校长老舍（原名舒庆春）。1920年14岁考取了北京师范学校（六年学制），校长焦莹（字斐瞻）。一入学，因作文好受到了国文老师王浩（与兄弟王易均为国学素养很高的教师）的关注和影响，并在其鼓励下走上了文学创作之路。祖父和父亲做过小官，家有藏书，隋树森最爱读的是《西厢记》。他后来回忆说：很喜欢书中每折都附有的精细的工笔插图，并为其中清新美丽的绝妙好词所打动，尤其是书中写景的那些曲子，一看都能了解，也都能感觉到它的美。看完之后，便专读它的曲子，还常与一位也极喜欢此书的同学交流感想，甚至互相比赛着吟诗背诵，都十分入迷。① 这本金圣叹（1608—1661）评点的《西厢记》，也成了他后来一生倾心研究元曲的源头。

隋树森在师范求学期间，正赶上新文化运动的高潮时期，也处于由文言转入白话语体的时代。其学业不同凡响，除了成绩好、爱读书、学日语之外，还创作了多篇白话文章，仅笔者查到的就有小说《弱者》（1920），诗歌《红叶》（1921）和《桃树的觉悟》（1925），故事《一个不用功的学生》（1921）和《长寿的彭祖》（1927），杂文《我研究国文之希望》（1924）和《读〈田鼠先生的冒险〉》（1924）等，发表在《学生文艺丛刊》《少年》《国语注音字母报》上。他说：

现在中国一般希望的国文，最普通的有两种：一、专讲说文，专作古文，欲藉以保存国粹。二、专讲新文学，不读古书。上面两种人的研究国文法，都不十分对……我研究国文的希望，是很远大的。因为我这一生已决定是专门研究文学了。——但是我自己很知道极难成功呵！我对于国文的希望是如此了。我对于国文的主张是："能用国语文或浅近的古文，描写人生，发表思想及其他。"我决不希望成："摘句寻章的古文家；作出文章使人不懂的文人。"我对于讲国文的希望是："古文与国语文都研究。"②

---

① 隋树森：《使我不能忘记的是〈西厢记〉》，《青年界》1935 年第 1 期。

② 隋树森：《我研究国文之希望》，《学生文艺丛刊》1924 年第 7 期。

万丈高楼平地起，千里之行始于足下。由此可见，隋树森在青少年时期就开始文学创作，并立志要献身中国文学了。后来，他做了国文教师和文史编辑，并走上研究文学史特别是元曲这条道路，都是在读师范的时候打下的基础。隋树森能够成为优秀编辑、著名学者，与其青少年时期的远大志向、刻苦努力，特别是创作研究是分不开的。这是其学术之路的第一步，也是他走上成才之道的首个要诀。

二、从文学创作到文学研究（1926—1937）

1926 年，隋树森从北京师范学校毕业，因为成绩优异就留在本校附属小学当教师，主要教国语和历史。1928 年，他考取了国立北平大学第一师范学院。他回忆说："当时师大国文系的教授和讲师，多为学者名流，有好几位是章太炎的弟子。课程以文字音韵训诂学为多。师范大学应以培养中学国文教师为主，但是当时那些教授们似乎并不注意到这一点。"[①]隋树森的日语学得早也学得好，在学期间，便开始翻译日本汉学家儿岛献吉郎的《中国文学》，并由上海世界书局于 1932 年出版（1933 年再版时改为《中国文学概论》），从此开启了他的翻译之路。此外，他还撰写了小说《爱的收获》（1930）与论文《金圣叹及其文学评论》（1932），分别连载于《国闻周报》第 5 期和第 3 期上。

隋树森在师范边读书、边创作的学习方式，一直延伸到他的大学时代，并影响到他后来的教学和编辑生涯。我们发现，包括隋树森在内的许多优秀学者，都在读大学或青少年时期热衷于研究和创作，这几乎成为他们事业发展、功成名就的必由之路，很值得当下高等教育者深思，更是需要大学生及其家长注意的大问题！

---

① 　隋树森：《隋树森自传》，载《中国当代社会科学家》第 4 辑，书目文献出版社，1983。

1932 年，隋树森从国立北平师范大学毕业后，在老家山东省做了五年的中学国文教员，其中省立惠民中学两年、莱阳乡村师范学校一年、济南女子师范学校两年。加上前两年的小学教员，七年的教学经历，为他后来一直从事中小学教材编辑工作奠定了必要的实践基础。任教之余，他一如既往，翻译了更多日本汉学家的文学作品，如《释迦生活》（上海世界书局，1931）、《中国文学概说》（上海开明书店，1938），也出版了自己编写的《文学通论》（上海元新书局，1934）、《国学要提简答》（上海元新书局，1934）、《古诗十九首集释》（上海中华书局，1936）、《毛诗楚辞考》（译著，上海商务印书馆，1936），还在《东方杂志》《读书中学》《青年界》上发表了《瑞姑儿》（1933）、《文学的起源》（1933）、《使我不能忘记的是西厢记》（1935）、《中学生作文常犯的几种毛病》（1937）等文章。其中，《古诗十九首集释》集历代各家注释，颇为详尽，分考证、笺注、汇解、评论 4 卷，全方位地揭示了古诗十九首的文献与文学价值，为之后的研究者提供了可靠的文本依据。李鹏飞在《中古诗歌用典美学研究》（武汉大学出版社，2016）中评价说："隋树森《古诗十九首集释》是此类研究集大成之作。"李祥伟在《走向"经典"之路——〈古诗十九首〉阐释史研究》（暨南大学出版社，2011）中认为，该书"在研究资料的收集与汇总上做了很有价值的工作，至今仍是不可多得的参考文献"。正是编纂了这部著作，也促使隋树森开始反思自己多年创作研究的道路和方向：是当小说家，还是研究文学史？他在《自传》中说过：

我虽然也写过几篇小说刊登在战前比较有名的杂志，如《东方杂志》《国闻周报》等，终于因为觉得自己的生活过于贫乏，恐怕写不出什么东西，也就放弃了走文学创作那条路子，而改为钻旧书，这就不无一间之隔了。

　　成功贵在坚持不懈，但要旨在于坚持做正确的事情，即做适合自己或自己喜欢的事。至此，隋树森便从文学创作之路，转向研究中国古典文学，好似从一间房到隔间的另一个屋。虽然做学问、研究古文，与当作家、创作小说都是文学行当，但趣味已不相同，身份和思维方式也有差异，其实是一个并不容易的抉择。

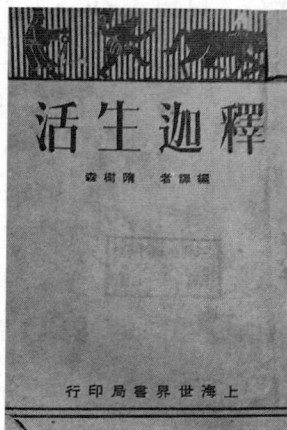

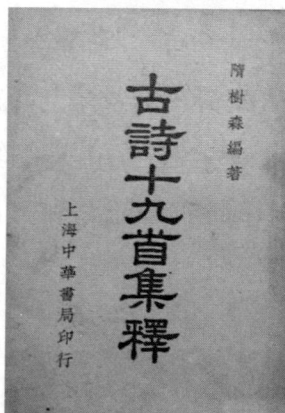

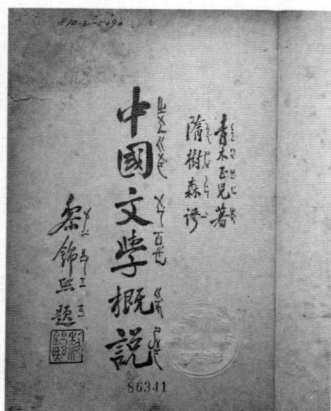

隋树森 1930 年代出版的著作和译著

三、开启编辑生涯，选定治学领域（1938—1949）

1937 年七七事变后，隋树森流亡辗转泰安、徐州、郑州、西安、武汉等地，最后到达重庆，在重庆应聘为国立编译馆馆员（编译），并一直工作到新中国成立。其间，其职业发生重大变化，开启了后半生的编辑生涯；其学术方向进一步细化，即从钻研中国古典文学专业，到明晰为更加具体的元曲研究。

国立编译馆附设于教育部，馆长由教育部部长兼任，职责是编审教科书与编译学术著作，起初在南京就专家云集，搬到重庆后因文教机构和人才西迁而扩充，更是名人荟萃。加上 1942 年教科书编审委员会的并入和负责主持编订"国定教科书"，使其名噪一时。在这里，即便是像隋树森这样名牌大学毕业、当过多年教师、掌握一门外语、发表不少论著的青年才俊，也只是其中的一名普通编译馆员。虽然他做了不少工作，如审查当时各书局编出的中小学各科教科书，审订各科学术名词的汉译名，编译一些一般用书等，但都是不署名的基础性、日常性的编辑工作。在这样的环境下，志向远大、目标明确的隋树森自然是不甘落后，不甘平庸，他博览群书，辛勤耕耘，韬光养晦，厚积薄发，一方面兢兢业业地做好本职工作，不断提高编译能力和文字水平；另一方面又勤勤恳恳地进行学术研究和创作，朝着自己选定的文学史方向又迈出了关键性的一步。

在重庆和南京的十多年里，隋树森发表的作品，主要有三类：一是散文、游记。如《怀念北平》（《现代读物》1939 年第 4 卷第 5 期）、《一日过三峡》（《宇宙风：乙刊》1939 年第 2 期）、《滞蜀闲话》（《东方杂志》1941 年第 38 卷第 20 期）、《乡愁》（《宇宙风》1943 年第 134 期）、《白沙重五》（《旅行便览》1943 年第 5 期）、《北碚之冬》（《旅行杂志》1943 年第 17 卷第 10 期)、《黑石山冬景》(《旅行杂志》1944 年第 18 卷第 2 期)、《华岩初雪》(《旅行杂志》1944 年第 18 卷第 12 期)、《北泉幽赏》(《旅行杂志》1945 年第 19 卷第 1 期)、《缙云揽胜》(《新中华》1944 年复 2 第 12 期)、《井：我初到川东 X 县乡间时》(《宇宙风》1947 年第 146 期)以及《天灯大会》《白沙残梦》等。这些文章大都收入他编的《巴渝小集》(商务印书馆，1946)一书。

二是文史类的译著、杂文、评论。翻译了两本日本学者的汉学名著，即青木正儿的《中国文学概说》(上海开明书店，1938；重庆出版社，1982)和竹田复的《中国文艺思想》(贵州文通书局，1944)，编写了关于唐朝中期名臣张巡的传记《张巡》(重庆商务印书馆，1940)。发表的文章有：《山居乐》(《抗到底》1939 年第 25 期)、《注音符号小史》(《现代读物》1940 年第 5 卷第 6 期)、《读中国民族文学史》(《三民主义半月刊》1944 年第 5 卷第 2 期)、《黄遵宪的民族诗》(《军事与政治》1944 年第 6 卷第 2/3 期)、《瞿式耜与其民族诗：中国近世民族诗人传之一》(《军事与政治》1945 年第 8 卷第 1 期)、《中国人的趣味生活》(译作，《东方杂志》1948 年第 44 卷第 8 期)、《小说"西湖三塔"与"雷峰塔"》(译作，《文史杂志》1948 年第 6 卷第 1 期)、《诗文书画论中的虚实之理（上、下）》(《宇宙风》1947 年第 149、150 期)、《诗赋绘画与自然美之鉴赏》(译作，《文讯》1947 年第 7 卷第 2 期)、《王国维先生的发辫》(译文，《新中国》1948 年 5/6 期)等。

三是更多的关于元曲或曲学研究的论文和译作。他翻译了日本学者青木正儿的《元人杂剧序说》(上海开明书店，1941；1957 年由中国戏剧出版社修订再版为《元曲杂剧概说》)、盐谷温的《元曲概说》(上海商务印书馆，1947；北京商务印书馆，1958)。发表的文章有：《元人杂剧现存书目》(译文，《文学集林》1940 年第 5 期)、《"东墙记"与"西厢记"》(《文史杂志》1942 年第 2 卷第 5/6 期)、《读曲杂谈》(《东方杂志》1943 年第 39 卷第 4 期)、《读曲续志》(《东方杂志》1943 年第 39 卷第 17 期)、《读曲杂志》(《文史杂志》1944 年第 4 卷第 11/12 期)、《民族文学汉宫秋》(《新中国月刊》1945 年第 4 期)、《关汉卿及其杂剧》(《东方杂志》1946 年第 42 卷第 3 期)、《元曲作家马致远》(《东方杂志》1946 年第 42 卷第 4 期)、《关于南戏子母冤家》(《东方杂志》1947 年第 43 卷第 16 期)、《北曲之遗响》(译文,《文化先锋》1947 年第 6 卷第 16 期)、《关于南戏生死夫妻》(《通俗文学》1947 年第 35 期)、《中国戏曲小说中的丰臣秀吉》(《中央日报》1947 年 11 月 3 日)、《北曲小令与词的分野》(《中央日报》1948 年 1 月 30 日)、《嘉靖本旧编南九宫谱》(《文史杂志》1948 年第 6 卷第 3 期)、《秋润文集中的元代曲家史料》(《文艺复兴》1948 年 "中国文学研究号（上）"）等。

　　由此可见，隋树森在这个时期的学术重心已经转到元曲翻译和研究上。这种学术领域的分化，如同其专业转型一样，并不是一开始就有的，而是在不断研究特别是翻译过程中逐步发生的。近代日本学者对中国古典戏剧和小说的研究，多所创获，而青木正儿、盐谷温正是这方面的杰出学者。可以说，隋树森正是在翻译他们的戏曲论著中，逐渐对研究元曲产生了浓厚兴趣，并将其作为自己后半生治学的主攻方向。"1941 年左右，隋树森已展开元代散曲的编校工作"。[1] 这是其治学之路和专业研究方向的又一次重要抉择，虽然也是 "一间之隔" 且转移的 "房间" 越来越小，但看到的风景却更加精致，也更显其功力和能耐。自此以后，隋树森便笃定目标，专攻元曲，一往无前，再无改变。

---

① 　何贵初:《隋树森与元曲研究》,《东南大学学报（哲学社会科学版）》2003 年第 1 期。

隋树森 20 世纪 40 年代出版的著作（译著）

四、编审教科用书，专注元曲研究（1950—1989）

梁启超在《趣味教育与教育趣味》（1922）中说过，教育家或教师职业有一种特别便宜的事，因为"教学相长"的关系，教育人和自己研究学问是分离不开的，别的职业是一重趣味，教育家、研究型的教师有"两重趣味"。做编辑的人也有这样的好处，替人看稿子，自己的知识经验、文字水平和研究能力也能够得到大的长进，工作与看书、编辑与研究完全可以打成一片，也同样有"两重趣味"。过去，在大上海商务印书馆、中华书局、开明书店等做编辑的一大批学者、名家，不都是这样过来的吗！隋树森十多年在旧社会的国立编译馆就如此度过，在新中国的人教社几十年也是这样过的：为他人编书，又编自己的书，利用业余时间，坚持不懈，深耕元曲，笔耕不辍，以非凡之作成就了不一样的自己。

新中国成立后，出版总署编审局秘书长金灿然（后历任人教社副总编辑、中华书局总经理兼总编辑等）负责到南京接收国立编译馆人员及图书，挑选了隋树森、陈同新、许南明、蔡德注、施友敏、郑作新等到出版总署工作。随后，人教社成立，这几个人又先后被安排到人教社工作。隋树森于 1952 年 5 月入职，先后担任过书稿检查科科长和中语室编辑。他在这个编研一体的出版机构里工作了 40 年（包括返聘），主要业绩有三个方面：

（一）做了大量书稿检查的工作

隋树森到人教社工作，起初计划是安排到语文组（组长刘御），由于总编室（主任蒋仲仁）成立了一个书稿检查科，缺个科长，就请做过多年图书审查、擅长语言文字工作的隋树森担任了这个职务，工资待遇是 150 个（折实），与办公室副主任柳永生、语文组编辑王泗原相当。这个检查科可不一般，主要负责出版物的印前审读，重点把关内容和编校质量。1952 年 5 月 30 日，人教社编审部在《人民日报》发表声明，接受一线教师提出的在文史地等教科书中统一外国人名、地名的译名的建议，并提出："现在我们已经成立了检查科，检查书稿中专名、译名、学术用语、引用数字（包括年月日、人口、产量、面积、里程、海拔等）是否正确和一致，检查插图和正文是否符合，检查语法、标点、文字体形是否正确，并核对引文是否有误。为了收集正确而统一的权威资料，我们曾向中国科学院和中央人民政府有关各部联系，请他们尽量给我们以帮助。我们准备先从 1952 年秋季供应的新编课本中，进行详细的检查，逐步做到正确、统一、没有错误。我们诚恳地希望各地教师对课本提出意见，帮助我们做好教科书的出版工作。"[1] 这个机构的成员主要有蔡德注、张中行、马光增、周光岐等，分别是数学和文史地方面的学科专家。其中，蔡德注在新中国成立前是隋树森在国立编译馆的同事，曾独自编写了"国定本"《初级中学算

---

[1] 《人民教育出版社编审部：接受统一教科书译名的建议》，《人民日报》1952 年 5 月 30 日，第 2 版。

术》(上、下册,"七联处",1948),后与魏群、张玺恩、吕学礼合作编写了《初级中学算术》(上、下册,人民教育出版社,1955)。张中行则是多部中学语文或汉语教材的编写者,著名的散文家,当年他在语文组工作受人诬告,一时落脚在检查科。周光岐是地理编辑,曾自编有《人民民主国家地理》(人民教育出版社,1951),又与颜迺卿合作编有《初中课本世界地理》(人民教育出版社,1953)。

隋树森重点负责中小学文史教材的审读和检查工作。对这项工作,他是相当认真负责和严谨细致的。例如,1953年底检查科进行教材检查时,发现新编的高中课本《中国近代史》"史实的错误很多,科学性相当薄弱",有的地方把年代搞错了,有的地方把条约内容搞错了,有的地方把史料读错了。语文方面的问题(包括评论、看法、逻辑等,不仅限于语法修辞)就有160余处。此外,还指出其引文错误18处,体例、译名、地图问题80余处。最后强调,"这些错误,说得轻微些,这是一个工作程序上的问题——没有拿比较原始的材料和权威著作来核对,根据少量参考书写成的稿子;说得严重些,这是一个工作的仔细或草率的问题。通过教科书教给青年学生的,应该全部是'确实可靠的知识'。因此,编辑工作必须和所谓'粗枝大叶'进行坚决的斗争"。[1]又如,1955—1957年人教社出版的几套全国统编历史课本《初级中学课本中国历史》(4册,汪篯等编)、《高级中学课本中国历史》(4册,邱汉生等编),都在"前言说明"中提到:"本社隋树森同志对本书进行了检查。"笔者曾代表人教社去看望离休老编辑刘国正先生,他说当时在中语室编教材时,印象最深刻也是"最怕的",就是隋树森及其负责的检查科挑毛病、找问题,至今都烙下深深的"印记"。

---

[1] 书稿检查科:《高中课本"中国近代史"稿本的检查》,《编辑工作》第1期,人民教育出版社,1954。

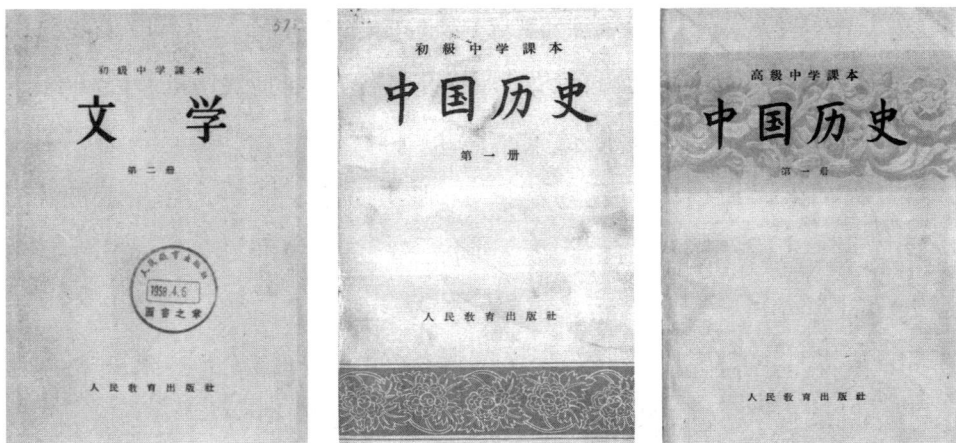

隋树森审读的新中国第一套中学文学和历史教材

（二）参与了三套中学语文统编教材的编写

1957 年 6 月 17 日，隋树森开始担任中语室编辑，人教社社长兼总编辑叶圣陶在当天日记中记载："八点半始，与中语室诸君讨论文学课本之注释。社中之检查科近已撤销，隋树森君自检查科转入中语室，今日亦来参加。"① 由《叶圣陶日记》可知，这一段时间，他们主要讨论的是中学文学课本收录的《闻官军收河南河北》《桃花源记》《捕蛇者说》《核舟记》《公输》等古诗文的注释稿。这套初、高中文学课本是新中国第一套统编教材中语文学科的组成部分，也是唯一一次实行文学与汉语分科教学的文学教科书。可以说，隋树森赶上了第一套统编教材文学课本编写的"末班车"。为此，他在《语文学习》杂志上发表了几篇供教师阅读和参考的文章。如《〈信陵君列传〉译文》（1956年第 9 期）、《王磐的〈朝天子〉二首》（1957 年第 2 期）、《马致远的〈天净沙〉小令和〈夜行船〉套数》（1957 年第 7 期）、《不要故意写长

---

① 叶圣陶研究会：《叶圣陶日记选刊》，载《叶圣陶研究年刊（2018 年）》，开明出版社，2018。

文章》（1958 年第 4 期）、《纪念元代伟大的戏曲家关汉卿》（1958 年第 6 期）等。其中就涉及他最为擅长的元散曲和杂剧作品的考证和分析，以配合教材使用，如他在《王磐的〈朝天子〉二首》里说："在初中文学课本里，王磐的《朝天子》是最初出现的曲子，它是散曲中的小令。现在试谈一谈这两首小令，同时对散曲这种文学形式作一点粗浅的解说。"

1958 年，中学文学、汉语分科教学改革实验停止，隋树森与中语室的同事便投入新的语文教材，即《初级中学课本语文》（6 册，1959）、《高级中学课本语文》（6 册，1959）及其教学参考书的编写工作。后又参与了 1960 年的十年制学校中学实验教材与 1963 年十二年制学校初、高中语文教材的编写工作，为新中国成立后最初十七年的中学语文教材建设作出了积极贡献。由于 1958 年以后教科书都不提倡署个人名字，所以世人大都不知道隋树森在其中的贡献。

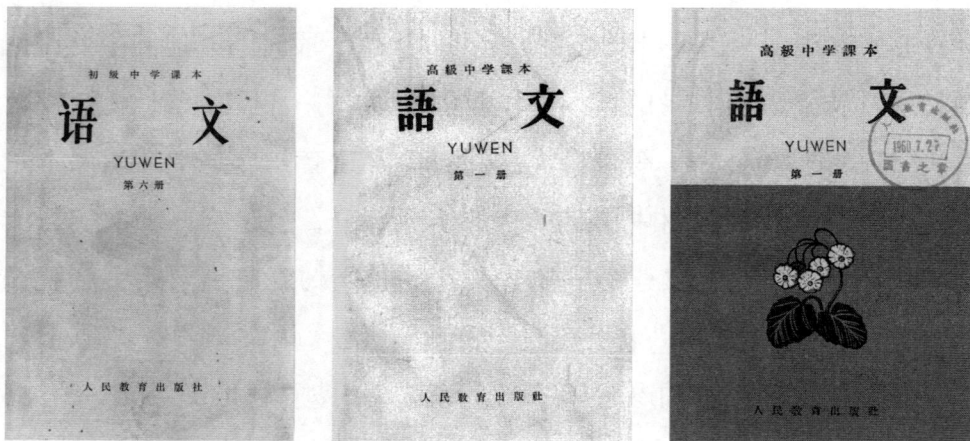

隋树森 20 世纪 60 年代参与编写的中学语文课本

为了配合语文教材使用和改进文言文教学，隋树森与中语室同事合编了《古代散文选》（上、中册，人民教育出版社，1962、1963）、

《中国古典文学名著提要》（内部发行），又与张中行、周振甫、胡念贻等合编了《古文选读》（中国青年出版社，1964），并出版了专著《常用字典词典和检字法》（北京出版社，1964），还发表了《〈出师表〉分析》（1963）、《〈墨子〉:〈公输〉》（载《文字改革》1965年第6期）。张中行在《十年而后返》一文中说:《古代散文选》"这部书是六十年代初，由吴伯箫主持，中学语文编辑室的一部分人参加，最后由隋树森定稿，主要是供中学语文教师研习，以便改进文言教学用的。计划收文范围由先秦到鸦片战争，分上中下三册。上册于1962年出版，中册于1963年出版，下册尚未编成，'文化大革命'来了，以致多年来未能成为完璧。"① 《古文选读》选的都是古代名篇，并附有译文、注释和讲析。这两种书对当时的中学教师和青年读者都产生了很大影响。②

1962年，为了满足社会需要，提高语文水平，中华职业教育社负责人孙起孟、王艮仲等决定办一个业余性质的"语文学习讲座"，并与叶圣陶、吕叔湘商量，邀请一些语文专家出席讲课，讲演稿则发在《语文学习讲座》辑刊上。于是连续几年，叶圣陶、吕叔湘以及王力、王瑶、王泗原、冯钟芸、老舍、朱德熙、张志公、张寿康、陈白尘、吴组缃、周振甫、赵朴初、赵树理、隋树森、谢冰心、蒋仲仁等几十位语文名家，在长安大戏院或民族文化宫礼堂讲大课，每次听众达数千人，场场爆满。其中，隋树森讲了四课：诸葛亮《出师表》，苏洵《六国论》，常用字典词典和检字法，成语和成语的用法，所讲文稿收录于1964年中华函授学校编的《语文学习讲座》辑刊，后又修订再版为《语文学习讲座丛书》，1980年由商务印书馆出版。

---

① 张中行:《十年而后返》，载《张中行全集》第9卷，北方文艺出版社，2019。
② 韩石山:《读书与我们的世界》，《火花》2018年第19期。另载林夏:《读〈张中行别传〉说行公》，《河南教育（高校版）》，2009年第5期。

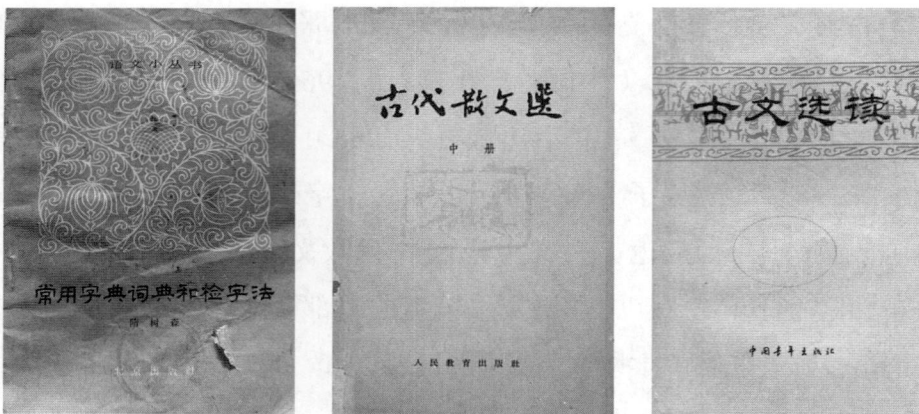

隋树森 20 世纪 60 年代编写的部分著作

　　"文化大革命"期间，人教社被强令解散，已经 70 多岁的隋树森与许多教材编写人员被下放到安徽省凤阳县教育部"五七干校"劳动改造。粉碎"四人帮"后，已退休的隋树森被人教社返聘为特约编审，帮助中语室继续编写中学语文教材，具体负责修订再版上、中册《古代散文选》，完成下册的编写工作。

　　此外，隋树森与王泗原、王微还审阅了张中行编的《文言文选读》（3 册，人民教育出版社，1981）等书。1979 年初，隋树森就《古代散文选》和初中语文课本中魏学洢的一篇文章《核舟记》发表了《〈核舟记〉赏析》（《中学语文教学》1979 年第 1 期）一文，受到读者关注和喜欢（后被多本教师用书收录），也有一些老师来信提出一点不同意见。为此，隋树森又撰写了《关于〈核舟记〉赏析一文里"船背"的注释问题》（《中学语文教学》1980 年第 1 期），予以解答和明晰。就在这个时候，隋树森先生患了脑血栓，于是就逐渐淡出教材编写工作了。对于隋树森在语文教材上的贡献，曾任中语室主任的黄光硕有一段评价："建国 35 年来，先后在中语室参加教材编写的同志不下 50人，如加上借调的同志，人数就更为可观。中学语文教材所取得的成绩，都是这些同志努力的结果。还有许多长期从事中学语文教材编写工作的老同志，他们呕心沥血，为教材建设作出很大的贡献。这些老同志，健在的有隋树森、王泗原、张中行、郭翼舟、张传宗、朱望华等……"①

（三）在元曲编纂和研究上取得重大成果

隋树森长期在人教社做编辑，这样的工作环境对他业余时间收集、整理和研究元曲提供了莫大的助益。从 20 世纪 50 年代开始，他便广搜博览，先后编辑出版了《新校九卷本阳春白雪》（校点，中华书局，1957）、《朝野新声太平乐府》（校点，中华书局，1958）、《梨园按试乐府新声》（校点，中华书局，1958）、《元曲选》（4 册，中华书局，1958、1979）、《元曲选外编》（3 册，中华书局，1959）、《全元散曲》（2 册，中华书局，1964、1981、1986）。同时，他还发表了一些相关文章，如《九卷本阳春白雪校订记》（《光明日报·文学遗产》1955 年12 月 4 日）、《王磐的〈朝天子〉二首》（《语文学习》1957 年第 2 期）、《马致远的〈天净沙〉小令和〈夜行船〉套数》（《语文学习》1957 年第 7 期）、《纪念元代伟大的戏曲家关汉卿》（《语文学习》1958 年第 6期）、《读曲杂记——关汉卿赠朱帘秀的套数》（《光明日报·文学遗产》1957 年 10 月 20 日）、《关汉卿的散曲中的几个问题》（《光明日报·文学遗产》1958 年 11 月 9 日）、《关于元人散曲作者主名的一些问题》（《文学遗产增刊》1962 年第 9 辑）等。

其中，"《元曲选外编》收集了著名的《元曲选》（明人臧茂循编——笔者注）以外的六十二种元代及元明之际的杂剧，与《元曲选》合起来，可以看作一部元杂剧的总集"，对了解和研究元杂剧者"有很

---

① 黄光硕：《在探索中前进》，载《中学语文教材改革探索》，人民教育出版社，1989，第 119 页。

大方便"。① 尤其是隋树森历时 17 年编成的《全元散曲》，网罗元曲作家 200 多人，收入小令 3853 首，套数 457 套（不计残曲），题材各异，内容丰富，收罗详备，校勘精审，可谓迄今最完整的元散曲资料集，对于研究元代散曲有十分重要的参考价值。他在《自序》中说："如果只从现存元人散曲别集和元、明、清人的曲选中找材料辑成一部《全元散曲》，那工作比较容易作，意义也就比较小。所以元人散曲别集和元、明、清人的曲选，固然是编元人散曲全集的头等重要材料，但是同时也还必须另找零碎的材料，必须费极大的精力做辑佚的工作。"有研究者认为，"隋树森为每位曲家撰写一篇小传，对于曲文的校勘、句读，都做得十分严谨和仔细。某些曲子的'校勘记'比正文还多好几倍。于此可以看到隋树森为此书所付出的时间和心力"②，"隋树森在元散曲研究方面卓有成就，他的《全元散曲》代表了元散曲作品搜集、整理与研究的空前成果；隋先生对元散曲的独有特征与深刻思想的研究，对其语言风格流派的划分，为以后的研究奠定了坚实的基础"。③

改革开放以后，隋树森虽疾病缠身，但仍老骥伏枥，志在千里。1981 年，得知中央作出了加强古籍整理出版工作的指示，年近八旬的隋树森很兴奋，表示愿意为古籍标点整理工作尽一点微薄的力量。他认为，整理古籍，标点、注释、译文言为今语的工作是很重要的，如果现在没有人做这些工作，古书必然越来越无人能读、能懂。他在《关于古籍整理出版工作》一文中建议，"现在在整理古籍之前，可先来一个速成，选择一些比较有用的古书重印，包括旧日的字书、类书

---

① 《中华书局陆续整理出版古典文献》，《人民日报》1959 年 8 月 5 日，第 7 版。

② 何贵初：《隋树森与元曲研究》，《东南大学学报（哲学社会科学版）》2003 年第 1 期。

③ 王菊艳：《术业专攻，嘉惠后学——隋树森先生的元散曲研究》，《沙洲职业工学院学报》2003 年第 1 期，摘要。

等工具书，对于读古书者有极大的用处。目前，第一步工作是要搞出一个准备重印、标点、编辑、注释或今译的目录来。"① 在耄耋之年，他仍心系元曲，笔耕不辍，硕果累累。著有《全元散曲简编》（上海古籍出版社，1982、1995）、《类聚名贤乐府群玉》（校点，上海古籍出版社，1982）、《〈雍熙乐府〉曲文作者考》（书目文献出版社，1985）、《元人散曲论丛》（齐鲁书社，1986）、《张凤翼戏曲集》（合作校点，中华书局，1986）等。尚未刊印的有《新校乐府群玉》《曲论存稿》《枣轩曲论汇稿》《东瀛中国文艺论文译丛》。发表的文章有《元人散曲的几次新发现》（《文献》1980年第2期）、《读〈新校元刊杂剧三十种〉》（《文学遗产》1981年第4期）、《元人散曲概论》（《中华文史论丛》1982年第22辑）、《〈雍熙乐府〉曲文作者考序言》（《北京师范大学学报》1982年第6期）、《〈雍熙乐府〉曲文作者考后序》（《文学遗产》1983年第4期）、《元代文学略说》（《文史知识》1985年第3期）、《从散曲的结构特色看怎样欣赏散曲》（《文史知识》1985年第9期）、《关于〈天宝遗事诸宫调〉的辑佚》（《中华文史论丛》1985年第35辑）、《我是怎样整理〈天宝遗事诸宫调〉轶曲的》（《河北师范学院学报》1987年第3期）、《什么是诸宫调》（《文史知识》1987年第9期），以及《关于古籍整理出版工作》（《文献》1981年第4期）、《记王桐龄先生》（《文献》1983年第4期）。其中，《元人散曲论丛》还收录了一些未发表的文章（至1986年）。隋树森在该书"序"中，对个人一生的学术爱好做了一个总结：

最近四五十年，我的业余时间，绝大部分放在对元曲的研究上。元曲，主要包括元杂曲和元散曲两大类。我对元杂剧的研究和整理，

---

① 　隋树森：《关于古籍整理出版工作》，《文献》1981年第4期。

不想在这里谈了。对元散曲，我纂辑成了一部元人散曲总集《全元散曲》，并用很大的气力做了校勘。又校点了所有今存元人编的散曲总集——《阳春白雪》《太平乐府》《梨园乐府》《乐府群玉》。以上这五种书，幸得先后问世。在这段工作时间里，我还陆续写了若干篇论元散曲的文章。现在我已到了耄耋之年，以后恐怕无力再续写这类文章。因此，我把这些文章汇集起来，以就正于海内同道。是为序。

最后，笔者也将隋树森的编辑人生、学术人生做个拙劣的概括："当编辑、做学问，相得益彰。边读书、边创作，完美学业。改专业、定方向，康庄大道。编教材、辑元曲，功成名就。"

隋树森关于元曲研究的代表作

王泗原：“最后一个颜回”

王泗原（1911—2000）

语与文既是一致的，那么就本国的范围说，该说
“国语文”以包括它的全部意义。简说则“国语”或“国
文”科题便举。学校科目及课本该用国语文一名。

对于有文化的人，写作是生活上的需要，就像吃饭
穿衣一样平常。我们每个人都要说话，写作就是把要说的
话写下来给人家看。文章就是写在纸上的话。

——王泗原

　　王泗原（1911—2000），江西安福人，人教社老一辈资深编辑，语文专家、楚辞专家。语文是其求学专业，也是其终身职业——大学考取的是国文系，当教员教的是国文国语，做编辑编的是语文教材和刊物，撰写的是语言学文章，一辈子干的都是文字的活，且都干得有声有色，一片叫好。古语文尤其是楚辞是其研究方向，也一直是其工作之余的兴趣爱好，一生正式出版的学术著作仅三部——《离骚语文疏解》《古语文例释》《楚辞校释》，但皆为精品力作，业界评价甚高。王泗原一生如同许多名编文人一样，过着"双重生活"，有着"两种人生"，且每一种都很勤劳，也很精彩。这再次证明教师、编辑这样的职业也能够成就大学问。同时也表明：只要专攻一个方向，甚至一个课题，辛勤耕耘，持之以恒，笔耕不辍，就一定能有所作为。

　　王泗原的一生说不上多么传奇，他也算不上大名鼎鼎，但颇与众不同，无论工作业务还是做事做人，都有独到之处、闪光之点，受到的赞誉不少，也蛮高。几十年的同事张中行一直把他当成"畏友"："小畏是他的治学，深入而精粹，不吹吹拍拍，华而不实。大畏是他固执，严谨，有所信必坚持到底，有时近于违反常情也不在乎。畏，就因为有不少我认为可学的，我学不了。"还说他"有所作就重如泰山，甚至压倒古人"，觉得他的论著"不读书破万卷就写不出来"。[1] 叶兆言则用"高山仰止，景行行止"来形容王泗原和吕叔湘，认为"这两位实在是太认真太厉害，认真得让人没办法效仿，厉害得可望而不可及"。[2] 早年同事、文史专家刘世南则说："泗原先生是一位道德文章都

---

① 　张中行:《古典征途的厉兵秣马——读王泗原〈古语文例释〉》，载《张中行全集》第 12 卷，北方文艺出版社，2019。

② 　叶兆言:《王泗原》，载《陈旧人物》，译林出版社，2020。

迈越时流的人，是一位脚踏实地做学问的大学者。"[1]

王泗原是叶圣陶先生的"老部下"和"最信任的人"，"有人甚至把他戏称为叶圣陶的左臂右膀"。叶老常称赞与自己相熟悉的两位——吕叔湘和王泗原的学问好，并给王泗原下了个评语："真是个古人！"[2]循着这个说法去寻找"古人"，突然悟出王泗原就是现代的颜回啊！颜回是孔子最得意的弟子和助手，出身书香，平民家庭，以舜为志，勤奋好学，极富学问；谦逊仁义，不苟言笑，素以德行著称；一生无职无权，没有做过官，且身居茅屋陋巷，箪食瓢饮，生活俭朴，安贫乐道。这些儒家贤人、正人君子的高尚品质，与王泗原是何其相像啊！

一、自学成才 教学经历

王泗原的早年求学和工作经历，或前半生的积累，为他在新中国展现才华、持续发力奠定了坚实基础。他的学问功力，一方面得自家传，一方面全靠自习。常年不断的刻苦钻研、勤奋努力，使他练就了一身"文行天下"的大能耐。

王泗原，名肇墉，字崇寿，笔名崇岫、邵真、高以平等，1911年农历八月二十四日出生于江西省吉安市安福县洲湖镇一个书香世家。祖父王邦玺（1827—1893），同治四年（1865）

年轻时的王泗原

---

① 刘世南：《在学术殿堂外》，九州出版社，2018，第58页。
② 叶至善：《父亲长长的一生》，四川文艺出版社，2015。

进士，曾任国子监司业、翰林院侍讲及光绪皇帝南书房行走，中法战争时因主张抵抗而被李鸿章贬斥，愤然辞官归里，主讲于吉安白鹭洲书院和临江府章山书院。伯父王仁煦（伯兰），前清举人，曾任省咨议局议员，辛亥革命前后在家乡兴办学堂，推广农业和林业，研究数学，著有《林草》一书，其子王礼锡为著名爱国诗人与社会活动家。父亲王仁照（仲兰），博学多才，是精通诗词、熟谙文史的教育家，早年曾参加维新派江标的湖南学使幕，宣统年间任吉安府师范学堂监督（校长），晚年在乡里办学，主持复真高等小学堂，著有《葵芳斋诗集》等。家传庭训对王泗原影响很大，尤其父亲王仁照训育甚严，教子有方，讲究文字音韵训诂，曾命子记录其校勘之稿，一番"做学问是一种责任"的道理，在王泗原心中扎下了根。① 而父亲去世后，家道中落，对王泗原影响也很大。

王泗原从小受到良好的家庭教育和学校教育，先后在王屯、金田小学读书，1928年就读于南昌一中。1933年考取武昌私立中华大学国文系，但只读了一年就退学了，在吉安省立五中实验小学教书，以负担老母及三个弟妹的生活。至新中国成立之时，曾先后在扶园中学、安福中学、至善中学、阳明中学和吉安联合中学任教，成为当地最负盛名的国文教师，并深受师生赞誉和喜爱。如，复旦大学新闻系原先的系主任丁淦林教授回忆说："当时学校里一些老师的行为和人品对我影响颇深。他们是典型的知识分子，忧国忧民，性格鲜明，不求闻达，但学问过硬，功底扎实……王泗原老师，讲授语文，一丝不苟。我原来对语文兴趣不是很大，记得他在改作文时，把我叫在一旁，一字一句、细致地指出问题所在；还告诉我，作文就是把自己想说的话

---

① 叶兆言：《王泗原先生》，《人民日报》2010年4月14日，第16版。

说出来，写在纸上。他的指点使我的语文水平日益见长，学习兴趣也越来越浓。"① 上海城建学院江宏教授回忆在吉安联合中学读书时，"国文教师王泗原嗜作英汉表达方式之比较。某次老师提问：'消灭敌军数百万'句中的'消灭'一词应如何英译？一学生答以 destroy。江宏不以为然，对以 swept away，教师谓此译隐含横扫千军之义，乃击节称善，并多次引为范例"。② 江西师范大学中文系刘世南教授也回忆，"1946 年，我在吉安私立至善中学任教，王泗原先生也住在这里。在他的影响下，我对《说文》下功夫，好多与它有关的书，我都找来攻读，朱骏声、桂馥、王筠以及现当代文字学家的著作，是我的案头物"③，"受马叙伦、杨树达、王泗原诸先生的影响，自觉地钻研朴学，尤其是'小学'……此我青少年时期治学重点"。④ 人教社原社长张健如回忆说："在江西吉安联合中学听泗原老师讲语文课时，穿一身中山装，很帅气，讲课有板有眼，深入浅出，富有启发性。"⑤

抗战期间，王泗原还做过一段编辑工作，曾任吉安《日新日报》和《前方日报》总编辑。他积极宣传抗日救国，反对妥协投降，并巧妙刊登共产党和苏联的报道，在当地人民群众尤其是知识分子中有着广泛影响。他开辟了"青年之光"栏目，引导青年学生追求光明，还多次想方设法营救被捕的进步学生。除了因办报需要撰写一些不署名的稿子之外，他先后在《国闻周报》《文讯》《江西地方教育》《大公报》《学艺》《政治旬刊》等报刊上发表了一系列文章，如《刘淑》（1936）、《书太平天国眇目状元事》（1936）、《读书的目标》（1937）、

① 丁淦林：《与历史同行》，载《丁淦林文集》，复旦大学出版社，2005。
② 《江宏》，载《永新人物传》下册，中国文联出版社，2000。
③ 刘世南：《在学术殿堂外》，九州出版社，2018，第 57 页。
④ 刘世南：《师友偶记》，九州出版社，2018 年，第 2 页。
⑤ 张健如：《令人尊敬的老人教人王泗原先生》，人教社微博。

《国历解蔽》（1944）、《甲申旧语》（1944）、《吉安史话》（1946）、《“彭蠡”解》（1949）等。内容多涉及文史领域，主要是考据之学。在江西，王泗原十分努力，极为勤奋，一边教书、当编辑，一边研究、做学问，孜孜不倦，发愤图强。对此，叶兆言感言道：“这两项工作都很普通，却说明一个人无论何时何地，只要脚踏实地，都可以作出非同寻常的成绩。”①

二、编写教材 钻研语文

新中国成立后，王泗原迎来了人生的“高光时刻”，他在教育部、人教社的编辑工作业绩，赢得了叶圣陶、宋云彬及其他同事们的信任和称道。同时，他在古文尤其是楚辞研究上也迈出了关键性的一步。

1949 年 12 月，新中国第一次全国教育工作会议召开，“认为编辑与改编中、小学教科书是目前亟待解决的中心问题之一，决定集中一批干部并组织一部分有经验的教员，来进行这项工作。”②1950 年初，王泗原经江西教育厅推荐，调到教育部教学指导司做教材编撰和审查工作。他于当年 7 月编出了《工农速成中学国文（试用课本）》第一册（共 4 册），由教育部向各大区人民政府推荐为通用教材，还曾被华北军区政治部等翻印使用，是新中国首套通用的工农教材之一。该课本编法和选文都有创意，每册内容分三部分：选文（附注解和提示），语法、说写方法、书法，练习或复习。

此外，王泗原还在《新中华》《观察》杂志上分别发表了《古文盖棺定论》（1949）、《新的中学国语文课本该怎样编》（1950），这也是

---

① 叶兆言：《王泗原》，载《陈旧人物》，译林出版社，2020 年。另见《王泗原先生》，《人民日报》2010 年 4 月 14 日，第 16 版。

② 何东昌：《中华人民共和国重要教育文献》，海南出版社，1998 年，第 6 页。

新中国最早研究语文教学的文章之一。前文指出，"语与文是一致的"，"学校课目及课本该用国语文一名"，所以中小学不应该分别有"国文""国语"两种称谓，或并为一个所谓"国语与国文"的说法。他认为，新文化运动所倡行的"文学革命"，经过二十年努力演变为现在的"语文革命"，"它要打倒的是两千年前的秦国白话文，要建立的是语文一致的现代国语文。无论就语文学理说，就历史进化说，就实际应用说，这条路线是正确的，必能成功的"。[①] 这为 1950 年国家课程与教材正式改称"语文"提供了重要依据。后文指出，"二十多年来，中学国语文教学并没见多大的成绩。这主要的原因是在教材的古文与白话文的问题闹不清楚"，"今日中学国语文科一般的事实写的是今话而读的又是古文。这是会两败俱伤的，不但古文读不通，并且今话也写不好。……所以今天的中学生不该读古文"。在他看来，"读古文对做白话文的用字修辞不能说没有帮助，但这限于读得好，而且限于读好的古文。今日中学生要在古文里得到帮助，时间精力都不许可"，"高中三年读了寥寥几篇也绝对学不好"。因此，"首先应该打破'中学生要能读解古书并写作古文（前南京伪教育部订出来的国文课程标准便是这样说）的错误观念'"。并且，"今天学校学国语文该尽量采用并创造省笔字"。但"为了适应少数中学生将来入大学研究某几种需要看中国古书的学问，不妨给他们做些基础的准备功夫的机会，可另设古文选科。但要注意：这只该是选科"。[②] 关于国语文课本的选材，他主张首先选的是散文，并且要注意内容充实，结构有条理，文字简明，笔调流畅。纯文艺的文章可只选小说与戏剧，且不宜过多。只有这样学了才合实用。在编辑方法上，记叙文与说理文应该兼顾，注释须认真

① 王泗原：《古文盖棺定论》，《新中华》1949 年第 12 卷第 1 期。

② 王泗原：《新的中学国语文课本该怎样编》，《观察》1950 年第 6 卷第 7 期。

查明原书及参考书，不能想当然。上述这些观点，都鲜明地反映了新中国成立之初语文运动及其教育思潮的动向。

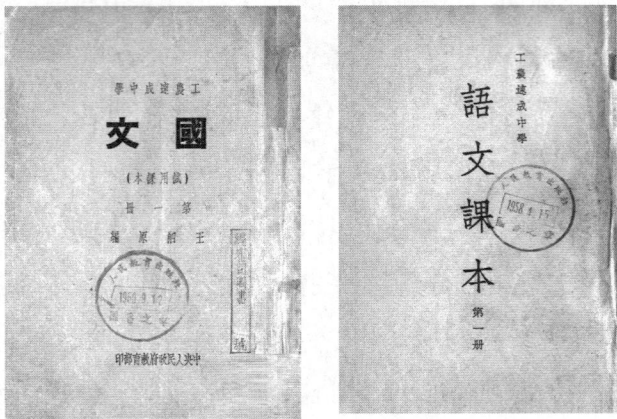

王泗原编写的《工农速成中学国文（试用课本）》及其修订版《工农速成中学语文课本》

在征求新编初、高中语文课本第一册书稿意见过程中，王泗原的出场和表现，给叶圣陶、宋云彬、魏建功等都留下深刻印象。《叶圣陶日记》记载：

（1950年5月16日）国文教师十余人及教部王泗原君来，座谈我局所编高初中第一册语文课本。诸君皆先认真阅过原稿，见无不言，深可感激。以为课文在语言方面尚欠纯粹。余即请诸君再为读正，蒙允可。今日作事，人人负责，解放以前所未见也。

（5月20日）教部王泗原来，告以所提对于初中语文课本之意见，甚周至。此君原欲来我局任事，而教部方面先谈妥，今见其能力颇强，深感失之交臂。然彼此固可经常联络也。①

---

① 叶圣陶：《叶圣陶日记》，商务印书馆，2018，第1171—1172页。

《宋云彬日记》也记载：

1950 年 8 月 9 日，教育部王泗原送还《语文课本》第二册原稿，校阅极仔细，可佩可佩。

叶圣陶和宋云彬几次接触王泗原，发现他国学根基好，文字能力强，教学经验多，而且勤学敬业，态度诚恳，校改文稿严谨仔细、精益求精，对所提修改意见都能融会贯通、妥帖处置，于是决意要把他调来，直接参与中学语文教材编写，并作为书稿文字把关的一个"守门员"。第一步是向教育部提出借调王泗原到编审局语文组帮助工作，所以才有 1950 年秋冬期间，宋云彬经常白天夜里"与王泗原等同修改课文"，并赞叹"语文组王泗原发言甚精彩"之事。后来索性把王泗原调到人教社语文组工作。时任副总编辑兼语文组长的宋云彬在日记中记载：

1951 年 1 月 4 日，王泗原在教育部每月小米四百八十斤，圣陶、灿然、仲仁商定加八十斤，余不谓然，乃再加四十斤，共六百斤。王君于语文学颇有根柢。余不及也。①

宋云彬是著名的文史专家，对合作者要求甚高，平时看得上的人不多，甚至用眼光苛刻来形容都不过分，从其口中说出"可佩可

---

① 笔者好奇并专门查了这六百斤小米的工资是个什么水平，发现与正牌大学毕业、当过教员、解放时参加革命工作，甚至有的担任处室副职的隋树森、陈侠、张中行，以及老编辑计志中、濮源澄、杜子劲、李九魁、鲍永瑞是一样的。但作为编辑级别，王泗原、隋树森、陈侠的"编 5 级"却是他们中最高的，其他为"编 6 级"或"编 7 级"。

佩""余不及也",真是极为难得,可见他对王泗原的喜爱和器重。由于宋云彬一年后调到浙江杭州工作,之后的岁月里,王泗原就一直跟随在叶老身边工作,开启了俩人的忘年之交,并成就了一段佳话。

说到这里,就不能不提及叶圣陶帮助王泗原联系出版其第一部著作《离骚语文疏解》(上海文艺联合出版社,1954)的事情。这部专著写于新中国成立前。叶老从王泗原交给组织上的自传里知道他写了这样一本书后,很感兴趣,就提出来想看看。《叶圣陶日记》1950年12月19日记载:"灯下,观王泗原君之《离骚的语文》原稿。此君于形声义均钻研至深,所得结论皆确切,甚可佩。"叶老看了以后觉得这本

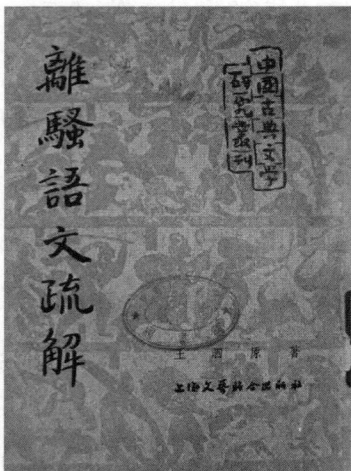

《离骚语文疏解》书影

书稿很有见地,值得出版,就介绍给俞平伯和文怀沙审阅,并推荐出版社出版。这本书让王泗原声名鹊起。他的同事张中行说:"《离骚语文疏解》早在三十年前就问世了,我读过,说他治学深入而精粹,根据的一部分就来自这本书。"[1]王泗原在工作单位的编辑职级排在同龄人之前,一部分根据也源于此。对于叶圣陶"想到这本书的时候比我自己还多",王泗原"深深感念,永远不忘"。[2]

在人教社,王泗原参与的第一项工作就是宋云彬主持的《初级中学语文课本》(6册)后几册的编写以及审阅工作,集编写与编审于一身,他是唯一者。根据教育部《工农速成中学暂行实施办法》(1951

---

[1] 张中行:《古典征途的厉兵秣马——读王泗原〈古语文例释〉》,载《张中行全集》第12卷,北方文艺出版社,2019。

[2] 叶兆言:《陈旧人物(增订本)》,上海书店出版社,2010。

年 2 月）和《工农速成中学分类教学计划》（1952 年 12 月），王泗原将《工农速成中学国文（试用课本）》（4 册），修订为《工农速成中学语文课本》（4 册），由人教社于 1951 年 11 月至 1953 年 10 月出版，这是新中国最早使用"语文"字样的工农教材之一。叶圣陶多次审阅这套教材，并均有记载。其中 1951 年 9 月 24 日记："上午续看泗原编工农中学教材。泗原适来，与谈良久。编书之事，渠颇专心，且有见地。如此之人才如能加多，集事即较易。"

1954—1957 年，新中国首次教材会战，王泗原作为中语室的一员，在叶圣陶、吕叔湘、吴伯箫带领下，参与了文学、汉语课本及其教学参考书的编审工作，还参与了 1956 年教育部颁布的有关教学大纲（草案）的起草工作。

1958 年，中学文学、汉语分科教学改革实验停止，王泗原与中语室同事便投入新的《初级中学课本语文》（6 册）、《高级中学课本语文》（6 册）及其教学参考书的编写工作。后又参与了 1960 年的十年制学校中学语文实验教材与 1963 年十二年制学校初、高中语文教材，以及 1963 年 5 月教育部颁布的《全日制中学语文教学大纲（草案）》的编写工作，为新中国成立后最初十七年的语文教材建设作出了积极贡献。

为了配合语文教材使用，特别是改进文言文教学，王泗原与同事王微、隋树森、张中行共同编注了《古代散文选》（上、中册，人民教育出版社，1962、1963）。同时，他还撰写了《文言文教材》，署名"高以平"，发表在《人民教育》1963 年第 2 期上。针对当时在中学阶段讲读文言文有一些不同看法，如"不必要""有困难""有害处"等，王泗原在文中一一进行了反驳。他说："现代语言是从古代语言发展来的，用一个词，写一句话，要达到准确、优美的程度，必须熟悉词的传统用法和句的习惯格式；而且文言文经过了两三千年的锻炼，无论用词、造句、组织篇章，哪一个方面都是优点很多的，这些是白话文所不可缺少的营养。我们看到写白话文写得很好的，都有相当的文言文根底。"他认为，中学生学文言文，只要求能初步阅读文言文，提高阅读能力和写作白话文的能力，是要打个文言基础，得点文言门径，用不着大量地阅读。要求仅仅如此，困难自不甚大，况且教材教学详加注解、循序渐进、保证课时，是完全可以学好的，至少比学外语容易。至于说学了文言文对于白话文写作有不好影响，或有复古倾向，那是没有明了白话和文言的关系，或没有明了讲读文言文的目的和任务。

他指出，"文言文的学习，重点在于了解词的用法、句子格式、篇章结构，了解记叙、说明、议论各种写法。此外，也要注意到修辞、表现方法等方面。因此，应当多读散文，也读一些诗词（包括现代人作的文言诗词），课本选文言文，以散文为主，也选一些诗词。中学阶段学习文言文，在阅读方面的要求只是初步阅读文言文，因此，文字艰深的文言文一概不选"，"课本里文言文选材标准，是思想内容好，至少是无害；艺术性高，或者写作方法便于学习"，"个别的文章，艺术性高，可是略有消极因素的，在注解或练习里指出来，以引起讲读时注意"。

关于如何选好语文课本的文言文，王泗原认为，一是"文言文所占百分比例，各年级逐渐增加"。他参与编写的中学六年语文课本共选文言文（包括文言诗词）150 篇，从初一的 33% 到高三的 50%，其中散文占绝大多数，诗词也选一些。"内容逐渐加深，符合循序渐进的原则"。二是为了便于学习，入选的文言文，篇幅尽量求短，而且文字不艰深。初一选的文言文都在 100 字左右；高一的都在 2000 字以内，也有一二百字的。三是强调注解和练习，注意培养学生的基本功。其中注解要比较词和句子结构的古今异同，讲明难字生词，避免误会，指出思想内容的缺点等。练习的注意之点主要是：一方面要比较词和句子结构的古今异同，另一方面应要求学生背诵一些课文，这样才能懂得清楚，记得牢固。

其间，张志公1954年调入人教社任汉语编辑室主任，并将《语文学习》带到人教社办刊，王泗原兼任该刊编辑部主任，直至到1960年6月停刊。六年间，王泗原以"邵真"的笔名在该刊上发表了《读古典作品怎样打破语文上的障碍》（1954）、《"无所适从"和"可备一说"》（1956）、《〈论语〉和〈孟子〉》（1957）。该刊1952年第2期曾刊载过他撰写的《倒装句和非倒装句》一文。

1962年，叶圣陶、吕叔湘与孙起孟、王艮仲办了一个业余性质的"语文学习讲座"，邀请许多语文专家出席讲课，讲演稿发表在《语文学习讲座》辑刊上。王泗原先后写了《王安石:〈答司马谏议书〉》（1963）、《鲁迅:〈为了忘却的记念〉》（1963）、《学习〈别了，司徒雷登〉》（1964）、《学习〈中国社会各阶级的分析〉》（1964）、《写总结的一些问题》（1964）。1980年商务印书馆出版《语文学习讲座丛书》，王泗原上述文章大都收入于该丛书之五"现代文选讲"、之六"古代文选讲"。

"文化大革命"期间，王泗原被下放到安徽省凤阳县的教育部"五七干校"劳动改造。1971年7月，王泗原从干校回京，不满60岁就被迫办了退休手续，组织关系也转到了他在西城区丁章胡同住所的街道办事处。他对工作意犹未尽，觉得很不甘心，心情不大愉快。那时，他经常去看望叶圣陶先生，并不时谈起他往日研究古籍所得。"圣陶先生说可以写出来……不在乎发表，自己没事时看看，给朋友看看，也是好的。"几乎每次见面都要说一遍，他受了感动，不得不写了，积成一二十则便送给叶老看。老人家读了，常常不待下次见面，先写信夸奖。叶老是仁者、圣人，明白王泗原的苦衷也知道他的潜力和长处，有意引导王泗原把心力转向熟悉的古语文研究上来。就这样经过好多年，王泗原的《古语文例释》诞生了，他在《自序》中说道："圣陶先生同朋友谈及我这随笔，高兴地说是由他发起的。有些条目是在谈话间他提出要我写的。"这部《古语文例释》由叶圣陶题写书名，是规规矩矩五个大字，但等到上海古籍出版社 1988 年出版见书时，叶老过世已经半年多了。该书写了十多年，是"作者研治古代文献四十余年的心得结晶，为阅读古书提供了发现疑难、解决疑难的方法"（见该书编辑在封面写的提要）。

三、老骥伏枥 焕发活力

改革开放后百废待兴，已退休的王泗原、隋树森、张中行、王微被人教社中语室返聘为特约编审，一方面帮助审读中学语文教材，一方面赶着编注《古代散文选》下册与修订再版上、中册。对此，主持编注《古代散文选》下册的张中行回忆说，"多年惯例，王微是审而不做，王泗原是不愿总其成，由上册和中册顺流而下，当然应该由隋树森定稿，可是不知为什么，他说他不再担任定稿的工作，于是三面推，就把定稿的工作推到我头上"。[①] 1981 年，王泗原又与隋树森、王微审阅了张中行主编的《文言文选读》（3 册，人民教育出版社，1981）。由此可知，"不愿总其成"是王泗原的"多年惯例"，所以他在人教社工作几十年，没有当过一部教材、图书和刊物的主编或副主编，如同大多数编辑一样，默默无闻、无私奉献，做了许多为他人作嫁衣裳的工作。

关于王泗原在 20 世纪 80 年代中学语文统编教材编修中的重要贡

---

① 张中行：《十年而后返》，载《张中行全集》第 9 卷，北方文艺出版社，2019。

献，直接参与教材编写的江苏名师宋子江曾撰文专门介绍过，他说：

> 义务教育初中语文教科书（人教版），从一册到六册，王泗原先生都没有署名，其实，先生对这套教科书有其大的贡献，简直可以说，无可替代的大贡献。先生应请逐篇修改了课文和"预习提示"。这项工作，在五六十年代，是叶老做的。叶老之后，非王老莫属了。据说，叶老生前非常信赖泗原先生的文字功夫，泗原先生改过的，叶老就放心。全套教科书，逐篇逐句逐字细细斟酌修改，要耗费多少心力！何况王泗原先生已是八十高龄的老人了。老人淡于名利，乐于奉献，实在令人非常敬重。我不止一次看见，老人不待编辑室同志去取，便自己送来了，挤公共汽车来回。这位高龄学者是没有空闲的，他在楚辞等古典文学领域里从事着很深的专门研究，但是，一次次请他帮助审阅语文教材，他总乐意放下自己的学术研究。
>
> 我每见王泗原先生改笔，总喜欢细细揣摩，非常钦佩先生的学识和眼力。倘要谈论全套教材的修改，那是需要写厚厚一本书的。[1]

退休后的王泗原不仅为中学语文教材审阅付出了大量心血，而且还撰写了一系列学术论著，如《古语文随笔》（《中国语文》1978 年第 3 期）、《国殇说解》（《中学语文教学》1979 年第 5 期）、《古语文随笔四则》（《中国语文通讯》1980 年第 1 期）、《孔门的师生关系》（《教育研究丛刊》1980 年第 2 辑）、《韩愈〈马说〉说解》（《语文学习》1979 年第 12 期、《中学语文教学》1980 年第 3 期）、《"整""懋"二字解

---

[1]　宋子江：《王泗原先生语言修改艺术——〈俭以养德〉修改评说》，《中学语文教学》1994 年第 12 期。

答》(《中学语文教学》1980 年第 8 期)、《古语文泛谈》(《语文学习讲座函授讲义》第 3 期，1980 年 12 月)、《写作泛谈》(《语文学习讲座函授讲义》第 10 期，1981 年 4 月)、《怎样讲通古文——以〈史记〉"遍赞宾客"为例》(《语文教学通讯》1981 年第 7 期)、《读叶圣陶先生〈经典常谈〉序》(《教育研究》1983 年第 2 期)、《〈观猎〉的"忽"与"还"》(《中学语文教学》1987 年第 1 期)、《旧注的利用》(张中行《文言常识》，人民教育出版社，1988)、《"倒装""宾语提前"辨正》(《江西师范大学学报》1991 年第 1 期) 等。这里说说王泗原《写作泛谈》一文的主要观点。

王泗原认为，"写作在我们的生活里确实很重要"。他说："对于有文化的人，写作是生活上的需要，就像吃饭穿衣一样平常。我们每个人都要说话，写作就是把要说的话写下来给人家看。文章就是写在纸上的话。"关于写作的基本要求，他提出了五项：准确、清楚、简洁、有条理、写好字。至于讲究技巧，那就是进一步的事了。简单地说，"表达要准确，这是最重要的"；"清楚"跟准确有关，"就是在表达上不含糊，人看了明白你的意思"；"简就是不啰唆，洁就是干净。简洁的文章看起来舒服"；"有条理就是不乱"，"就是有逻辑性"；"就写文章来说，写字也是表达"，写字不要潦草，不可马虎了事。关于写作的一些毛病，王泗原将其归为九类："用词不当""表达不清""重复累赘""古语文的误用""乱拆复音词""'被'字的滥用""滥用引号和顿号""读音不准确""文章夹诗句"。为了说明问题，他举了大量例子，一一指出其毛病所在。此外，他还讲了写作的表达技巧，也是通过举例加以说明，都很有说服力。最后，他谈了提高写作水平的门道，认为提高写作水平，"靠掌握语文这个工具是当然的，但是还有不可缺少的一些条件：要靠生活的充实，知识的丰富，思想的修养，思维的训练。就掌握语文这个工具来说，一要多读，二要多写"。[①]

特别值得一提的是，王泗原出版了两部很有影响的专著——《古语文例释》（上海古籍出版社，1988）与《楚辞校释》（人民教育出版社，1990）。

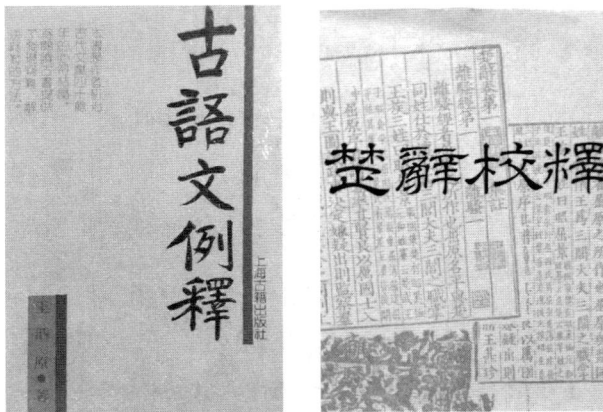

《古语文例释》《楚辞校释》书影

《古语文例释》就先秦两汉典籍中语文上的疑难问题，一一进行辨析，提出正确的解释，是研读古籍的一部重要参考书。初版（1988年）"当年就印了第二版，两次印刷共八千册。一部专深的学术著作有如此印量，是很令人吃惊了。这也只是那一年代才有的罢。"[②]张中行读后对王泗原及这本书有一段很精彩的评价：

王先生写零碎文章不多，勤学少作，正是严谨的一种表现。但不是不作，而是有所作就重如泰山，甚至压倒古人。如这本《古语文例释》就是这样，四十万言，用了四十多年的时间和精力，像是很慢，

---

① 王泗原：《写作泛谈》，《语文学习讲座函授讲义》1981年第10期。

② 扬之水：《泗原先生》，载《问道录》，浙江古籍出版社，2017。

其实不然，因为分量太重。重，可以由两个方面看，一是不读书破万卷就写不出来，另一是有所论述，几乎都可以解前人之惑，成为定案。……有谁想走上古典的征途吗？请先细心读读这本书，当作厉兵秣马，以免仓卒登程，碰到小小坎坷就摔倒在地。①

《楚辞校释》曾荣获国家教委颁发的优秀图书奖。中国社科院文学研究所研究员、博士生导师曹道衡读后评价说："王泗原先生是一位笃实、谨严的老前辈，他对文字、声韵、训诂、语法和金石之学都有极精湛的研究。……从这部《楚辞校释》看来，王先生的治学方法既继承了清朝乾、嘉学者言必有据的优秀传统，也能不局限于这种传统方法。"他还指出：从《楚辞校释》的篇目看来，就可以知道王先生对历代各种《楚辞》的注本作了精心的考察和研究。……他对历来所谓'反训'及'合韵'之说，提出了有力的反驳。……这些论证不但使人信服，而且确令人钦佩王先生的博雅和谨严。……总的来说，《楚辞校释》确为一部笃实谨严、博雅精详的好书。特别是近年来学术界某些人好逞臆说而不重实证，名曰'宏观'，实为空谈；名为创新，实为哗众取宠。为了纠正这种不正确的学风，让我们好好学习一下王先生这部著作，该是十分有益的。"②

楚辞研究界对该书也都给予了很高评价，认为王泗原的著作能够结合南方古楚地的现代方言，论述全面系统、详细有加、时有精义，并辩注家所不能辩，敢于驳古人之误，提出新的说法，值得学习和敬佩。

---

① 张中行：《古典征途的厉兵秣马——读王泗原〈古语文例释〉》，载《张中行全集》第 12 卷，北方文艺出版社，2019，第 133—134 页。
② 曹道衡：《读〈楚辞校释〉》，《文学遗产》1991 年第 2 期。

王伟博士在《〈楚辞〉校证》中指出，王泗原早年即有《离骚语文疏解》著作问世，其《楚辞校释》则可以看作王氏于《楚辞》研究之总结，其主要成绩是对《楚辞》所载屈宋以外作品皆予以充分的关注。过去学者对屈宋以外作品整理者少，虽然闻一多、徐仁甫、何剑熏等皆有札记所及，然不如王氏全面系统。"王氏是书详细有加，并时有精义。"① 廖芳在《〈楚辞〉今注家的楚语词研究》中认为，"《楚辞校释》全文共论证楚语词 36 条，其中在以往文献中已论证确定为楚语词的共 25 条，新增 3 条楚语词，存疑的共 8 条"，其"研究特色在于结合南方的现代方言"，即"运用了江西、湖南等古楚地的地方方言对一些词语加以训释，这样就为已确定的楚语词添加新的证据，也为后人的研究提出了楚语词的假设。而且王泗原敢于质疑前人，提出新的说法，'辩注家所不能辩'，驳古人之误，值得学习"。②

王泗原晚年重视家乡历史文献的整理，担任安福新县志编修首席顾问，并发表《追怀王秋云兄》(蒋静娜：《怀云集》1991 年 1 月)、《安福与泸水名志旧》(《安福文史资料》第 3 辑，1991 年 12 月)、《田家有美食》(《文汇报》1994 年 4 月 24 日)等有关文章。1995 年出版的《安福县志》"编后记"有言："著名学者王泗原先生，不顾八十高龄和繁忙的学术研究，数次接见县志办修志人员，数十次给县志办写信提供资料，指导修志，释疑解难。"③ 此外，他整理了祖父王邦玺的《贞石山房奏议》(1993)和诗集《贞石山房诗钞》(1993)，还整理了明代安福刘铎的《来复斋稿》和爱国女诗人刘淑的诗集《个山

---

① 王伟：《〈楚辞〉校证》，博士学位论文，西北师范大学，2010，第 8 页。
② 廖芳：《〈楚辞〉今注家的楚语词研究》，硕士学位论文，中南民族大学，2019，第 8、91、92 页。
③ 赵从春总纂，王先顺主编，江西省安福县志编纂委员会编《安福县志》，1995，第 914 页。

集》，合为《刘铎刘淑父女诗文》（1999），均由人教社出版，这也是继承其父王仁照遗志之作。其父曾在1914年刊刻过刘淑遗集——《个山集》，但其中还有多处有待校勘之处，据王泗原回忆：“书既成，先父犹时作覆校，命记录之。忆侍先父之日，方十余岁，忽忽七十年矣。”（《一九九二年重印后记》）王泗原在八十岁高龄之际，不顾年老体弱，每日步行去北京图书馆，将馆藏《来复斋稿》《个山集》约十万字一字一句地抄写下来，并加以整理、校注。知识分子的纯诚情怀，令人感动。

四、道德文章 迈越时流

值得强调的是，泗原先生有着古人风骨，恪守“君子之道”，为人处世饱含了儒家独善其身、兼济天下、悲世悯人的道德情怀。下面介绍的一些事例，可以进一步说明。

他资助两位弟弟的子女上学不用说，也资助朋友的子女上学。文史专家刘世南教授悼王泗原先生诗有一句“死友世惊侠骨香”，自注云：“陈启昌[①]师及师母下世后，遗孤多人，泗原先生负教养责，至成人能自立，乃止。”[②]这种侠义精神值得赞颂。

泗原先生退休后仍尽心尽力帮助人教社编审多部教材，社里经常听到有关他做人办事好作风的佳话。他年龄大，又患类风湿病行动不便，单位几次想派车送他回家，但他都婉谢而自行挤公交回家。1990年4月，泗原先生回到家乡，并应邀到江西师范大学给中文系教师和研究生讲学，不仅不取报酬，还自己负担来回路费。他说：“为家乡做

---

① 陈启昌（1902—1954）是王泗原在扶园中学、至善中学、吉安联合中学教书时的校长。

② 刘世南：《在学术殿堂外》，九州出版社，2018，第60页。

点事，难道还要钱？"

师友一生的王泗原与叶圣陶晚年交往更加频繁，叶老始终是其十分尊敬的"老子"、心向往之的"圣人"。叶老对王泗原的欣赏非同寻常，常以平生获此得力助手而自豪。叶至善曾撰文回忆说，父亲亲手创建的人教社名人荟萃，高手云集，谈笑皆鸿儒，但真正能够入法眼或其"信赖的好手"只有五位，即王泗原、蒋仲仁、朱文叔、张志公、方宗熙。① 其中，王泗原可以排名第一，这个第一不仅指他学问大、业务强、人品好，更因为他是叶老的好帮手、好助手。叶老生病住院，他不能到医院看望，就天天晚上按时到家里了解病情，也不喝口茶，听完结果就走了。叶老知道后很感慨，说他"真是个古人"。有一次，大病一场的叶老对记录整理他讲话记录的一篇稿子不满意，就请王泗原帮助修改，才过了一天，他就把改稿誊得清清楚楚送来了。叶老看了很满意，并加了一段按语，说这篇讲话记录，请他极亲密极钦佩的一位朋友修改了一遍，改得比他自己修改还要满意。王泗原看了，要叶老把这些话删去。叶老说："这是我的心里话，又没明说这位朋友是谁，怕什么呢？"王泗原说，人教社中语室的同事一看就知道。叶老回答说："我就是要他们知道。"这篇带按语的记录稿，以《端正文风》为题，发表在1979年《中学语文教学》第2期上。② 叶老去世后，王泗原写了好几篇纪念文章③，以表达深切哀思，缅怀叶老对他的奖掖。他说："我受先生知爱，四十年之久。每有寸进，先生无不欣喜。我还

---

① 叶至善：《悼念方宗熙同志》，载《叶至善集4（散文卷）》，开明出版社，2014。

② 叶至善：《父亲长长的一生》，四川文艺出版社，2015。

③ 如《哀悼叶圣陶先生》（《课程·教材·教法》1988年第4期）、《铭记圣陶先生对我的奖掖》（《教育与职业》1988年第4期）、《永怀风范，长感奖掖》（《民进》1988年第4期）、《一代师表 万流仰镜——四十年受知爱深》（刘国正、毕养赛：《叶圣陶语文教育思想研究》，江苏教育出版社，1990）。

在继续做学问，将永远记着先生的策勉，日进无已。”

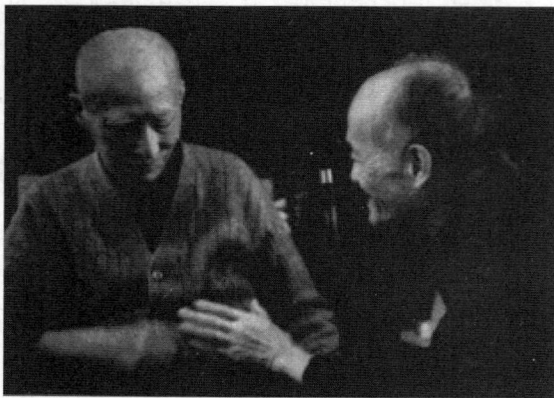

1987 年秋，叶圣陶在寓所与王泗原亲切交谈

　　泗原先生还乐于奖掖后学，受其教益者众多。如 1994 年，刘善良编的《李白资料汇编（金元明清之部）》出版后呈送一部给泗原先生，先生很快读完，读时用笔勾画文字和标点的疏误，让他把书取回过录一份，为将来重印时订正备用。后来刘善良又编《陈澧俞樾王闿运孙诒让诗文选译》，和泗原先生谈及，说到俞樾文章中还写到老家先贤刘汝璆公，先生非常高兴，谈了汝璆公的一些轶事，此后给他的信中还抄录俞樾的一些资料，令他感激不尽，并说：“这些我亲身体会的事例，充分显示出先生的高尚品格。”①

　　泗原先生是民进老会员，“每逢开会他一定准时到会，一身旧衣服，一双土布鞋，有时还拎着一个布书包，坐在会议室的角落里，讲起话来细声细语，循循诱人，给人的印象是位貌不出众、平易近人的谦谦君子”。②

---

① 刘善良：《家乡话与屈赋解读》，《中华读书报》2019 年 5 月 22 日。
② 陈益群：《古风之人，君子之儒——忆王泗原先生》，《民主》2020 年第 2 期。

泗原先生为别人付出了那么多，为自己却考虑得极少，也从未向工作单位提出过个人要求。他几十年只有一件毛衣，冬天常穿一件母亲留下来的绒毛脱尽、不辨颜色的旧夹袄。他认为不仅是为了保暖也是为了怀念母亲。他是个穷学者，一身旧布衣，一双老布鞋，主餐常常是烤馒头就咸菜。笔者从北京大学中文系商金林教授那里得知，叶至善看不下去，曾多次派人给独居的泗原先生送去做好的饭菜。

有关泗原先生晚年生活的回忆文章，都会提到他自奉甚薄、生活清贫，老伴早逝，女儿远在京郊不能照料。他最后的几十年，一直居住在西城区丁章胡同一所小破院的三间东屋里，夏天热得像蒸笼，冬天冷如冰窖，确实是个"寒舍"。直到生活实在难以自理时，在女儿"强令"下，他才搬到女儿家住。在女儿的关照和护理下，泗原先生于 2000 年

1995 年 10 月，张健如夫妇看望王泗原

静悄悄地走了！

20 世纪 90 年代初，人教社领导张健如和中语室编辑熊江平登门拜访泗源先生，看到简陋居室，透风的纸糊窗户，没有电视机，中间屋里有个煤球炉，书房兼卧室里有一张桌子和一个方凳，床上只有一床薄被，深为感慨。出门后，熊江平说："这是最后一个颜回！"① 可谓对其"古人"之说的具体诠释。

① 张健如：《令人尊敬的老人教人王泗原先生》，人教社微博。

杜子劲：中国现代文字改革运动的开拓者

杜子劲

非国语不能唤醒民众，非民众不能成功国语。

基本字、核心字、简体字、注音字母等是补救汉字的缺点，属于修补性质。拉丁化新文字和国语罗马字是另立一种文字，属于创设性质。今后中国文字改革的重心应是创设的不是修补的。

文章的口语化，建立口语语法，调查方言，词类连写的研究，如何解决同音词以及简体字等问题，都是现阶段语文改革工作者所应解决的具体工作和要完成的重要任务。

——杜子劲

1950 年 4 月 17 日,《光明日报》在"中国文字改革协会"支持下率先创办《新语文》周刊,1954 年改名为《文字改革》,由杜子劲、曹伯韩、孙伏园、陈健中等任编委,这是当时国内唯一横排的报纸专刊,也是最早正式使用"语文"字样的报刊。《新语文》创刊号刊登了杜子劲《新语文运动的性质跟目前的任务》、启明《我们主张横排的版式》等 5 篇文章。随后,杜子劲又发表了《〈一九四九年中国文字改革论文集〉序》《一九五零年中国语文问题论文辑要》《西康彝族创立拉丁化新文字的意义》《汉字的排列方式必须简化》等文章,提出了很有见地的论点和主张。其中《一九五零年中国语文问题论文辑要》曾分 7 次连载,记录了 1950 年语文运动中的重要事件、文件、著作、刊物以及消息。

杜子劲,何许人也?由于他在 1955 年英年早逝,所以后人对他知之不多,甚至曾任《光明日报·语言文字》专刊主编的张巨龄先生,在 2014 年《光明日报》创办 65 周年之际应邀撰写回忆文章时,为确定一名名叫"杜子劲"的作者身份,访问多人、遍寻资料,才终于在某旧书网站觅到一本此人所编写的小书《简体字》。为"解决心中疑惑",张巨龄先生便毫不犹豫地花 1200 元买下了此书。[①]他在《徜徉语海现光明——光明日报的三个语文专刊》一文中说:"应该提起的是创刊号头条文章的抒写者,一位现在鲜为人知的语言学家:杜子劲。"[②]

杜子劲(1897—1955),别名杜同力,河南西华人,语文文字学家。1925 年从国立北京师范大学校国文系毕业后,历任河南省立二中、第一师范和女子师范国文教员,中原临时人民政府和华北人民政府教育部教科书编审委员会国文组编辑,出版总署编审局新华辞书社、

---

① 李苑:《张巨龄:依然憧憬壮如花》,《光明日报》2016 年 6 月 3 日第 10 版。
② 《我们的光明之路:光明日报 65 年口述实录》,光明日报出版社,2014。

人民教育出版社辞书编辑室和中国科学院语言研究所辞典编辑室编辑。他是中国现代文字改革运动的开拓者、"文字改革"文献资料的早期整理者和研究者，新中国成立初期中学语文教材的奠基人之一、第一部使用"语文"字样的《初级中学语文课本》的主要编写者，还是首部《新华字典》的主要编写者。1985年，《中国语言学家》编写组在第四分册中，将杜子劲列为"中国现代语言学家"之一，并对其生平事略和学术贡献做了简要总结，充分肯定了他对于中国语言文字和文字改革的重要贡献。①

一、中国近代"语文运动"的先锋

杜子劲早年在家乡求学，考入开封河南高等学堂，毕业后当了几年国文教员，一度在河南留学欧美预备学校任教。1921年，考取北京高等师范学校国文系，师从钱玄同、黎锦熙、鲁迅等，并深受这些大师的影响，不仅学习成绩优异，而且在钱玄同、黎锦熙创办的《国语周刊》编辑部帮忙，并以"杜同力""杜子观""杜聿成"之名发表多篇文章，又在《东方杂志》《学生杂志》《晨报副刊》《歌谣周刊》《国语月刊》等刊物发表诗词、小说、杂文、论文10多篇。其中，关于国语及其教学方面的有《我底批改国语作文底方法》《横行系》《关于谚语的报告和说明》《改革思想和唤醒民众的工具》《国文科入学试验谈》《国语文》《国语图解法》《官场文字与国语文》《海爬狗儿怎么样啦？》等。他关于"国语"的主要观点为：呼吁改文字竖写为"横行"；关注民间流行的俗话、谚语；认为救国图强的根本在于改革民众思想、提

---

① 《中国语言学家》编写组：《杜子劲》，载《中国现代语言学家》第4分册，河北人民出版社，1985。

倡平民教育，而根基在于语言文字，即所谓"非国语不能唤醒民众，非民众不能成功国语"；强调要从结构、历史和价值三个视角总结国语运动的成果，以形成"国语语学"；主张推行国语文，首先要改变官厅通告公文都用文言文的习惯，使官场文字都用白话文；认为国语文的境界是要大家都用"活的词语"，并且把"活的词语"采入文章之中。他的恩师钱玄同倡行汉字改革，大声疾呼"现行汉字笔画太多，书写费时，是一种不适用的符号，为学术上、教育上之大障碍"，主张"改用拼音是治本的办法，减省现行汉字的笔画是治标的办法"[1]等观点，对杜子劲影响极大，使他坚信文字改革的重要性和紧迫性，并在今后的教学和研究工作当中对文字改革的事情始终不离不弃。

1925 年，杜子劲大学毕业，任国文教员长达 20 多年。关于其执教和为人情况，河南书画家张道生回忆说，开封女师校长王少明，老教师杜子劲、谢瑞阶等"言传身教，为人师表"，其中"杜子劲老师编著有《四声易通》，为语文教学和声韵研讨提出了简明途径"。[2]曾在开封一师读书的著名作家李蕤晚年撰文《怀念杜子劲先生》，评价先生"是朱自清式的典范"：

他在开封省立第一师范教书，和嵇文甫、郭镂冰先生，都是极受学生欢迎的教师。嵇文甫先生曾多次和我们讲，杜先生不仅为人正直，疾恶如仇，不愧为人师表，在讲授白话文的方法上，也活泼生动，有自己的创造。他的国文教学，从选材到教法，都围绕着一个崇高的目

---

① 钱玄同:《减省现行汉字的笔画案》，载《钱玄同文字音韵学论集》，上海古籍出版社，2011，第 65 页。

② 张道生、张明道:《抗战期间开封三校在夏馆》，《河南文史资料》1995 年第 4 辑，第 100 页。

的：提高学生的思想境界、精神境界和审美能力。他在开封省立女师十几年，培养出一代又一代的女青年，可谓"桃李满天下"。在他的熏陶下，许多女学生奔赴革命斗争前线，成为社会栋梁。他不攀高结贵，不拉帮结派，不阿谀奉承，不哗众取宠……是一代知识分子的楷模。①

在政治上，杜子劲是进步的。他同情革命，厌恶专制政府和反动统治，经常利用自己的教员或名师身份，传播进步思想，掩护和营救革命志士。1928年，蒋介石反共气焰愈益嚣张，不少共产党员和嫌疑分子被捕，杜子劲与林伯襄、王拱璧、吴信予等河南教育名流积极开展营救工作。②当时的学生回忆说："学校里共产主义思想在传播，如国文教员杜子劲，以组织'吵闹社'为名，把他的大量进步书籍借给学生阅读，他的屋里经常是男女学生，挤满一屋，笑语喧闹，十分热闹。我当时也是'吵闹社'读书的学生之一，时常听到他们在谈到'C、P'、'C、Y'的问题。"③"我们还积极参加学生运动。并通过这些活动接触到很多进步老师和学生，比如国文老师杜子劲，他是鲁迅的学生，他多次对我讲，你应该到上海去，那里进步作家很多，对你的进步有很大帮助。"④1937年夏，中国共产党在开封开展文化界的统一战线工作，创办了《风雨》周刊。中共党员王阑西主持其事，姚雪垠

---

① 李蕤：《怀念杜子劲先生》，《河南文史资料》2016年第1辑。

② 王拱璧：《我在河大的两次任教》，载陈宁宁编《河南大学忆往》，河南大学出版社，2002。

③ 高韦伯：《开封"大一中"之合并与分裂》，载常跃进、祁岳、王晓波主编《百年开高》，中国档案出版社，2002。

④ 齐欣：《一个高风亮节的人》，载李琳主编、中共河南省委党史研究室编《郭晓棠纪念文集》，河南人民出版社，2004。

任编辑，嵇文甫、范文澜、杜子劲、林孟平、冯新宇、王隐三、李逸生及学生李蕤、邹雨晨等任编委。① 为贯彻党的统战政策，党组织发展进步力量，对中小学、师范学校校长和名师，如周祖训、杜子劲、谢瑞阶、王元春、李子平、张尚德、郝仲青等则团结争取他们，并通过他们宣传党的各项抗日主张，在他们的努力下，有不少进步青年走上了革命道路。②

在教学之余，杜子劲主要从事文字改革和研究工作。从 1928 年到 1948 年，他在《大公报》《世界日报》《中国时报》《前锋报》《国语旬刊》《国语周刊》《国文月刊》《河南教育》《开封女师校刊》《民众周刊》《西北文化月刊》《风雨》《大时代》《师友》《戈壁》《青萌》《山东民众教育月刊》《学习生活》等报刊上发表了 70 多篇文章，其中代表作有《中国新文字问题》（1928）、《中国新文字问题月谱》（1929）、《最近五年来的中国新文字问题（1926—1930）》（1931）、《国音常用字汇的出版》（1932）、《象形的语言》（1934）、《简体字年谱》（1936）、《开封一瞥》（1936）、《河南俗语录》（1937）、《鲁迅先生的〈野草〉》（1943）、《简缩语论略》（1946）等。并辑著有《革命春联》（1928）、《中国新文字月谱》（1930）、《静女论集》（1931）、《新文字评论》（1931）、《论中文横行排印之便利》（与萧迪忱合著，山东省立民众教育馆发行处，1933）、《简体字（论述）》（1935，石印本）、《抗战初期几种重要文件》（开封女师抗日后援会，1937）、《四声易通》（1943）、《国语拼音字拼写法式》（1944）、《野草集释》（1945）、《大战条痕——

---

① 李蕤：《回忆往事，愿母校永葆革命青春——我在河南大学的一段不平常的生活》，《河南师大学报（社会科学版）》1982 年第 6 期。
② 赵有章：《抗战时期河南沦陷区学校播迁宛西的原因及作用》，《南都学坛》1996 年第 1 期。

第二次世界大战大事记》（1946）、《语文论集》（1947）等书。他极力倡导文字改革，用拼音文字和罗马字母，主张文艺大众化、汉字通俗化和横行排印等。而且，从 1930 开始，他在"文改"资料的搜集、整理和编辑上做了许多有益的工作。因此，杜子劲在现代所谓"中国语文运动"中的表现相当突出。

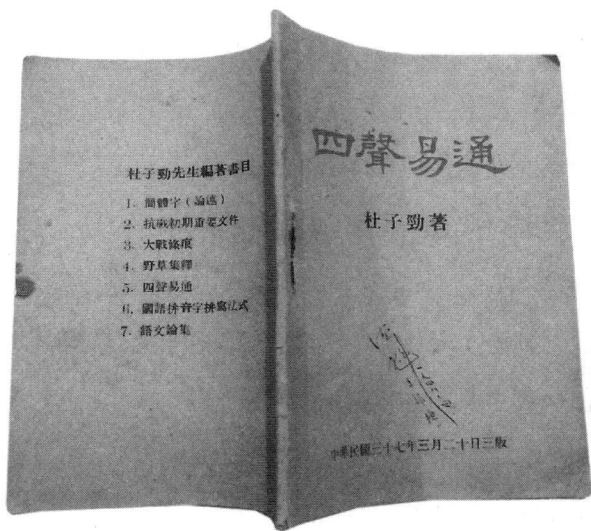

杜子劲著的《四声易通》（1948 年第 3 版）

1928 年 7 月，杜子劲在河南"国语罗马字讲习会"上演讲《中国新文字问题》，认为"中国文字是教育上的大问题"，也是"在教育上唯一的障碍"，对于所用文字方式问题，我国"大有不即刻改造他就生活不下去之势"。[①] 本来"国语罗马字运动"是以推行标准的国语为宗旨的，但南京政府的封建意识和复古主义占了上风，恐怕拼音文字的通行将使旧汉字归于淘汰，所以明里暗里加以阻挠，试图瓦解这股力

---

① 杜子劲：《中国新文字问题》，《河南教育》1928 年第 1 卷 9/10 期。

量，但杜子劲不为所动，执着追求，曲折前进。叶籁士在《1935 年的中国语文运动》一文中说："随着拉丁化运动的逐步开展，国语运动内部发生了动摇，最显著的便是由杜子劲先生主张的国语罗马字修正说。这也是 1935 年中国语言运动上的一大事件。作为修正说的代表言论，可以举出杜子劲先生的那篇《论改良国语罗马字》。"①

1930 年 2 月，杜子劲被聘为河南省注音符号推行委员会委员，参与拟定《推行注音符号方案》，并参与创办传习所、编印书报、督促检查等事宜。②同年暑假，他进京与几个热心新文字运动的好友一起组织了一个"国语罗马字促进会"，并开办暑期讲习班。还是在这一年，杜子劲开始收集和整理中国新文字领域的资料，在友人李中昊整理 1926 年前有关资料的基础上，做了 1926 年到 1930 年的总结工作，将收集到的 80 篇文章辑录为《中国新文字月谱》。又选取其中的 24 篇，另加上附录 5 篇和他新创作的《最近五年来的中国新文字问题（1926—1930）》一文，共计 30 篇，编辑单行本，取名为《新文字评论》。他认为："在这最近五年中，国人对于文字问题的讨论有三个高涨时期：第一期在 1926 年与 1927 年之间'国语罗马字'第一次公布的前后，第二期在 1928 年'国语罗马字'第二次公布前后，第三期在 1930 年国民政府积极提倡注音识字的前后。"③对其中每一期的情况，他都进行了全面总结和深入分析。

深受钱玄同影响的杜子劲，平日写文章都是横行，教书时也都希

---

① 叶籁士:《1935 年的中国语文运动》，载中国社会科学院文学研究所鲁迅研究室编《1913—1983 鲁迅研究学术论著资料汇编》第 1 卷，中国文联出版公司，1985。
② 教育部编《河南教育年鉴（1930 年）》，第 845—847 页。
③ 杜子劲:《最近五年来的中国新文字问题（1926—1930）》，《国语周刊》1931 年 9 月 26 日。

望学生要横写记笔记。1933 年，他在《论中文横行排印之便利》一文中总结了横行的十种优点：便于排阿拉伯数字及统计表，便于讨论翻译的文字，便于发音学的著述，便于语言文字学的著述，便于中西文对照，便于应用各种公式，便于作索引，便于诗词的排印，便于各种标记及广告的书写，便于文章中的附注。他认为"在古文字用直行排列是较久的而不是较古的，古代文字的排列是横直并用，并且左行（向左读）右行（向右读）亦杂乱无定，甲骨文及金文就是如此。"因此，他强烈呼吁："当该只用横行！"①

在国文教学和社会活动中，杜子劲也很热衷于推进新文字改革，给人留下深刻印象。他的一个学生后来回忆说："三十年代，我们在开封女子师范读书时，有位杜子劲老师为了训练、培养我们的语言能力，曾教我们一首他自编的《四声歌》：'你是王老八，一毛也不拔，抓起土一把，不让你称霸。八、拔、把、霸，这是什么话。'读后，认为对'四声'的掌握很有帮助，幼儿读读，也很有兴趣。"②李蕤晚年回忆说，杜子劲 1935 年 10 月在开封"文艺作者协会"成立大会上的发言讲了两点意见，印象很深：一是方块文字对于文学的带累，二是希望从事写作的人采用新的语汇。前者指示着需要对中国的方块字革命，后者指示着在现阶段应如何尽可能地处理这些现有文字，使它接近现实。③

1936 年 4 月，茅盾以《文学》社名义，在《大公报》发布了一则征稿启事，号召全国作家等人士以"1936 年 5 月 21 日"为主题，记录下当日发生的事情，以彰显这一天之内的中国全貌和生活实情。这

---

① 杜子劲:《论中文横行排印之便利》,《山东民众教育月刊》1933 年第 4 卷第 10 期。

② 心泉、国权:《四声歌》,《幼儿教育》1986 年第 5 期。

③ 李蕤:《文字和"话"不要隔开》,载《李蕤文集》第 4 卷,武汉出版社,1998。

种活动过去从来没有开展过，因而在全国引起了巨大反响，共收到来稿 3000 多篇，约 600 万字。经过层层严格筛选，这年 9 月，由茅盾担任主编、共 80 多万字的《中国的一日》由生活书店出版，引起了轰动。这其中就有杜子劲创作的《开封一瞥》，这篇文章不长，只有 2000 多字，反映了当年开封商业和民生情况。让先生失望的是，他一瞥中的开封市场是萧条的、没有生气的。所以，他为开封叹息，为这座古城感伤。

河南是中华民族和华夏文明的发源地，历史文化悠久丰富，在民间流传着许多俗语，如得中原者得天下，洛阳牡丹甲天下，人中吕布、马中赤兔，酒肉穿肠过、佛祖心中留，小时偷拿针、长大偷扛杉，以及得劲儿、装鳖、龟孙、信球等。杜子劲是个有心人，在研究语言文字的过程中，也很留意当地常言、俗话，并将它们辑录下来，做了一番剖析，形成了《河南俗语录》（1937）。[①]

1936 年 10 月 19 日，鲁迅在上海病逝，杜子劲与嵇文甫、于佑虞等开封文艺界进步人士顶住压力，举行了有数百人参加的追悼会，并当场散发了《鲁迅逝世纪念专刊》小册子。[②] 第二年，他们又召开了纪念鲁迅座谈会，并发表宣言，藉以唤起各界注意。[③] 鲁迅逝世以后，鲁迅研究出现一股热潮，其中不少研究者给予《野草》更多的注意，但直到 40 年代中期才有一些有分量的研究成果出现。杜子劲就是一个突出的代表。1943 年 1 月，他在《学习生活》上发表《鲁迅先生的〈野草〉》，业界评价甚高，"被学术界认为是鲁迅研究学术史上第一篇正

---

① 　杜子劲：《河南俗语录》，《开封女师校刊》1937 年第 6 期，第 31—40 页。

② 　开封市地方志编纂委员会：《开封市志》第 4 册，北京燕山出版社，1999，第 242 页。

③ 　《河南民报 1937 年》，载于宏敏编《河南戏剧活动报刊辑录》，中国戏剧出版社，2006。

规的《野草》专论的文章"①，"应当是最早给《野草》分类的研究论文，而且从写景、回忆、幻想、感想、愤慨、思想奇特、思想难解、消极情调、积极情调等多个角度进行分类，展开研究，给后人提供了一个较好的分类解读《野草》的方法"②，"杜文的贡献主要在于它第一次较为全面系统地论述了《野草》的总体风貌及各具体篇章的思想内容与艺术特色"。③

二、语文课本与《新华字典》的编写者

1949年初，河南解放，杜子劲被抽调到中原临时人民政府教科书编审委员会工作，与万曼等编写了一套《高级中学适用课本国语》。"本书中心意图，在适应学校国语教学需要，提高学生政治文化水平与阅读写作能力，故选文标准，多本该文教学价值、语文价值与思想教育价值，因之，选文内容，力求切合新民主主义方针、精神，联系群众革命生活和斗争。"④1950年，出版总署、教育部发布的关于中小学教科用书的决定，将该书列为高中国文教材的选用版本之一。此外，杜子劲与中共开封市委宣传部部长叶蠖生合作撰写的《关于学习旧文学的话》（1949），发表在《文艺报》上，此文引起了如何对待古典文学遗产的问题的讨论。接着，《文艺报》连续刊登了有关讨论文章。⑤

1949年8月，经叶蠖生介绍，杜子劲奉调进京，任教科书编审委

---

① 傅安辉：《鲁迅研究》，作家出版社，2007，第154页。

② 刘中树：《鲁迅〈野草〉论》，载张富贵主编《华夏文化论坛》第22辑，2019。

③ 傅安辉：《鲁迅研究》，作家出版社，2007，第154页。

④ 万曼、杜子劲、刘永之、姜须：《高级中学适用课本国语》第1册，河南新华书店，1949，编辑序言。

⑤ 张健主编，李怡本卷主编：《中国当代文学编年史》第1卷（1949.07—1953.12），山东文艺出版社，2012，第64页。

员会国文组编辑。中央人民政府成立后，又改任出版总署编审局第一处编辑。在叶圣陶和宋云彬领导下，他与朱文叔、蒋仲仁、王泗原、张中行等编写了《初级中学语文课本》（6册，新华书店，1950），并具体负责第三册的编写。该书前三册由新华书店出版，后三册及全六册修订版由人教社出版，是我国最早使用"语文"字样的教科书。叶圣陶在1949年10月21日日记中记载："上午开国文组组会，历半日。杜子劲识解颇强，蒋仲仁精密而有条理，皆为组中能手。"这与后来宋云彬对杜子劲的评价颇不一致。半年后，叶圣陶在1950年5月2日又记："看子劲所选国文教材。"

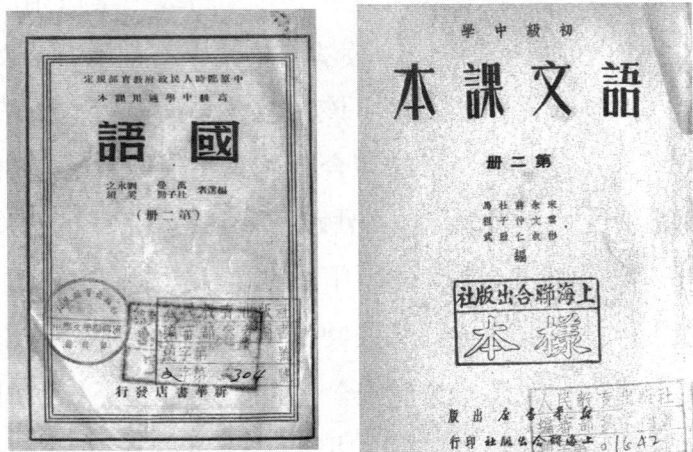

新中国成立后杜子劲参与编写的初中和高中课本

　　1950年8月1日，叶圣陶、魏建功创建新华辞书社，并先后挂靠在出版总署编审局和人教社。杜子劲是辞书社（也称辞书编辑室）的最早加入者，并作为主要编写人员、资料组组长，与萧家霖、孔凡均、张克强等编出了由人教社出版的《常用字汇》（1953），更完成了积数年之功、几易其稿的音序版、部首版《新华字典》（1953、1954）。为此，杜子劲撰写了一篇不短的文章《介绍〈新华字典〉》（1955），发表在《人民教育》杂志上，成为全面深入介绍这部字典的一篇力作。他说：《新华字典》的优点是"切合实用，检查方便，一般的字形、字音上的问题都能得到适当的解决；最重要的是对祖国语文的语词具有正确的解释，使读者在阅读上能得到正确的理解，在笔头和口头上都能正确地运用"，指出"这部字典的编写主要是供小学教师、初中学生和相当初中文化程度的干部去使用。它的内容着重在语文方面，可以说是一种语文字典"，认为"这部字典在字形、字音、字义各方面的处理都有它的特点"，总之，在他看来，"这部字典是一部切合读者需要的字典。不但字形跟字音上的处理很周详，重要的是编者不是从方块字出发，而是从语言的实际情况出发，因而在义类的分析，单字跟复合词的安排，语法词的说明，这三方面表现出一些从来没有过的新体例。它可以使读者藉以对祖国语文的语词得到较正确的认识，对读者在书面上跟口头上的语文运用有很大的帮助"。

这期间，杜子劲一如既往地热衷于搜集和整理文字改革进展的资料，先后编辑《一九四九年中国文字改革论文集》（1950）与《一九五〇年中国语文问题论文辑要》（1952），成为记录新中国成立初期文字改革的重要文献资料，为今后的研究和事业发展留下了珍贵的资料。①他所编的《中国文字改革运动年谱》②于1952年在《语文知识》上连载，收集了各个时期的重要文章、文件、著作、讲话、会议、刊物、主要改革方案及重要活动等，实际上是一部文字改革运动的简明编年史，对过去的文字改革历史做了总结，也为今后研究文字改革历史提

---

① 《中国语言学家》编写组：《杜子劲》，载《中国现代语言学家》第4分册，河北人民出版社，1985。
② 另载郑林曦著《中国文字改革问题》，中华书局，1954，第139—153页。

供了丰富的资料和可靠的线索。①杜子劲去世后，杨长礼整理出《中国文字改革运动年表遗补》（1959），刊载于《文字改革》半月刊。

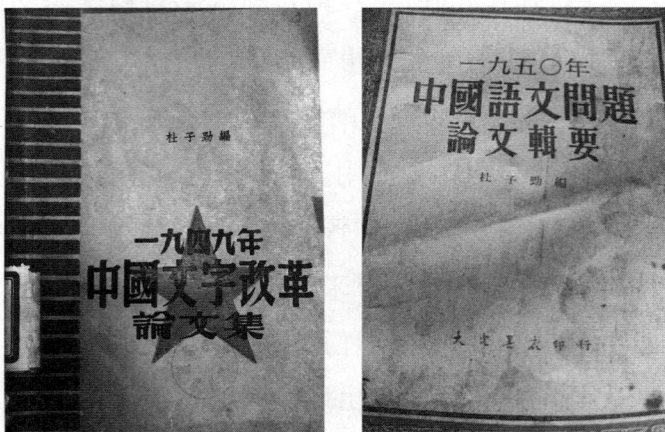

新中国成立后杜子劲编辑的部分书籍

三、对新中国文字改革和文献资料的贡献

新中国成立后，杜子劲参与了很多与文字改革有关的活动，对于文字改革问题也深有研究。其中之一便是1950年4月受"中国文字改革协会"委派，参与《光明日报》专刊《新语文》专栏的创办，"是主持审阅稿件的重要编辑者之一。他始终兢兢业业，认真选读，精心选编，不但使专刊越办越好，而且几个月下来，为本报在广大读者，特别是语文学界赢得了好评。"②他先后在《语文教学》《光明日报》《语文知识》《中国语文》等报刊上发表了一系列有关文章，如《新语文运动的性质跟目前的任务》（1950）、《中国文字改革运动中几个问题》

---

① 《中国语言学家》编写组：《杜子劲》，载《中国现代语言学家》第4分册，河北人民出版社，1985。

② 张巨龄：《徜徉语海现光明——光明日报的三个语文专刊》，载《我们的光明之路：光明日报65年口述实录》，光明日报出版社，2014。

（1950）、《语文教学中的"语""文"分合问题》（1951）、《一九五零年中国语文问题纪要》（1951）、《中国文字改革运动年谱》（1952）、《汉字的排列方式必须简化》（1954）、《中国文字拼音化问题》（1954）、《汉字在书写上的缺点》（1954）等。这些可谓杜子劲一生从事"文改"工作的总结和思想精华，也是他晚年关于中国语文及其教育观的代表作。

例如，《新语文运动的性质跟目前的任务》回顾了中国语文运动六十年的概况，认为前四十年是属于资产阶级学者所领导的旧范畴的语文运动，后二十年是属于无产阶级学者所领导的新范畴的语文运动。这两个阶段的性质不同，所以在文字改革的方案、语言政策、基本理论上都有极大差别。新语文运动是新文化运动的一部分，现阶段的语文工作有很多，为了实行新文字，修桥补路、砍草伐木、碾平地基、展宽路面的预备工作是不可少的。他认为，文章的口语化，建立口语语法，调查方言，词类连写的研究，如何解决同音词以及简体字等问题，都是现阶段语文改革工作者所应解决的具体工作和要完成的重要任务。

又如，《中国文字改革运动中几个问题》全面论述了他对我国的文字改革运动所持的观点和看法。他认为，新中国成立以后，在对于中国文字是否要改革的问题上，看法已趋于一致，但在改革的具体办法与步骤上，还有不少分歧。他指出，中国文字改革的办法虽有好多种，但不外两种性质：一种是属于修补的，一种是属于创设的。基本字、核心字、简体字、注音字母等是补救汉字的缺点，属于修补性质。拉丁化新文字和国语罗马字是另立一种文字，属于创设性质。今后中国文字改革的重心应是创设的，而不是修补的。但汉字不能马上废除，当新文字还没有建立起来可以取而代之的时候，我们还要借重它，因而今天汉字的修补工作又是完全必要的。在创设新文字的问题上，杜子劲主张要具备两个特点：（1）作为语言的记录，不是作为汉字的注音。（2）着重在新文字的建设，不单纯地着重在解决识字问题。中国的新文字应该是中国语言的书面化，应切切实实做到"语"和"文"的合一。另外，他在文中还论述了新文字与新文化的关系、民族形式与国际化的关系。他认为，文字改革不是单纯的扫除文盲、普及教育，还应促进文化教育的发展和提高，吸收国际文化，发展语言。他反对机械的民族形式论，主张采用拉丁字母拼音，这样才能使新文字的创设符合大众化、科学化、国际化的三项原则。

1954 年 12 月，人教社辞书编辑室划转中国科学院语言研究所，杜子劲随之调入该所词典编辑室工作。1955 年 5 月 21 日，杜子劲因病逝世。当日，叶圣陶在日记中记载："杜子劲以肝病逝世，闻之怅怅。杜君以四九年来京共事，后入辞书编辑室。卧病约两月，竟尔不起。"①

---

① 叶永和、蒋燕燕:《叶圣陶未刊日记（1955 年·续二）》,《出版史料》2011 年第4 期。

姚韵漪：一位语文女教师和编辑的不平凡人生

姚韵漪（1898—1984）

　　这次，却是几位领导同志集体校订⋯⋯这样，集体的范围就自然地扩大了。校订中，经常以一节或一段为讨论单位，如果发现问题，就提出来讨论、解决。解决问题总是经过一语一词反复研讨，然后得出结论，而且总是精益求精，一再修改，不是机械地定稿。这样细琢细磨，精心修改，整个校订工作用了四十天的时间才完成。

——姚韵漪

姚韵漪（1898—1984），浙江省杭州市萧山县（今萧山区）人，1919 年师范毕业后，一直从事中小学语文、音乐教学和语文教材编写工作，历任浙江省立杭州女子师范附小、杭州市立中学、上海私立南屏女子中学、江苏省立松江女子中学（现上海松江二中）教师，以及人教社语文组、中语室编辑。她是中国共产党早期青年运动领导人之一、马克思主义教育理论家杨贤江（1895—1931）的夫人，并受杨贤江影响，加入中国共产党，成为大革命时期妇女运动的先驱之一。杨贤江英年早逝，姚韵漪含辛茹苦 18 载，独自担起抚育革命后代的责任，三个儿女都参加了革命，成为共产党员。新中国成立后，被叶圣陶、胡愈之、吴亮平、李一氓、夏衍称为"我们的老朋友"的姚韵漪，从上海调到北京工作，先后参与多套初、高中语文统编教科书及其教学参考书的编写，为新中国成立后的语文教材建设作出了积极贡献。姚韵漪是一位普通的教育工作者，却有着不平凡的人生。正如香港中文大学教授王晋光所言："杨贤江是中共名人，相比之下，姚韵漪女士算不上大人物，但也非等闲之辈。"

一、与杨贤江志同道合、并肩战斗

姚韵漪，原名姚袖霞，笔名韵漪，1898 年 5 月出生。1916 年考入浙江省立杭州女子师范学校（简称"杭州女师"，校长叶墨君），她的一篇作文《睡乡记》，曾受到老师高度赞赏并被油印，在全校分发，甚至传到浙江一师，一时传为美谈。1919 年毕业，留在本校附属小学当老师，教高小一年级，深受学生喜爱。王映霞在自传里十分称赞"这所学校的规模和教师的水平"，并说："那时我的音乐老师是姚韵漪，后来是杨贤江的夫人。我与这位音乐老师感情不错，尤其是读了她的一首悼念我们一个同学去世的诗，我真感动得落泪。她的诗是这样写的：'桐棺三尺出重门，是耶非耶看未真；君若有知当唤我，为何隔板不相问。'"王晋光说："'桐棺三尺出重门'一诗，让我们看到一个爱护学生的年轻教师的风貌和文才。"著名女教师任桐君在《一个女教师的自述》中也回忆道："学生对我的要求很高，因为过去的级任姚韵漪老师能力强，教法好，使他们十分佩服。"

浙江省立杭州女子师范学校师生合影

杨贤江是宁波慈溪人，1917年毕业于浙江一师。在校期间发表了许多文章，是学校里有名的才子，姚韵漪对他在二年级时获《学生杂志》特别征文奖的《我之学校生活》印象深刻；姚韵漪在杭州女师求学时，杨贤江对其文才也有所听闻。俩人相识于1920年春天，担任附小教职的姚韵漪，随杭州女师毕业班同学赴南京、上海参观学习。杨贤江任职并就学于南京高师，兼任南京"浙江同乡同学会"书记，浙江教育会会长经亨颐写信给杨贤江，请他负责该团在南京参观的接待工作。这次相识成为姚韵漪和杨贤江互生爱慕之情、结下不解之缘的契机。之后，俩人鸿雁传书，互访见面，其间也颇多坎坷。因为姚韵漪是个抱有独身主义的女性，她婉拒了杨贤江终身结伴的提议，并先后写下了两首诗：

　　风也萧萧，雨也飘飘，我满腔的愁思，可能向君前吹到？记否，旅邸谈心，车中握手，无限柔情萦绕？而今且不作相思调，惟祝君：努力前程，扬鞭登大道。(《寄贤江》，1921 年，杭州)

　　瑟瑟风来乍，依依月上初。愿君长记取，小坐并肩时。小坐并肩时，情深只是痴。愿言长相爱，岂必连理枝。岂必连理枝，伉俪有别时。寄言□□者，真情不在斯。(《晒台纳凉书以志感》，1923 年，上海)

　　杨贤江对此并不气馁，他在《民国日报》副刊《觉悟》(1922)上发表了长文《病后》，把自己的婚姻、家庭、离婚、恋爱等全部公之于世。其坦荡和勇气令姚韵漪折服。有情人终成眷属，1925 年 1 月 12 日，他们在上海大学附近的鸿运楼举行了婚礼。当时杨贤江在商务印书馆编译所工作，负责《学生杂志》，"实际是中共中央青年部或江浙区委青年部负责人"。他与负责《教育杂志》的周予同、《儿童世界》的郑振铎同住一座简陋的房子里，同事好友还有负责《小说月报》的沈雁冰(杨贤江入党介绍人)、《妇女杂志》的章锡琛、《东方杂志》的胡愈之、《自然界》的周建人以及国文部编辑叶圣陶等。参加他们婚礼的，除了在沪好友、商务同人之外，还有瞿秋白、杨之华(姚韵漪在杭州女师的同班同学和萧山同乡)夫妇。婚后，姚韵漪辞去附小教职，与杨贤江在上海安家，与沈雁冰孔德沚夫妇、瞿秋白杨之华夫妇、叶圣陶胡墨林夫妇为邻居，几家人和和美美、相处融洽。姚韵漪全力支持杨贤江的革命工作，甚至不惜得罪他在杂志社工作的上司。汪家熔在《杨贤江与商务印书馆》中写道：

在"五卅"运动后，杨贤江的社会活动增加，虽然刊物工作并没耽误，但主编朱元善很不满意，他希望杨贤江夫人姚韵漪能拉后腿，遭到了理所当然的拒绝。进入1926年，杨贤江的革命活动更繁重，到年底，不得不辞去《学生杂志》编辑职务，以全部精力投入轰轰烈烈的北伐活动。

不仅如此，受丈夫杨贤江、同学杨之华的影响，姚韵漪还发表了一些进步诗歌和革命文章。1925年秋，她在《学生杂志》上发表诗歌《归来！归来》，为鸦片战争后租借和割让于列强的我国五处领土"招魂"，计有香港、威海卫、广州湾、九龙、旅顺五首。这里选择其中两首：

你天然险要的形势，你人为优秀的风光；可怜还在八十年前，早已被劫于强梁。而今或已熟悉了蛮腔，可知道依依恋念者有不少人在故乡！归来！归来！匪人不可以托也。(《香港》)

继香港而脱离母怀，无穷期的九十九年。料想风凄雨切时，你姊

刊载姚韵漪早期文章的《学生杂志》《儿童世界》《妇女生活》

妹禁不得相对泛澜。莫徒作楚囚之泣罢，故乡尽多力能援引的英雄在。归来！归来！匪人不可以托也。（《九龙》）

不久，姚韵漪参加中国共产党领导的上海各界妇女联合会的活动，积极配合"五卅"运动和北伐战争，并经杨之华、杨贤江介绍加入中国共产党，走上了革命道路，也成为杨贤江从事党的联络工作的得力助手。1925 年底，姚韵漪在上海妇联办的《中国妇女》旬刊上，发表了《告各界妇女——各界妇女的分别任务和共同目标》（两期连载）。该文通过控诉北洋政府发动"五卅"大屠杀、大流血和回顾反帝大运动，提出中国女子是人类社会最受压迫的分子，毫无政治、经济、家庭的地位，受尽了旧礼教的束缚、社会法理的剥削，向全国妇女同胞发出了联合起来、反对压迫、要求解放、追求平等、奋起抗争、奔向共同目标的呐喊。之后，她又在《儿童世界》上发表了《采菱》（1926）、《还我河山（竞争游戏）》（1926）、《月亮儿》（1927）。其中，《还我河山（竞争游戏）》的"说明"指出："我国土地被外人侵占或割去的，为数很多。收回的责任，都在我们身上。这个游戏的目的，就在努力奋勇，实地表示爱国的热心，并可借此增进地理上之知识。"1927 年 2 月 16 日，在中共上海区委全体会议上，姚韵漪与杨之华（主任）、徐镜平、吴庶五、张琴秋、张应春、孔德沚、诸有伦、陈比难等被选为上海妇女运动委员会委员。姚韵漪主要做文书工作，妇委的信稿、通电都由她起草。该委员会编辑出版了《中国妇女》杂志，编委会有杨之华、姚韵漪、徐镜平、刘尊一、诸有伦、瞿双成等，具体工作由姚韵漪负责。

大革命失败后，白色恐怖笼罩全国，姚韵漪随杨贤江逃亡日本，居于京都，协助杨贤江与党组织联系，并组织留日学生共产党员的活动。1929 年 5 月，他们秘密回国，在上海继续从事革命斗争。这时，杨贤江主要靠写作养家糊口，姚韵漪为其做了许多文稿抄写、校勘工作，并出面与编辑部的人接洽稿件。其中，最为有名的是《教育史ABC》（1929）和《新教育大纲》（1930）。杨贤江十分勤奋，笔耕不辍，成果颇丰，还曾用"李浩吾""柳岛生"等笔名出版了大量论著，其中教育名著 2 部、译著 2 部，文章 350 篇、译述 60 多篇，共计 300 多万字。笔者在"民国时期期刊全文数据库（1911—1949）"中，即查得他以"杨贤江"为名发表文章 200 多篇，内容涉及教育、政治、经济、文化等诸多领域，可见其才华之高、拼搏之狠和劳累之苦。

由于在白色恐怖下斗争，环境恶劣，工作繁重，生活艰难，杨贤江积劳成疾，病重住院。叶圣陶在《纪念杨贤江先生》（1949）中回忆称：姚韵漪"照料他无微不至，不说自己劳困，只为他的病在他看不见的时候皱眉"，随后又陪同他去日本就医。但杨贤江因肾癌已至晚期，不幸于 1931 年 8 月 9 日在长崎逝世，年仅 36 岁。党组织指派李一氓前往日本，偕同姚韵漪将其骨灰携带回国，安葬于上海永安公墓，由其恩师经亨颐题写墓碑。我党失去了一位忠诚的党员，教育战线失去了一位优秀的理论家，全国进步青年也失去了一位深受尊敬的老师。杨贤江是一位出色的教育工作者、勤奋的编辑出版人，更是一名坚定的革命者、忠诚的共产主义战士。姚韵漪曾以"精密、睿智、坚韧、沉着、恳挚、切实"这 12 个字，来概括他的品质。

二、在普通教育岗位上抚育革命后代

丈夫的过早离世，使年轻的姚韵漪失去了家庭的顶梁柱，一家老小的生活重担全部落在了她的肩上。1932 年 2 月，姚韵漪回到老家，在杭州市立中学执教，开始国文教学之路。到新中国成立之时，虽然姚韵漪"一直抱愧着不曾更积极地参加革命阵营",但她并没有停止革命活动。1935、1936年,她在沈兹九(胡愈之夫人)主编的《妇女生活》先后发表《漫谈西湖女香客》《秋墓晚访》。《漫谈西湖女香客》探讨了宗教对城乡妇女的广泛影响及其深刻原因,指出:"宗教是愚昧人民的一种工具,它巧妙地以魔法迷蒙着她们,使她们不自觉地向宗教的幻影中求解放,求救济,求安慰……没有正确的科学知识给她们的头脑启蒙,没有正当的娱乐事项给她们的心神安慰,尤其是没有合理的社会秩序,使她们获得一个真正的'人'的地位以遂行其'人'的意义时,我们永远不能希望她们与宗教绝缘。积极地改造社会,将千百万迷茫着的妇女从无知、愚昧、狭隘、浅薄……中解放出来,使每一个人都尝着真正的'人'味,过着合理而开明、而幸福的生活,才是真正明眼人的职责——热心妇女运动的诸姑姊妹,应该肩负起这重任!"《秋墓晚访》则通过瞻仰鉴湖女侠秋瑾墓,"对着当年轰轰烈烈倡导革命终以身殉的先烈遗坟,引起更深的自身所处时代的任务的真醒!"

姚韵漪任教的上海私立南屏女子中学教学楼

1937年抗日战争全面爆发后，姚韵漪随任职学校转移至浙南温州等地。由于无法再跟下去，他们孤儿寡母就回到上海租界（当时人们心目中认为最保险的地方）。在艰难生活中，她得到杨贤江生前好友的关心和帮助。经杨贤江的老师夏丏尊介绍，姚韵漪在上海私立南屏女子中学（原上海私立杭州女子中学）教初中国文，担任教职的还有曾季肃（校长）、王元璋、王元琪、吴之徽、陆纂等。多数人住在教学楼三楼过道尽头的小房间，姚韵漪和孩子则住在三楼上的一个阁楼里。她教过的学生许庭（1999，上海）后来在接受采访时回忆说：

我还喜欢我初中时候的语文老师，姓姚，叫姚韵漪。她对孩子作文啊是从鼓励出发的，修改的比较少，比较注重学生原意；也要改的，好的圈三圈，有的地方给你点出来，所以我们跟她学习就很有信心了。另外她还有一个本领：一面在黑板上抄课外材料，一面叫我们背书，我们想她的注意力在黑板上，但同学背错一点点，她马上就指出来，所以她特聪明。我们觉得这位老师挺好的。

抗战胜利后，姚韵漪在上海松江的江苏省立松江女子中学任教。经过多年努力，她已经成为上海国文教学界的翘楚。1947年4月，夏丏尊去世后，生前好友组成夏丏尊纪念基金委员会，由叶圣陶主持，募集款项用于奖励任教十年以上且有优良成绩的中学国文教师，"第一届得奖者"即

姚韵漪任职的江苏省立松江女子中学校门

为姚韵漪和陈逸人（浙江省立温州师范国文教师）。对此，《国文月刊》（1947年第45期）及《中学生》（1947）杂志都有刊登。

值得敬佩的是，姚韵漪面对国民党反动派的迫害，坚挺了腰杆在生活线上不屈地挣扎，勇敢地承担起抚育三个儿女的责任。她常常向孩子们讲起父亲的革命故事和奋斗精神，使他们"逐渐知道了他是一个为革命不怕牺牲的共产党员"。他们长大后都继承了父亲的遗志：长子杨天任（后改名杨天成）1941年投奔苏北新四军，1943年成为中共党员，后随三野部队进驻上海；次子杨肖康（又名杨启）是浙东游击队员，于1948年在四明山的一次游击战中英勇牺牲，年仅20岁；小女杨川之（后改名徐昉）是天津市军管会的干部。对此，杨之华（1949）感叹说："这是韵漪同志在贤江同志逝世后十八年的辛苦奋斗中教养出来的果实。她没有被悲哀征服，她教育了自己的孩子，她还在教育界为人民服务二十多年，她和三个革命的后代都承继着贤江同志的革命事业，她是一个勇敢的女性。"叶圣陶（1949）说："十几年来，韵漪在学校担任教师，艰苦的生活，勤劳的服务，直到如今。朋友们都说她不愧为革命的遗族。"夏衍（1949）也说："贤江同志的遗孤由于韵漪同志含辛茹苦的抚育教养，也一个个都成了解放战争中的峥嵘的战士。"

盼星星盼月亮，总算盼到了解放。1949年8月9日，杨贤江逝世18周年，上海刚解放不久，《解放日报》《人民日报》《光明日报》均以专刊形式发表了纪念杨贤江的数十篇文章，撰文的有郑振铎、楼适夷、夏衍、杨之华、李一氓、周予同、茅盾、叶圣陶、周建人、章锡琛、宋云彬、潘汉年、潘梓年、傅彬然、朱文叔、吴研因等，都是杨贤江的革命战友或生前友好。其中不少人在文中还高度评价了姚韵漪的贡献，尤其是抚育革命后代之功。姚韵漪也在这一天激动地写下了《心祭十八周》：

　　十八年来，我永不能忘怀于你从病重到最后的始终不遗一言：你，对党、对国，对家，对我、对儿女，一定有着万分不能放心的忧念，然而这忧念决不可能表达并解决于几句空言……十八年来，我一直抱愧着不曾更积极地参加革命阵营，但，我终算是坚挺了腰杆在生活线上不屈地挣扎（这里得深切感谢多少友朋温情的支持），在教育岗位上带同后进正确地面对着现实。同时，我也尽我所能把小儿女拉扯到成长，成长到他们都有力量自发地参加了革命的行列。今天，儿女们每个人都可以拿实际工作来代表着向你作坚实的光荣的报告；尤其是党的正确领导解放的辉煌成果，更有力地慰藉了你那含意未伸的遗憾。啊，你的墓上虽然已是荒草离离、红星黯黯，一想到整体的党的成就的光芒万丈，我不禁要拿孔丘的话来更深切地说明我对你的了解——"天何言哉"。①

1949 年，姚韵漪与长子杨天成、小女杨川之合影

---

①　姚韵漪：《心祭十八周》，《解放日报》1949 年 8 月 9 日第 6 版。

三、投身新中国中学语文教材编写事业

新中国成立后，在胡愈之、叶圣陶、周建人等人的关心下，年过半百的姚韵漪从上海调到北京工作。由于师范毕业、长年在中学教国文且文字水平较高，她被安排在人教社工作。这里有她和杨贤江的许多朋友和同事，如叶圣陶、宋云彬、朱文叔、刘薰宇、丁晓先、计志中、孙福熙、胡墨林、周石华等。在北京还有她多年前的老战友，如胡愈之夫人沈兹九、瞿秋白夫人杨之华等。其中，出版总署副署长兼任人教社社长、总编辑的叶圣陶，与杨贤江早年同为商务印书馆编辑，杨贤江曾积极动员并想发展他为中共党员，可以说"杨贤江也是叶老敬佩的中共早期党员之一"。叶圣陶与姚韵漪很早就认识，在杨贤江逝世后对她也多有关照，特别对她在困苦条件下抚育革命后代甚为敬重。姚韵漪在人教社工作时，常常被同事称为"姚大姐""姚先生""姚老师"。

根据人教社档案记载，姚韵漪1951年10月1日"调职"来社工作，最初在语文组（组长刘御）任编辑，不久语文组一分为二，改为中、小学语文编辑室，姚韵漪又任中语室编辑（负责人为蔡超尘、王微、蒋仲仁，1954年之后为张毕来、刘国正）。1964年以后，因为年龄原因，她作为"编外人员"继续工作。在十多年的时间里，姚韵漪一直从事中学语文教材的编辑工作，先后参与修订了五套中学语文通用教材或统编教材：一是人教社成立初期的第一套初、高中语文教材，二是1956年的文学、汉语分科的初、高中文学教材，三是1958年文学、汉语教材停用后编写的初、高中语文教材，四是1960年的十年制学校中学语文实验教材，五是1963年的十二年制学校初、高中语文教材。

对于姚韵漪初到人教社工作的情况，叶圣陶在1951年10月3日、

8 日的日记中有所记载：

> 往语文组，参加其组会……则重编高中语文本，修订初中语文本。二者之中，重编高中语文本较难。选材既非易，作注、提问题亦颇生涩，任其事者，今有蔡超尘、张中行、李光家、姚韵漪四人。数人之想法未趋一致，下手亦精粗不齐。余拙于指说，偶有所见，亦未能倾筐出之。欲求推动而入于轨道，良非易事也。

> 上午与语文组编中学书之诸君会谈。商定高中授文言以一年级始。期其教学有效，拟规定每周授文言一节。李光家、姚韵漪皆方离教师岗位者，据云一般中学生皆惮学文言。余谓既规定高中需学文言，即不宜迁就学生，应说服学生使认真学习。此外谈选材之分量，则谓我社旧本分量较多，每学期未能授毕，今后宜减少。又谈语法修辞如何教授，如何编排教材。余谓拟与叔湘一商之，约同人明日共访清华。

叶圣陶在日记里所谈的，就是姚韵漪在人教社参与的第一份工作——修订开国教科书《初级中学语文课本》（6 册，原编者为宋云彬、朱文叔等，1952）、《高级中学语文课本》（6 册，原编者为周祖谟、魏建功等，1952）。其中，《初级中学语文课本》"改编的时候，参考了各地教师、同学的意见，把原来的本子做了一番检查，抽换了一些课文，修订、改写了许多注解和提示，希望它比较适合教学的需要"。《高级中学语文课本》"调换和修改了一部分课文；给全部课文做了注解和提示；并且从第一册起兼选文言文，用以培养学生阅读文言的初步能力"。随着中央教育部中学语文教学大纲的启动和起草，这套初、高中语文课本又在 1953 年分别修订改编过一次，并且成为当时教育部和出版总署推荐的唯一的全国通用教科书。

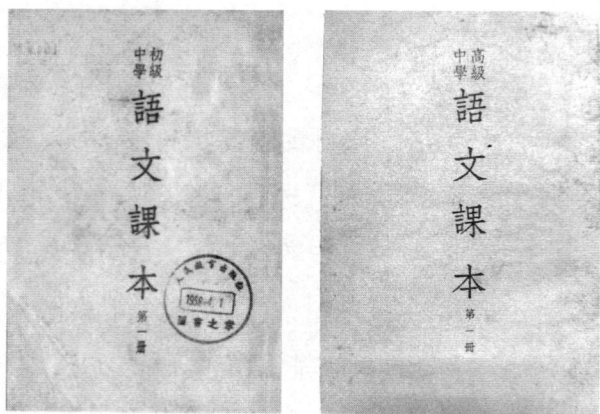

姚韵漪最早参与修订的初、高中语文课本

1954 年，统编教材大会战开始，并且中学文学、汉语分科分别编订教材。其中编写文学教材的有吴伯箫、张毕来、冯钟芸、董秋芳、刘国正、余文、韩书田、梁伯行、周同德等，他们与中语室编辑姚韵漪、蔡超尘、王微、李光家、张传宗，共同编写了《初级中学课本文学》《高级中学课本文学》及其教学参考书。同时，他们还一起参与了 1956 年教育部颁布的《初级中学文学教学大纲（草案）》《高级中学文学教学大纲（草案）》和《初级中学汉语教学大纲（草案）》的起草工作。

姚韵漪在她撰写的《初级中学课本"文学"第一册初稿及其教学参考书初稿的集体校订》（1955）一文中，曾详细记载了新中国第一套中学语文统编教材进行集体校订的情形：

这次校订的方式方法跟过去不同。过去全套初、高中语文课本，只有初中第一册曾经由叶圣陶社长亲自领导几位编辑同志共同修改，其余各册都是先由编辑同志商同起稿，由室主任校改过，然后送请叶社长审定，再有不妥当的地方，就由叶社长亲自改一改，或由叶社长提出意见，交回编辑室重改。那时候，只有特别复杂的问题才提出来共同研究，一般是各看各的。这次，却是几位领导同志集体校订：叶社长、吴伯萧同志、朱文叔同志会同中学文学编辑室三位主任一起讨论和修改。此外又指定编辑室同志二人分任朗读（用北京语调）初稿、修正稿及最后整理定稿的事；并由每篇教学参考资料的执笔人轮流参加。他们在讨论过程里也随时参加意见。这样，集体的范围就自然地扩大了，校订中，经常以一节或一段为讨论单位，如果发现问题，就提出来讨论、解决。解决问题总是经过一语一词反复研讨，然后得出结论，而且总是精益求精，一再修改，不是机械地定稿。这样细琢细磨，精心修改，整个校订工作用了四十天的时间才完成。①

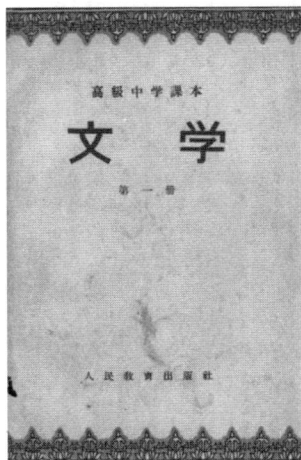

姚韵漪参与编写的新中国第一套中学文学统编教材

---

① 《叶圣陶日记》记载："1955 年 3 月 18 日，与吴伯萧、朱文叔、张毕来、蔡超尘、王微、刘国正等人集会，开始审读中学文学课本之文稿（包括课文、教学大纲、参考资料及作业题目）。次日，姚韵漪加入审读文学课本。"（商金林：《叶圣陶年谱长编》第 3 卷，人民教育出版社，2005，第 469 页）

1958 年，中学文学、汉语分科教学改革实验停止，姚韵漪与中语室的同事便投入新的语文教材，即《初级中学课本语文》（6 册，1959）及其教学参考书、《高级中学课本语文》（6 册，1959）及其教学参考书的编写工作。截止到 1966 年“文化大革命”开始，姚韵漪还参与了 1960 年的十年制学校中学语文实验教材与 1963 年十二年制学校初、高中语文教材的编写工作，为新中国成立后的中学语文教材建设作出了积极贡献。对姚韵漪等“中语人”的贡献，20 世纪 80 年代担任中语室主任的黄光硕评价说：

建国 35 年来，先后在中语室参加教材编写的同志不下 50 人，如加上借调的同志，人数就更为可观。中学语文教材所取得的成绩，都是这些同志努力的结果。还有许多长期从事中学语文教材编写工作的老同志，他们呕心沥血，为教材建设作出很大的贡献。这些老同志，健在的有隋树森、王泗原、张中行、郭翼舟、张传宗、朱望华等；已故的有李光家、鲍永瑞、姚韵漪，他们的功绩是不可磨灭的。主持中语室工作的主任和副主任，50 年代是张毕来、张志公、王微、蔡超尘同志；以后是王微、张志公、刘国正同志；“文化大革命”后是刘国正、黄光硕同志；现在是黄光硕、田小琳、张厚感同志。主管中语室的副总编辑，先是吴伯箫、刘松涛同志，现在是刘国正同志。叶圣陶同志担任社长期间，戴伯韬同志担任副社长兼总编辑期间，都亲自领导中学语文教材的编写工作，经常对如何提高教材质量给予具体的指导。①

---

① 黄光硕：《在探索中前进》，载《中学语文教材改革探索》，人民教育出版社，1989，第 119—120 页。

人民教育出版社成立初期的女员工合影

1970 年，姚韵漪从人教社退休后，搬到天津同其女儿徐昉一家生活。1981 年 8 月 9 日，经报请党中央批准，教育部、团中央在人民大会堂隆重召开了"纪念杨贤江同志逝世五十周年大会"，对杨贤江的历史地位给予了高度评价。叶圣陶在讲话中也充分肯定了姚韵漪的一生：

我要在这个大会上向贤江同志的夫人姚韵漪大姐致恳切的慰问。在贤江同志生前，姚大姐是贤江同志生活上和工作上的支持者。贤江同志谢世以后，姚大姐不但把孩子们培育成为革命者，还认真坚持教育工作直到退休。她应该受到大家的尊敬。咱们共同祝她健康长寿！

1984 年 9 月，根据叶圣陶、胡愈之、吴亮平、李一氓、夏衍给胡乔木的联名倡议，由教育部具体组织，在中国教育学会下成立了全国杨贤江教育思想研究会和杨贤江教育基金会，由厦门大学副校长潘懋元教授担任研究会理事长和基金会主任委员。并且，"根据韵漪同志生前夙愿，其子女来京向教育部汇报，拟把她的一万元存款献给国家，作为开展杨贤江教育思想研究和宣传工作的一笔基金。"潘懋元教授在新中国成立前曾为《新教育大纲》《教育史 ABC》所吸引，1950 年讲授中国近现代教育史课程时，就把杨贤江作为现代教育思想家予以介绍，并于 1954 年在《厦门大学学报（文史版）》上发表《杨贤江教育思想》一文。1961 年在杨贤江逝世三十周年的时候，他接受了人教社重新编辑、出版杨贤江著的《新教育大纲》的任务，并且写成了一篇四万字的纪念文章。姚韵漪也参与了该书的校订工作。由此他认识了姚韵漪，并通过她知道了杨贤江更多的笔名、化名和著述，编纂了杨贤江文集初稿。改革开放之后，潘懋元教授又撰写了《我的启蒙老师》（1985）、《重读杨贤江》（2005）等文章。他说："我对杨贤江的思想感情，不仅直接来自他的论著，也来自他的同志及朋友对他的怀念，来自他的夫人姚韵漪同志这位坚强而慈祥的长者。"

李廉方：对民初国文、国语教学的贡献

李廉方（1878—1959）

余夙治教育学，专究国民教育，尤致力于教材研究。

我当省视学、部视学、教育厅长，都时常去实际参观，为系统研究三十余年，历在师范学校及大学任课专讲小学教材、小学课程、小学教学法，并且多次在小学任课或作指导，以及为书坊编读本及教授书，都是以全副精力，集注于小学课本。

——李廉方

我国古代启蒙用的课本是“三百千千”，接着是“四书五经”。新式教科书起步于清末，活跃于民初；先是学习日本，然后仿作美国。在这个过程中，一批教育家、出版家如张元济、陆费逵、王云五、戴克敦、范源廉、蒋维乔、李步青、沈恩孚、高凤谦、庄俞、沈颐、张相、谢蒙、杜亚泉、方浏生、陈懋治、顾树森、吕思勉、黎锦熙、董文、陆基、刘师培、高步瀛、陈宝泉、俞子夷、吴家煦等，为此作出了开创性的重要贡献。其中的一位杰出代表便是“廉方教学法”的创立者、被誉为“平民教育家”的李廉方（1878—1959）。

李廉方，名步青，字号廉方，湖北京山人，一生经历了清末、民国、新中国三个时期，主要致力于教育特别是小学教育和平民教育事业，撰写过近300种论著，形成了创造性、理论与实践相结合、系统的教育思想观点，尤以主持开封教育实验区实验创立“廉方教学法”而闻名遐迩。李廉方又是辛亥革命的老前辈和国语运动的倡行者，在中国语言文字、辛亥革命史、编辑出版、政治文化、地方志和民俗学等领域也作出了重要贡献。在政治立场上，李廉方是民主的、进步的甚至是革命的；在教育事业上，他是执着的、坚定的和革新的；在学术探索上，他是创新的、多方面的和中国化的；在研究方法上，他是科学的、实证的和实验的。李廉方还是一位对清末民初教科书编辑、出版和研究都有重要贡献的教育家，不仅从日本引入并实践了新式学堂和西式教材，而且多次编撰了配合新学制和课程标准的教科书，还经过多年实验，创立了全面革新小学课程、教材和教学的“廉方教学法”。他所编写和校阅的许多教材，涉及中小学的一些主要学科，如修身、国文、国语、算术、劳作等，也涉及师范教育的一些重要领域，如各科教学法、教育史、管理法等。其中，既有武昌共和编译社和中华书局出版的一系列课本、教参，又有北洋政府和南京政府教育部的国定教科书，还有一些地方教材、乡土教材或校本教材。正如他自己所说（1949，1937）："余夙治教育学，专究国民教育，尤致力于教材研究。""我当省视学、部视学、教育厅长，都时常去实际参观，为系统研究三十余年，历在师范学校及大学任课专讲小学教材、小学课程、小学教学法，并且多次在小学任课或作指导，以及为书坊编读本及教授书，都是以全副精力，集注于小学课本。"[①]

一、编译师范讲义 编出国文教材

清末内忧外患，促使清廷痛定思痛，决意革新教育，引西学、废科举、兴学校，新教育制度得以确立。由于日本与中国在文化上多有相似之处，新学堂章程以及教育理念便从东洋学起，即所谓"近采日本，以定学制"。教科书也不例外，正如吴小鸥、石鸥所言（2011），包括李廉方、范源廉在内的一大批"留日学生编译的教科书融入了一些与传统不一样的现代元素，对中国现代教科书产生了深刻影响"，从而"确立了中国知识分子在教科书编译（撰）中的主体地位"。[②]

1902 年，旧学出生的李廉方赶上了中国第一拨留学潮，与黄兴、金华祝、张继煦、周龙骧、万声扬等作为湖北游学师范生被选派到日本弘文学院速成师范科。在学期间，校长嘉纳治五郎说的一段话对他影响很大："教科书，为造就国民之种子。教科书一不善，则全国受其影响。中国现有教科书，非失之讹误，即失之芜杂，亟宜编辑简易教科书。虽迟延时日，耗损经费，所不宜惜。如以事体重大，难以分办，莫如各省联络一气，庶全国之书不相歧异，名词亦可一律。其有地方

① 郭戈：《李廉方教育文存》，人民教育出版社，2006，第510、414页。
② 吴小鸥、石鸥：《晚清留日学生与中国现代教科书发展》，《高等教育研究》2011年第5期，第91页。

情形不同者，则多编数种，听其自择可也。编书之人，则中学深者，加以考察外国教授之法，即可从事，不甚难也。"① 于是，李廉方等湖北留日师范生编写了有名的《师范讲义》（4 册，1902），内容包括教育原理、国家教育学、学校种类及系统、师范学校、小学教育制度、中小学校教授法、德法英美教育制度、法制大意、经济大意、地理大概、理化概要、生理卫生学，还附录课外讲义和参观笔记。其中，李廉方主要负责编译"地理大概"和"课外讲义"。该书版权捐赠昌明公司，曾畅销数年。他们还用部分稿酬购买了一部幻灯机和一些具有革命内容的幻灯片，在武汉到处放映并宣传世界各民族反抗压迫、进行革命的情形。这套书是中国留日学生中出版最早、内容最全、影响最大的师范教科书和教育著作之一，为清末发展师范教育、补济教材之不足、传播教育理论和新学科起到了重要作用。陈景磐（1983）、王策三（1985）都认为，湖北师范生编辑的《师范讲义》是较早由国人自编的教育著作，它也较早"从日本详细地介绍了赫尔巴特派'五段法'"，对清末新教育制度的建立影响更大。②

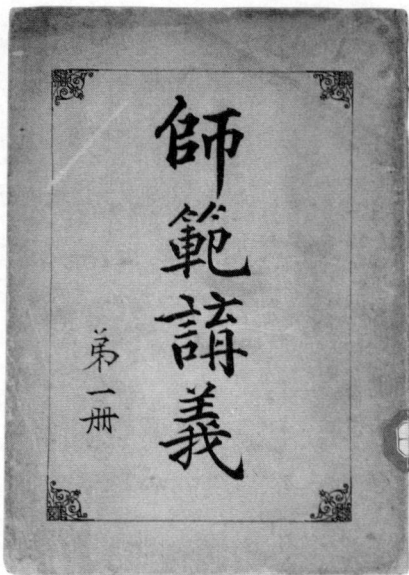

李廉方参编的《师范讲义》

① 李廉方：《课外讲义·嘉纳治五郎之演说》，载黄兴、李廉方等湖北师范生编《师范讲义》第四册，昌明公司，1903。
② 陈景磐：《中国近代教育史》，人民教育出版社，2004，第 342 页。另见王策三：《教学论稿》，人民教育出版社，1985，第 47 页。

在日本弘文学院学习时的李廉方（1902）

1903 年夏，李廉方因排满嫌疑被勒令返国。至辛亥武昌首义时，历任长沙明德学堂和湖北两湖师范教习、湖北师范戍堂堂长、方言学堂监学、艺师养习所总理、省视学等职，一边暗中革命，一边从事教育工作。他所管理的学校大量延聘洋教习和归国留学生来任教，也设置和引进了不少国外的新课程和教材。李廉方本人在此方面也做了许多工作，尤其注重中国语言文字、教育理论和教学法以及修身、国文等学科的教学研究。1908 年冬，李廉方、姚晋圻等学者在武昌成立了"20 世纪最早出现的史学社团"——湖北史学会[1]，研究范围包括普通史、国别史、史料、考证等十类，其中有"专门史长编及普通史教科书"。[2] 由此可见，李廉方是清末新式教科书的引入者和实践者，不仅有仿效日本引入西式教科书之功，也有多年在学堂试行和使用新式教

① 《湖北史学会简章》，《中华新报》1908 年 11 月 28 日。

② 姜义华、武克全主编：《二十世纪中国社会科学·历史学卷》，上海人民出版社，2005，第 484 页。

科书之实践经验。他在辛亥革命胜利后几年内，能够很快编撰出大量的教科书，与在清末的教育经历和积累不无关系。

二、创立武昌共和编译社 编撰小学国文教材

李廉方是民初新学制教科书的编辑者和出版者。民国成立，新学制的制订和学校令的颁布，给课程教材和教育出版带来了新机遇、新变革。当时各种课本的编写出版十分活跃，中华书局的创立即为典范，辛亥革命的首义地武昌也不甘落后。1912 年初，辛亥革命功臣、武昌学界先锋李廉方、张继煦（春霆）、向大锦、王式玉、金华祝等，共同筹办武昌共和编译社，并草拟了十三条办法，由李廉方作为代表呈报教育部并获得批准。该社宗旨为"以译印书籍为灌输文化之资、注重小学及社会教育为增进国民学识之本"。[①]

李廉方于 1912 年底、1913 年初在武昌共和编译社，先后编纂出版了《初等小学国文教科书》（2 册，与张继煦合作，万声扬、王式玉校阅，1912、1913）和《初等小学国文教授书》（与向大锦合作，万声扬、张继煦、王式玉校阅，1912），并参与校阅了《初等小学修身教科书》（2 册，王式玉编，1913）和《初等小学修身教授书》（2 册，王式玉、金华祝编，1913）。《初等小学国文教科书》的编辑思路与前清部定教科书采及伦理训辞者不同，强调书中选取的材料、教

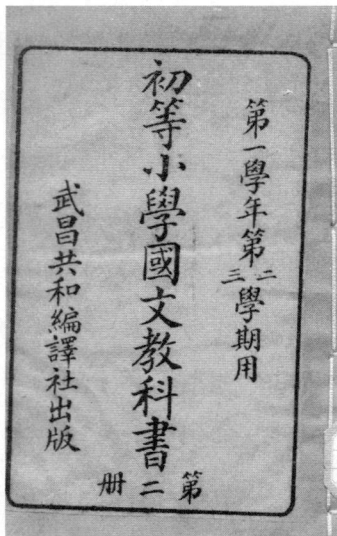

李廉方与张继煦合编的
《初等小学国文教科书》

---

① 《教育部批共和编译社代表李步青申报该社成立缘由并附开办简章请立案呈》，《政府公报》1912 年第 102 期。

授原则及经验，"务求合于儿童心理，一二学年纯就直观事物，由身体、家庭、学校而渐及于社会、国家，课文多有韵致，足以增学生之美感"，而且该书"由语入文，先选列常用名词，进为言文一致之语，再进为通俗之文话，更进为平易之文言"。《初等小学国文教授书》"参以历年经验，义求精审，语求普通，复实施于教授，斟酌取舍，录为教案，足供实用"，并且"全用白话体，经编者惨淡经营，复由同人更番讨论，编为定本，俾教师持书教授，但有语法次序之变，更无文字翻演之烦难。各教师临时试用，比较他书，自能分判"。

三、任职中华书局 编新式教科书

说到民初课本出版，自然不能绕开中华书局，因为 100 多年前由陆费逵在上海发起成立这个书局是中国出版史也是教材史上的一件大事。而说到中华书局课本，又不能不提及李廉方，因为他作为教材编辑人员，在初创之时的中华书局工作四年并成绩卓然，与范源廉（编辑长）、陆费逵、戴克敦、沈恩孚、沈颐、谢蒙、张相等名家合作，保障了各种教材和学术著作出版的质量水平。加上天时地利，书局业务蒸蒸日上，很快成为仅次于商务印书馆的全国第二大出版机构。具体来说，李廉方在中华书局主要参与了"新式""新制""中华"系列教科书的编辑出版工作，还独著或合作撰写了一批较有影响的中小学和师范教育教科书。

——《中华女子修身教科书》（3 册，高小用，1914）"遵照部定小学教则注意女子之特性及将来生计，务使女子修得生活上所必须之知识技能"，"注意于贞淑之德，并使知自立之道"。教育部审定批语曰："是书条理清晰，意义显明，实为难得，应即审定，作为高等小学教员图书。"① 侯励英在《〈中华女子修身教科书〉与民初女子教育》（2017）一文中评价说："《中华女子修身教科书》是中华书局开局的作品之一，也是中华民国成立未几新学制下的新生儿，故以此来了解近代中国女生的小学教育，富有意义。"②

——《新制修身教本》（4 册，中学用，谢蒙编写了第四册，1914）"按照中学课程标准编纂，书中多引经传古训，将中西伦理融会贯通……并注重方法，不侈谈学理，期养成学者之思想情操，使之实践躬行，而于国民弱点、学生习弊，尤多补求矫正之弊，为现今修身教科第一善本"。③1919 年该书印了 6 版，到 1922 年仍在印刷再版。王小静在《清末民初修身思想研究——以修身教科书为中心的考察》一书中，将该书列为民初出版的修身教科书的代表作之一，并对该书的一些观点做了述评。④

——《新式国文教科书》（8 册，国民学校用，1919）由李廉方与陆费逵、戴克敦、沈颐和姚铭恩合作编写，其中李廉方为第六册第一作者，其他七册均为第二作者。其"编辑大意"称："根据小学教则确定本书之宗旨：修炼儿童之语言；授予切于实用之文字文章，养成发表思想之能力；培养国民之德行；启发智识。"该课本每学年用两册，每册正课 50 节（多为文言文）、附课四篇（白话文），足供半年使用；文字与图画（第一册为彩图）并重；均按照一定的文字、文章、材料、图画标准选材。《教育部审定中华书局出版图书评语》曰："该局所编

---

① 教育部:《教育公报》1915 年第 1 卷第 5 期，公牍。

② 侯励英:《〈中华女子修身教科书〉与民初女子教育》，载张宏生编《人文中国学报·第 24 期》，上海古籍出版社，2017。

③ 《中华教育界》，1914、1915，夹页。

④ 王小静:《清末民初修身思想研究——以修身教科书为中心的考察》，人民出版社，2012。

春季始业初等小学国文教科书，曾经审定在案。此次遵照新章大加修改，选择教材，斟酌字句，均较前书为妥善，准予审定，作为初等小学春季始业学生用书。"①20世纪20年代，该书作为"新中华教科书"的一种继续在全国发行使用。

李廉方在中华书局编写的中小学国文和修身教科书

——《新制各科教授法》（范源廉、姚汉章校阅，1914）分三编：第一编"总论"论述了教授的要旨、材料、方法和阶段，第二编"分论"讲解了修身、国文、算术、历史、地理、手工、图画、唱歌、农业、缝纫、体操和商业科的要旨和方法，第三编"单级教授法"论述了单级学校、单级的设备、编制、教法，第四编为二部教授。书中对"教授之材料"，即教材的选择、排列和联络也进行了阐述。并且，有专章讨论"国文科"的"要旨""材料""方法"和"教授用具及教授上之注意"等问题。此为我们目前所见最早的语文教学研究作品。《新制各科教授法》集"编者十数年之经验，语多精审"②，可谓是国人

---

① 《图书月刊》1915年第1期"图书批评"栏目。
② 《中华教育界》，1914、1915，夹页广告。

最早自编的各科教学法著作和教材之一。到 1921 年，该书已发行到 12 版。

——《新制教育史》（范源廉校阅，1915）分为绪论、我国海禁前之教育、世界新教育之潮流、清季教育以及民国学制四章。教育部审查批语曰："是书叙述中外教育盛衰，及学术异同，多用比较立论，且于近年所说纲罗略备，具见匠心。"[①] 有专家称（蔡振生，1988），该书是我国较早自编的一本教育史专著，是"中国教育史研究发轫期（1912—1927）"的代表作之一。[②] 郑刚（2013）认为，该书"从丰富教育学理论的角度来探讨学科价值"，"较准确地把握了教育史学科的研究对象，这对当时尚处于学科萌生期的'中国教育史'学科来说是至关重要的"。[③] 到 1922 年，该书已发行到 13 版。

——《实用修身伦理学讲义》（周日济、潘武参与编写，1915）共 14 章，即在校之责务（对于学校之规则、人、物）、卫生（节制、清洁、锻炼与活泼）、修学、言语、容仪、动作、公德、自立、对家庭之责务、对国家之责务、对社会之责务、对人类之责务、对万有之责务、教师之修养（品性、智识、形式之修养）。到 1920 年，该讲义已发行到第 7 版。

---

① 《教育公报》第 2 年第 10 期"公牍"，1916 年 12 月。

② 蔡振生：《中国教育史研究的历史回顾与反思》，《北京师范大学学报（社会科学版）》1988 年第 3 期。另见杜成宪、邓明言：《教育史学》，人民教育出版社，2004，第 36 页。

③ 郑刚：《史学转型视野中的"中国教育史"学科研究（1901—1937 年）》，华中科技大学出版社，2013，第 177、169 页。

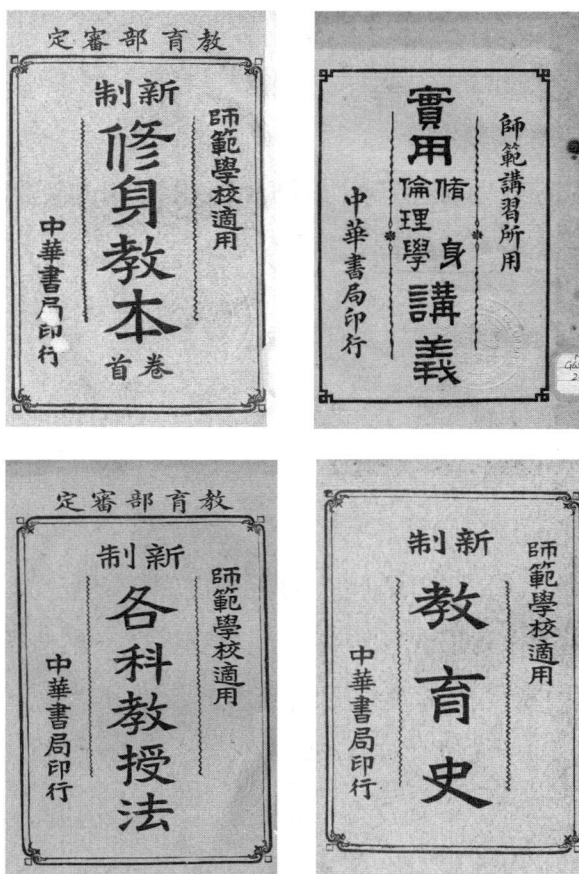

李廉方在中华书局编写的师范学校教材

此外，李廉方与范源廉、沈颐、杨保恒、周维城、顾树森、吴家煦等合作编写了《实用小学教员讲义》（6 册，1915）。作为中华书局编辑，李廉方还参与"校阅""阅订"了一些中小学和师范教科书，如《新制学校管理法》（周维城、林壬编，1915）、《新式算术教科书》（8 册，国民学校用，顾树森、沈煦编，1916）、《新式国文教授书》（8 册，国民学校用，吴研蘅等编，1915、1916）、《新式国文教授书》（6 册，高小用，陈健等编，1916、1917）、《新式修身教科书》（8 册，国民学校用，方钧编，1915、1916）、《新制单级修身教授书》（初小用，方钧、丁锡华编，1915）、《新制单级国文教授书》（甲、乙编各一册，初小用，董文、钱巩编，1915）、《中华女子修身教授书》（高小用，方钧编，1915）、《新式修身教授书》（6 册，高小用，方浏生编，1918）等。^①2011 年，辽宁教育出版社重新出版了李廉方校阅的"民国老课本"系列《国文老课本》《修身老课本》。

四、倡行"国语运动"编撰国定教科书

中国古代，语文在学校里不是作为一门独立学科，而是作为一门文史哲综合的学科进行教学的，学的是儒家经典、文选读本和作为启蒙读物的《三字经》《百家姓》《千字文》等。清末开办新学堂时，才有"国文"一科，教授的仍是与口语脱节的历代古文。文言文艰深难懂，与口语脱节，不易学习，有很大局限性，尤其到近代，已成为普及教育的最大障碍。"五四"新文化运动提倡白话文，反对文言文，于是教育部将国民学校"国文科"改为"国语科"。新中国成立后的"语文"实际上是将"国语"和"国文"合二为一。在语文教育及其课程教学这一革新过程中，李廉方全程参与、十分关注且有重要贡献。就教育而言，李廉方对小学教育或国民教育贡献最多；就学科而言，李廉方在中国语言文字及其教育上的成就最大。他说过（1934）："少时于治经史词章图算之余，粗习文字学。东瀛游学归，深有见于国民教育为立国之本，国语文字为一切学习工具，因之致力于此尤勤。……三十年来，凡国语教材及教法之种种问题，靡不推究其因果与关系。"^②李廉方是国文改国语和国定教科书的探索者和先行者，一方面，他作为北京政府和南京政府国

---

① 北京图书馆、人民教育出版社图书馆：《民国时期总书目·中小学教材（1911—1949）》，书目文献出版社，1995，第 23、24、72 页。

② 李廉方：《改造小学国语课程第一期方案·序言》，开封教育实验区教材部，1934。

语统一筹备会委员，始终走在国语运动的前沿，积极倡导和实施言文一致、国语统一；另一方面，他作为中华书局编辑和教育部编纂员（后改为编审员），以小学语文为主要抓手，编写出版了一系列教材，既有带点白话文色彩的国文教科书，又有言文一致的国语文学读本。

早在 1912 年全国临时教育会议上，李廉方"即提出改国文为国语"①，深感当时民智不适应新国体和时代的需要，左思右想后得出首要解决的当为文字问题，也就是他一直提倡和推行的言文一致、国语统一问题。他与张继煦、向大锦合编的初小国文教科书和教授书，已经把白话文作为一个重要问题加以考虑了。该书"编辑大意"指出："近出各教科书纯用文体，虽然意求浅显，而文不通俗，不易了解。本书由语入文，先选列常用名词，进为言文一致之语，再进为通俗之文话，更进为平易之文言。语法与文法，同异极费斟酌，循序渐进，儿童易于领悟。"②1915 年，李廉方与陆费逵等合作的影响较大的国文教科书也加入了不少白话文，正如《民国时期总书目·中小学教材（1911—1949）》（书目文献出版社，1995）评价的，李廉方等编的《新式国文教科书》（1—8 册），"每册附有白话文四课，为以前教科书中所未有"。③

1914 年，北洋政府教育部新设教科书编纂处（也称编辑处），颁布《教育部教科书编纂纲要审查会规程》和《教育部教授要目编纂会规程》，意在加强教科书统一编审工作。李廉方、熊崇煦、陈润霖、黎锦熙等专家被聘为编纂员，主要"编订初小国文读本纲要和国民学校

---

① 郭戈：《李廉方语文教育论著选》，语文出版社，2006，第 196 页。

② 张继煦、李步青：《初等小学国文教科书》第一册，武昌共和编译社，1912。

③ 北京图书馆、人民教育出版社图书馆：《民国时期总书目·中小学教材（1911—1949），书目文献出版社，1995，第 38 页。

修身教科书",编有《初等小学校国文教科书编纂纲要草案》《高等小学校国文教科书编纂纲要草案》《师范学校国文教授要目草案》《小学校修身教科书编纂商榷书》《初等小学校修身教科书编纂纲要草案》等，明确了一些科目的编纂标准和原则。袁世凯称帝失败后，这个机构无形消亡。黎锦熙在《国语运动史纲》（1934）中称，他们四人"每主张国文宜改国语，闻者但微笑。后来只把第一册勉强用些言文接近的句子；第二册将'的''么''这''那'等字附在课后，以与课文中的'子''乎''彼''此'对照。但终于被删去了"。① 当时国内局势动荡，此教科书昙花一现，未能推行。

之后，李廉方潜心研究小学国文教学问题，在《中华教育界》杂志先后发表了《国民学校国文教授之新研究》（1916）和《小学国文教授实际之研究》（1919）长篇论文。其中前文指出，我国旧时国文教授"无所谓国文教科书，亦无所谓教授法也。自学校之制行，小学校之国文，始有摹仿外国读本，为改良教科书之张本。然实际上之教授，未有当也。……国文教授与他种科学不同，而小学教授又与普通治文之法不同。当根据数千年遗传之精神，运用实验心理之方法，不深究本国之文字不能通其义蕴，不贯彻最新之学理，无由定其方针。近人所言，陈腐及不适用者勿论矣，间有警辟议论，类皆抒其一得之见，失之零碎。以为此重大之问题，唯无精密之研究，小学教授，宁能促其进步耶？"② 基于此，他深入研究了文字问题（包括中国文字的特质及特殊教授之法、字数、字体、字音、笔顺和关于联想文字的注音）和文法问题（包括汉语文法教授的经过、各国文法教授的沿革以及文体

---

① 黎锦熙：《国语运动史纲》，商务印书馆，1934，第107页。
② 李廉方：《国民学校国文教授之新研究》，《中华教育界》1916年第5卷第1、2期。

等）。该文是中国近代研究小学语文教学的一篇力作，值得关注。《小学国文教授实际之研究》①则分五大部分：第一文字，包括字音（发音、反切、四声、注音字母、音之比较练习）、字形（笔顺、部首、字体、类似之字）和字义；第二文法，包括句读、篇章法、虚字等；第三教顺，即教学之顺序；第四教式，如发问式、提示式、订正式等；第五自习，包括自习的旨趣、种类、地点、时间与时数、关于预习与练习、笔记簿之研究以及参用分团式教授法等，从而汇聚了李廉方"十年来的经验与研究"，为其语文教学思想的代表作之一。

"'五四'新文化运动促进了学校教育有不少改革。其中影响最大的为推行国语运动。"②正如西方近代的启蒙运动一样，语文革新走在了教育革新的前面。在西方，民族语文代替了拉丁文；在中国，白话文替代了文言文。

提倡国语，研究国文教学，是李廉方当时的一项重要事业，并有较大成果和影响。根据《记国语统一筹备会》（1919）的记载，在1919年4月首次召开的北京政府国语统一筹备会上，作为教育部视学主任的李廉方，与张一麐（会长）、吴稚辉（副会长）、袁希涛（副会长）、蒋维乔、胡适、钱玄同、刘半农、陈衡恪、高步瀛、王璞、陈懋治、陆基、沈颐、黎锦熙等被选为委员。③大会开议第一案由李廉方提出，即"请改正注音字母名议案"，要求改"字母"二字为"符号"。钱玄同说，注音字母的名称就字而论固不甚妥，但已经读音统一会议决又经教育部公布施行较久，不便再易。此案因仅四人举手同意属少数而

① 李廉方：《小学国文教授实际之研究》，《中华教育界》1919年第8卷3、4、5、6期，1920年第9卷1期。

② 顾树森：《中国历代教育制度》，江苏人民出版社，1981，第269页。

③ 详见《教育公报》1919年第6卷第9期《记国语统一筹备会》。与会者还有蔡元培、周作人、陈仲凡、沈恩孚、熊崇煦、钱家治、张继煦等。

被否决。会上，李廉方还与胡适、蒋维乔、高步瀛等被会议主席指定组织十人委员会，负责办理国语统一进行方法案、编辑国语词典及国语文典入手办法案、国语词典之编纂拟博采方言案的合并事宜。[①] 李廉方认为：“注音字母，不是用他替代汉字，乃是用他反切字音的。在八股时代，研究小学那些经学家们，都注意‘字’的本音，所以有音韵学，盖同一字，各地读法往往不同，湖南则读湖南音，广东则读广东音，谁是谁非很难判决。是以必有一定的注音作为标准，注音字母是用反切方法，使字音一定不变，比从前音韵字母强的很多。”[②] 他又说：

> 国民小学本应当有国语一科，因为国民学生四年毕业之后，不能都是升学者，有升学的，又有做别种事业的。此四年之内，若学国文是很难明顺，除非特别天才的人，简直就不能明白的很多，如之、乎、者、也、矣、焉、哉等虚字，国民儿童怎么能够明白呢？国语虽然亦有虚字，如啦、的、吗、呢等，但与俗语相同，文言一致，故容易明白，而不像国文的困难。……学校所以有国语者，是使其文言一致，而容易明了，并不是作白话文章。国语是国语，国文是国文，决不可看成一样。国民学校若有国语，则对于教授上有许多的便利，文言相同，儿童很容易明白。现在一般教师讲国文的时候，往往就以文言解释文言，如“手”就是手，“麦”就是麦，这样囫囵吞枣的讲法，不告儿童真正确实的内容，那儿童怎么就能明白呢？这样讲法，能说是对吗？……用白话文不但不能妨碍国文，且有补益于国文。[③]

①　《记国语统一筹备会》，《教育公报》1919 年第 6 卷第 9 期。
②　曹德宣：《李廉方先生演说词》，《沈阳高等师范学校周刊》1920 年第 6 期。
③　曹德宣：《李廉方先生演说词》，《沈阳高等师范学校周刊》1920 年第 6 期。

1920 年 1 月，教育部接受该会提案，明令把小学一、二年级国文改为语体文，并规定至 1922 年，凡旧时所编的文言教科书一律废止，改为语体文。后来大中学校的教科书或讲义，也逐渐采用语体文。这实在是中国教育史上的一件大事。今天，我们能够书同文、语同音，教育能够大面积普及，文化知识能够很快提高，在一定程度上不能不归功于国语运动。

五、编写国语文学读本 研究国语教材教学

20 世纪 20 年代，李廉方历任河南教育厅长、教育部教科书编审员与新学制专员、武昌高师和武昌师大教授、北平政治分会秘书长等，他在《中华教育界》《初等教育》《新教育》等杂志上发表《中学校制度之商榷》（1920）、《整理河南教育计划书》（1921）、《义务教育进行计划案》（1922）、《小学教材之商榷》（1923）、《教学历程应如何组织》（1924）、《新小学》（1924）、《小学教育经费问题》、（1924）、《小学国语文学读本之研究》（1925）、《小学教育根本改造论》（1926）等一系列文章。其中，《小学教材之商榷》详细论述了教材组织与教学方法、预定教材与科目分合的关系，是李廉方最早专门研究教材问题的论文。他认为，"教科书革命是教法革命的基础"，"达教育目的的工具，是'教材'，不是教法，离了工具不能谈使用的方法。从前教法因袭形式，弊病在不知教法是从教材生出来的"。在他看来，"空谈教法，不如深究教材程序，所谓教法，即包含在程序的里面"。他又认为，"现在将我国小学教科书，分作两类来讨论：（1）教文字的教科书，如国语、国文等教科书。……（2）用文字记述教材的教科书，如修身、公民、历史、地理、理科等教科书"，"从前研究教材，纯从教材的本身定选择的标准，定排列的程序，和离了教材谈教法的是一样的错误。……

教材程序含有两层意义：一为教的材料程序，是教材本身的问题；一为材料教的程序，是学习心理的问题。把学习心理的程序，完全在施教的时候去应用；若是组织教材的时候，绝不顾到，这是根本上的错误。试拿这两层意义观察我国小学教科书对于教材本身的程序，是否组织适当且不论，对于学习心理的程序，能见到的甚少”。这些观点在今天看来仍有很强的针对性和重要的启发意义。

其间，李廉方在中华书局出版了他独立编写、适用新学制的“新小学教科书”——《国语文学读本》（初级，8 册，1925—1928）、《国语文学读本》（高级，4 册，1927—1928），及其教参《初级小学国语文学读本教授书》（8 册，1925—1928）、《高级小学国语文学读本教授书》（4 册，中华书局，1928），以及《国语文学读本说明书》（1925）。下面简要加以介绍。

李廉方在中华书局出版的新学制小学教科书

——初级《国语文学读本》“编辑大意”指出，“本书用语，本纯正国语，且完全儿童化"，"选材以读的儿童文学为准，儿歌、童话、民话、谜语、谐谈、寓言、故事、传记、小说、剧本等各体皆备"。该读本注重儿童学习心理和文学陶冶，选字 2300 余个，皆普通必用之字，分量较一般之国语教科书为多。李广在《小学语文教学论》（东北师范大学出版社，2005）中指出，该读本"一年级第一学期一开始就读韵文……课文内容颇有情趣，生字重复率高，便于巩固。此外，教材因受'五四'新文化运动的影响，也反映了一些反帝反封建的思想内容"。"所编入的课文，有的揭露列强的罪行，有的称颂爱国历史人物，有的赞美祖国河山等"，还"编入了童话、自然故事、生活故事、历史故事、山歌、民歌等，增强了语文的文学性和趣味性"，"用白话文编写语文课本，使小学生的语文能力得到提高。这在我国小学语文教材史上是一个重大的发展"。①

——高级《国语文学读本》虽然也是语体文形式，但"力矫近来白话文种种流行之病，一方体会自然语言，使句句便于上口；一方运用古人作文文诀，由用字之诀，使声调谐和，由用笔之诀，使控纵自如。儿童熟读各课，自易领会造句与作文之法"。该读本"凡例"还指出，"本书第一要旨，在依高小读文目的，养成能作语体文之技术，兼有读文言文之能力"；"本书第二要旨，在培养反复诵读与沉思之习惯，使每读一文，能就略读、详读、默读、朗诵各方面，极其所至"；"本书第三要旨，在使儿童于读文中所悉内容，所得感想，互相印证，印象永远留住，思想连贯不辍，而每课开始之动机，不必于本文以外求之"；"本书第四要旨，在使课文结构及分配根据学习心理"；"本书结撰，依前编初小国语文学读本，以儿童文学要素，融贯教训、实用、兴味，三者于本课目的之下"。此外，该读本还可"用作课外阅览之

---

① 李广:《小学语文教学论》，东北师范大学出版社，2005，第 46—47 页。

本，趣味方面与小说童话等书，有同一价值，而文学陶冶之功用较大”。有评论说，李廉方在编辑小学《国语文学读本》时，注意到生字假定和实际反复次数的安排问题，并考虑到生字排列的顺序问题，“比以往有了更大的进步”，也“会有助于以后的语文教科书的编写和识字教学的开展”。①

——《初级小学国语文学读本教授书》“例言”指出：“本册各课教案，由著者编定，先试教于湖北省立模范小学一年级，再根据经过情形之记录，加以修正。各课教学进程，视教材之内容与组织以及应需时间，为适当之支配，打破拘泥形式过程之弊。各课新词练习，除补充教材外，尤注重闪烁片书，以谋教学时间之经济，认识变换之便利，与儿童学习之兴趣。”

——《高级小学国语文学读本教授书》“例言”指出：“本书教案，在使儿童依教指导而自动学习，尽量发展个别之心得，因取道尔顿制教学之旨趣为教学进程，在施行道尔顿制学校与非道尔顿制学校，均适用之。依据道尔顿制教学应矫正之弊，参以二十年来国文国语教学之各方经验，分每课教学进程为三个步骤。”

——《国语文学读本说明书》全面阐述了对小学国语课本的观点主张，既是其编撰的一系列“新小学教科书国语文学读本”之先期说明，也是其最早专门研究学科教材即国语课本的专著。李廉方认为，当时国语教科书（又称读本）主要有两种体式：一是改良式，抄袭旧式教科书之窠臼，形式、内容渐倾向于儿童文学，多用于一般小学；二是文学式，改换旧式教科书之面目，文字尚重复，内容重趣味，多

---

① 赵欲仁：《小学国语科教学的三种新趋势》，《中华教育界》1930 年第 18 卷第 12 期。另见耿红卫：《革故与鼎新：科学主义视野下的中国近现代语文教育改革研究》，山东教育出版社，2008，第 321 页。

用于新式小学。他认为："国语读本，由儿童文学组织而成者也。教授书，所以辅助读本进行者也。非国文素具根柢之人，精研儿童文学，兼于教学原理实验有得者，以彻底之研究，编辑读本，不足观也。夫读本之要，人所公知；而成书之难，世或未喻。学者浅尝，仅窥一斑于全豹；作家率尔，时误千里于毫厘。"李廉方通过研究文学为何、儿童文学为何、以往国语读本之缺陷为何，"得读本应为儿童文学之原则有二：取儿童教材，适合于学习心理；取文学陶冶，达到教育目的"。关于国语读本应具之性质，李廉方主张，"国语读本不是听的儿童文学"，也不是"看的儿童文学"或"唱的儿童文学"，而是"应为教科书体裁"；"国语读本必集合各类儿童文学，以自然之语言、通常之文字，重加组织便于诵习，而成为教学之工具，可断言已"。① 其所编上述初、高级《国语文学读本》，就是他在对国语读本的性质及其与儿童文学关系，以及对儿童语、选字、目标、进程、选材、结构、分量和教授书等方面进行深入研究的基础上而编写出来的。

此外，李廉方早年对小学国语教学测验也有一定的研究。20世纪20年代初，中华教育改进社在美国教育专家麦柯尔（W. A. McCall）的鼓动下，研制各学科教育和心理测验指标，并在全国进行了大规模的学校教育调查测验。时任该社义务教育委员会书记、武昌高师教授的李廉方负责湖北地区的调查测验。语文教学测验因之也得到很大发展，陈鹤琴和廖世承为其代表，他们编著的《测验概要》一书对语文教学测验有开创性的贡献，影响颇大。之后，关于测验问题，国内学者虽有不少论述，但继起编造者甚少。李廉方根据长期研究语文及教

---

① 李廉方：《初小国语测验预备材料及方式之说明》，《河南教育月刊》1930年第1卷第3期。另载郭戈《李廉方语文教育论著选》，语文出版社，2006，第66、69、70、71页。

学之经验，认为"尤其对于通行之标准测验，所用材料与方法，是否适合"，值得商榷。他发现，"从欧美输入学说者，标榜以科学方法，制作规范，往往偏于袭取形式，忽略内容。"他指出《测验概要》一书的主要问题："总之，过重形式，又专注意于记分简便，内容殊欠精审。此在初制测验时，本难遽期完善，倘使此不完善之方式，奉为规律，则所测验之总能力，实无真正价值可言。此在吾人所当共起努力而从事修正者也。"有鉴于此，他在陈鹤琴、廖世承及艾伟、汪怡等名家研究的基础上，编制了一套小学国语测验标准，^①内容包括"识字测验"（分音读、解义和辨形测验）和"文法测验"，并特别强调"切近于实际"和中国文字之特点。这些为他后来编造小学各科测验和从事国语教学实验奠定了基础。

六、实验创立"廉方教学法"实行国语常识合科教学

20世纪30年代，李廉方在担任河南大学文学院长兼教育系主任以及开封教育实验区主任期间，学术重心从教材编纂转向课程教学整体改革的实验研究上，先后创办《教育周刊》《开封教育旬刊》和《开封实验教育月刊》，发表了《实验小学教育》（1931）、《教材研究》（1932）、《教学单元应有的认识》（1932）、《对于劳作科课程和教学之意见》（1933）、《儿童读物审查报告》（1934）、《小学低年级综合课程论》（中华书局，1934）、《国语算术计划纲要》（1934）、《改造小学国语课程》（1934、1935）等几十种论著，并以此为实验依据，在实验区的两个小学实验，创立了彻底改造课程教材教法的"廉方教学法"，从而达到了他教育学术事业的顶峰。

---

① 李廉方：《初小国语测验预备材料及方式之说明》，《河南教育月刊》1930年第1卷第3期。

李廉方改造教育的"根本体验"在于中西工具即语言文字异趣、中西社会经济悬殊，他认为（1935），当时小学教育缺陷多多，如分科教学被奉为金科玉律、班级教学不问儿童智愚优劣、课本过重形式反不及课外读物、分段教学忽视儿童心理和活动、训教分离仅限于知识传授、课外作业流弊百出成为蒙饰官署之形式、讲读纯用口耳几乎成为教学唯一途径，等等，以致与现实生活脱离而效率低微、浪费时间、学生烦苦。再以课本问题为例，他认为，现行课本乃教学改进最大障碍物，但不在根本废除，而在编辑与使用方法的改革。从班级制与授课式之下产生的一种教科书体，过重形式，反而不及课外读物较便于儿童自读或自习之用。尤其低年级常识课本，等于认读文字；中级以上国语课本，常识成分太重，缺乏文学意味。因此，他认为，"合科教学法是因为感到普通教学、单级教学、分团教学、自学辅导式教学、设计式、道尔顿制等实施的困难和缺陷，以及打破科目、打破年级、适应生活、训教合一等问题，想求一个简而易行的总解决"。[1]

对于中国语言文字，李廉方始终是兴趣盎然，不断探求。鉴于与过去及国外相比，学生语文成绩日益低下，他甚为忧虑，并且"颇疑国语运动专归咎于汉字本身，尚非根本见到之言"。[2] 他认定，"改国文为国语……国音符号，用代反切，与汉字并行，有利无弊，且于统一语音，亦有功效"。但对于责难汉字难学，废汉字改罗马字之宣传（包括"政府与党部"的一些言行），他认为"足以复兴民族乎，吾人不能无疑"，并痛斥"此种亡国之音，其目的固不只于醉心欧化已也"。[3] 全面抗战期间，他进一步指出，"中国向来被外族占领，结果都被同化了，这是国

---

① 郭戈：《李廉方教育文存》，人民教育出版社，2006，第471页。

② 李廉方：《合科实验的廉方教学法》，中华书局，1939，第2页。

③ 李廉方：《废汉字改罗马字拼音是否违背遗教》，《教育平话》1934年第1卷第1期。

人所据以自豪的。假使在帝国主义侵略下，这同化力量还能生效，汉字就是主要关键。因为中国古代文化，比世界任何国家要优胜一点。这古代文化，全靠识得汉字来了解的。如果我们先自废除汉字，就失掉同化的主要作用。况且日本人民卒业小学，都识得一部分汉字，而且能写。我们果真拉丁化了，连自己的汉字一个不识，拿什么来同化敌人呢？所以目前抗敌救亡，汉字是不应该废除的”，“拉丁化者所持种种理由，有三点值得注意：第一，排斥汉字的话，多是非其罪。第二，推奖拉丁化的话，多是非其功。第三，敌人正在企图毁灭我民族历史的时候，我们以废除固有文字来号召，更是非其时。……归结起来，只有两个主要问题：（1）音符字是必要的，只是汉字是不是一定要完全废除。（2）音符究竟用怎样拼法才是便利，这就成了元音、子音配合的问题。这两个问题解决了，其他附带问题，尽有随时伸缩的余地，用不着看得多么严重，反而多生枝节”。[①]李廉方反对废除汉字、削弱传统文化，痛斥崇洋媚外、全盘西化。他说：“浅识者流，又目迷心醉，袭貌遗神，欲举我一切固有而摧毁之。迄今日知识阶级，习为风尚，至有张四维之礼义廉耻，亦认为礼教遗毒，其末流有较北齐小儿之学鲜卑语，罗马贵族之模仿希腊风而更烈者也。”[②]真是一针见血，很有见地。

关于国语教学，李廉方认为当时国内小学生语文成绩日益低下，即使号称优良者，在读书数量、写作能力上，与国外同年级比较，大有逊色。他回忆以前未改学校时，聪颖学童入学两三年，读书及作文颇有胜于今日高小毕业生的，就是一般学徒也比初小四年毕业生较优。有人会说古代教育以读书识字为唯一课程，故此方面成绩特优。李廉方说：“其实今日一般小学，非国语课程亦多无异于国语教学；大半除

---

① 李廉方：《异哉中国文学拉丁化运动》（抗战建国小丛书之一），独立出版社，1939。
② 李廉方：《开封教育实验区成立之宣言》，《教育周刊》1932年11月3日。

读书识字外，别无若何表现。以此知增进读书数量，仍为小学先决问题。"中国以往语文教学很有成效，个别授读，彼此不相牵制，学生的进步也各适其度。西方以拼音字为工具的国家，认识字母后，稍习拼读，即可进读较长课文，并缀语句为文，两种语言的教学方法大不相同。然而，"今则课本与教法，一意袭取欧美形式，徒诸私塾授读积习之上，精神两失；而不揣工具构造不同，所以殊途同归者别有妙用。不此之审，即令文字改造，而教学不改进，教育不终于失败者鲜矣。"①

　　李廉方改造小学语文教学的思路很明确。首先，汉语教学法不能抄袭外国拼音文字教学法。所以那种标榜"科学方法"，袭取欧美语文教学的做法和观点应得自省。其次，中国旧学者的语文教学观也得改造，因为他们虽精通中国文字学，有不少教学经验，却不了解儿童心理和学习心理，为其缺陷。有鉴于此，他以语文教学为改造的突破口，寻求与其他学科的连属关系，使课程改造具有整体性，并使教学具有明晰的程序、充实的内容和整套的方法。李廉方认为，语文教学尤其是文字学习不应当孤立进行，知识和工具、国语和常识的材料应该统一起来进行学习。他说："初等教育如果在二年以上，文字工具是不当孤立学习的，就是知识和工具应该统一起来，学习才经济而且恰合实用，这在新教育的途径上，已成了一定不易的原理，而且不是空泛的理论。……知识和工具统一起来的学习，比孤立学习好，是要从总账上看最后完结的总计，不可从分账上比较效果。因为综合学习，在开始或中间，有些事情，或者不及孤立学习的进度高，这是必然的事实。认清了这一点，这修业年限较长的基本教育，就不像那速成学习，在几个月或一年以内，责成他能够很顺利地写信看书，因为他的工具不是纯为文字学习得来的，他应用工具，也不是专为文字学习来应用的，

---

①　李廉方：《合科实验的廉方教学法》，中华书局，1939，第4页。

要从优游中才能够得到较良好较充实的学习。"①

"廉方教学法"的主要目标是以一般小学学龄儿童两年半授课时数修完部定四年课程，并努力实现教育与生活相适应、教与训合一。在课程上，分文艺、劳作、游戏、特别练习四系，文艺包含国语、常识、图画三门；游戏包含体育、乐歌二门；劳作包含服务（整洁、记载、传习）、实习（技能训练、科学试验）二门；特别练习则由以上三系之作业部分抽出。算术进至技能完成期，独立占时较多。这些课程有一套新的组织方法：一是统一知识与工具，二是结合出于自然。在他看来（1935），"离开了一切学习活动，便不能产生切合实际需要的文字材料。文字是进行一切学习活动的工具，至少算术、常识是这样的。唯其如是，工具和知识技能就须统一起来，而这种统一又须建筑到环境上面，教育见解才可以贯彻到底。"② 因此，李廉方将其课程教学过程分为三期：第一期为正式阅读前准备期，可以说是认字学习期，把常识、算术、游戏等完全结合在观察、联想、发表三个阶段里面；第二期为取得自学应有技能期，可以说由识字过渡到读书时期，常识、算术、游戏还是综合学习，不过得有少许的特别练习时间；第三期为完成自学功用期，可以说是正式读书期，就是使每个儿童尽量发展他的自学能力，如果离开学校不再升学，随时也有自修的力量。此外，为配合教育实验，李廉方在开封教育实验区还出版了20余种"小学教学活动纲领及参考资料"，如《龙亭》《相国寺》《岳飞与朱仙镇》《包拯》《新年》《端午》《儿童节纪念》《国庆纪念》《孔子圣诞》《淝水之战》《民族英雄史可法》《九一八国耻纪念》《云南起义纪念》，以及《健美早操》《日常生活小歌曲》《小小工程师》《儿童字典》《写字与认

---

① 李廉方：《异哉中国文学拉丁化运动》（抗战建国小丛书之一），独立出版社，1939。
② 郭戈：《李廉方语文教育论著选》，语文出版社，2006，第201页。

字》《涂色画片》《一个小间谍》《怎样剪纸》等。

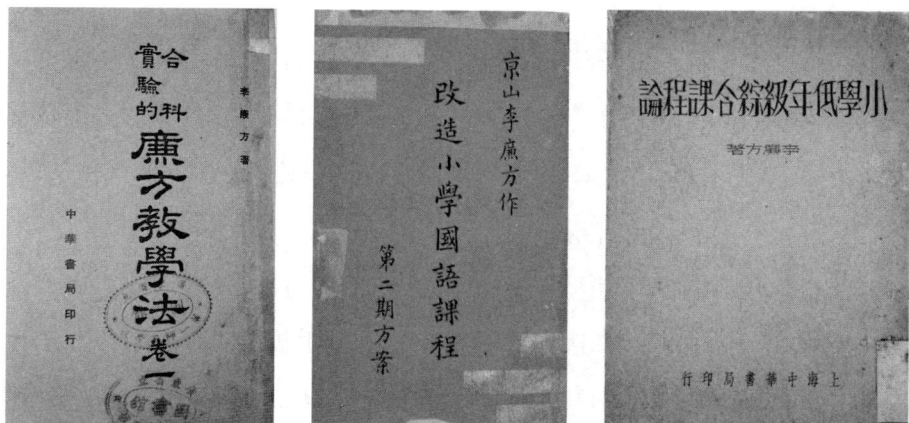

李廉方在主持开封教育实验区时编写的部分著作

经过多年的努力、实验和探索，"廉方教学法"实验成效显著，影响很大，一时间参观者络绎不绝，且都给予高度评价，尤其是教育名家黄炎培、王世杰、俞子夷、江问渔、孟宪承、朱有光、肖承慎、王秀南等都撰文推崇有加。至今，该法仍被教育学者誉为"国人自创教学法"的主要代表。[①]如徐珍在《教学方法演进》（1974）中称："廉方教学法最大贡献，尚不在经济教育年限，而在革新过去我国教学之弊病，而创一种适合国情的教学法。"[②]这种方法，因其"以一般小学学龄儿童两年半授课时数修完部定四年课程"，经济而有效，初名"二年半制"；又因为它在识字教学上颇有成效，且不采用课本，应用卡片之处甚多，又称"卡片教学法"；还因为国语常识合科、课程教材有综合的思想和组织，遂名之曰"合科教学法"。

全面抗战爆发后，李廉方应聘担任教育部实验教育教材编辑主

①　司琦：《中国国民教育发展史》，台北三民书局，1981，第269页。

②　徐珍：《教学方法演进》，台北复兴书局，1974，第118页。

任、教科用书编辑委员、特约编辑、国民教育辅导研究委员会委员、国民参政员、湖北通志馆总纂兼副馆长，继续从事课程教学实验和教科书编审工作，参与审订了一批"国定教科书"，发表或出版了《编辑儿童读物应有的认识》（1938）、《合科实验的廉方教学法》（1939）、《中国文字拉丁化问题》（1939）、《中国推行义务教育应有的基本认识》（1939）、《最经济的合科教学法》（1940）、《初小习字范本说明书》（1943）、《辛亥武昌首义记》（1947）、《新修京山县志草例》（1947）等论著。新中国成立前，李廉方作为特邀代表出席了中国人民政治协商会议第一届全体会议，出任中央人民政府文化教育委员会委员、中南军政委员会委员兼中南教育部副部长、高教局副局长，湖北省第一届政协副主席等职，并发表《关于精简课程的意见》（1950）、《全国识字运动初步方案的建议》（1950）、《关于识字教学的几个问题》（1950）、《对新学制的认识》（1951）等文，继续为新中国的教育改造、课程革新和语文教学做贡献。1959年去世时，人民政府庄重公祭，挽联道："遗著犹新与辛亥革命历史共存，此生无憾见中国社会主义实现。"

中国人民政治协商会议第一届全体会议教育界部分代表和特邀代表合影。前排左起：陈望道、高镇五、李廉方、秉志、陶孟和；后排左起：卢于道、梁思成、杨石先、李仲英（李廉方女儿，陪同人员）、吴贻芳、罗常培、竺可桢

郭戈编校、华中师范大学出版社出版的《李廉方集》（2021）

古元等：新中国初期语文课本的绘图者

古元

丁井文

阿老

刘继卣

戴泽

　　图画跟写在书里的书面语言有同等的重要意义。……课本是国家对学生进行教育的主要的工具，是学生受教育时期的主要的精神食粮。因此，课本的绘图工作尤其要认真，图画跟书面语言尤其要做到有机的配合。

——叶圣陶

新中国成立初期的教科书主要有两套，即 1949—1953 年使用的第一套教科书与 1954—1957 年使用的第二套教科书。第一套教科书又包含 1949—1950 年的开国教科书与 1952 年启动修订的改编本，以及 1952 年启用、1954 年停用的小学五年制新课本，并且每个科目有一个或多个版本，全国通用。第二套教科书则是每个科目只有一个版本的国家统编教材，而且同时编订了完整的教学参考书及教学大纲。与此相对应，新中国成立初期教科书的装帧设计和绘图，也可以划分为开国教科书、新学制教科书与统编教科书三个阶段，并呈现出不同的特点和水平。由于先后吸收了中央美术学院（简称中央美院）和人民美术出版社（简称人美社）等单位的一大批有名的中青年画家直接参与其中，如第一批的古元、王式廓等，第二批的丁井文、靳尚谊、鲁少飞、王璜、任梦璋、傅乃琳、杨之光、詹建俊、蔡亮、刘菁蕙、刘继卣、权正环、江萤、吴为、孙鸿绪、张同霞、李震坚、全山石、娄世棠等，第三批的李宗津、阿老、戴泽、邵晶坤、王恤珠、王叔晖、王之江、沙更世、肖林、毓继明、郭振华、汪志杰、张振仕、李宏仁、刘典、陈俭贞、刘旦宅、方涧等，并且还选入了董希文、张仃、王式廓、蒋兆和、艾中信、周令钊、司徒乔、潘絜兹、顾炳鑫、王琦、萧肃、陈沙兵、肖林、费声福、姜燕、林锴、李莬、方菁等有名画家创作的多种画法的作品，这一时期教科书的装帧设计、插图和封面绘图水平都达到了一个前所未有的新境界，在我国教材史、插图艺术史和书籍艺术设计史上留下了浓墨重彩的一笔。

需要强调的是，语文课本历来是教材装帧设计和插图绘制的重点，也是显示装帧者和绘图者水平和风采的主要平台。所以，这里要谈的是新中国成立初期语文课本插图的情况。

一、1949—1950 年：开国时小学国语课本的插图

开国教科书不仅对文本内容做了全面审查和修订，在插图绘制上也做了一些设计和改造。这套教科书的内容和形式，尤其是文科版本和绘画风格，都直接借鉴和吸收了老解放区的经验和做法。就其中的国语、历史、政治、常识等教科书而言，装帧设计和插图都比较简洁、朴实，具有浓烈的战斗气息、强烈的政治倾向和写实的艺术手法。就插图分布来说，以小学尤其是初小为主，学科以小学国语、常识、自然、算术为主，高小历史主要是人物图像和历史地图，高小地理主要是中外地图。中学课本很少有人物插图，数理化课本基本上是线条图。由于当时纸张短缺，造纸、印刷设备不良，所以教科书装帧设计和插图都显得十分简单、粗糙，画风比较单一，画的品质也不高。创作者均未署名，但为开国教科书赋予了相应的形式，并传达出新兴政权的思想意识和相应的设计理念。

先将华北人民政府教育部审定、华北新华书店出版的《初级小学国语课本》第一册，1948 年 10 月版、1950 年 1 月版的封面和前两课的插图进行对比，可以看出开国教科书的装帧设计、插图和出版印刷上的一些改进。

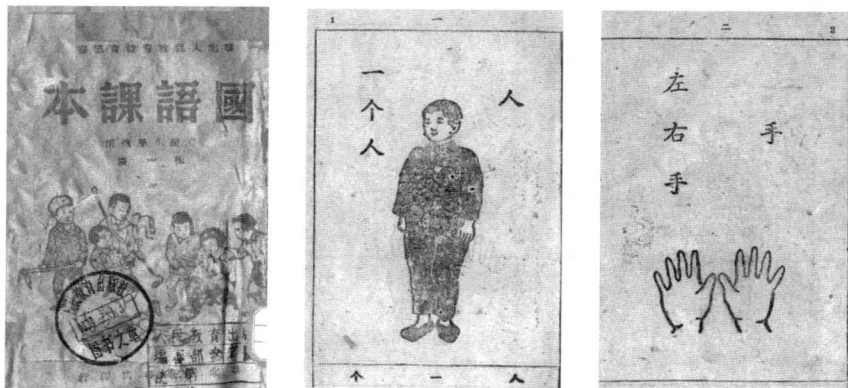

华北新华书店出版的《初级小学国语课本》第一册，1948 年版

华北新华书店出版的《初级小学国语课本》第一册，1950 年版

　　再将华北人民政府教育部审定的《初级小学国语课本》第一册（华北联合出版社，1950 年 1 月）与上海临时课本编审委员会编审的《初级小学适用临时课本国语》第一册（上海联合出版社，1950 年 2 月）的部分插图进行对比，可以看出华北版与华东版在人物插图风格上的区别。

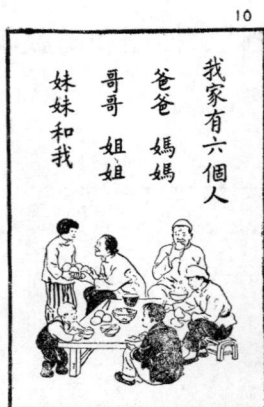

《初级小学国语课本》第一册

《初级小学适用临时课本国语》第一册

二、1951—1952 年：人教版首套国语课本的插图

人教社成立之初，没有设立专门的插图绘制部门，仅在经理部（出版部）里设置了美术宣传科。[①]加上受印刷条件特别是铅印的制约，当时教材的封面、版式设计及插图都很简朴，且书版的格式，如繁体竖排、32 开本等一如既往，基本上沿袭了开国教科书的式样。即便有些插图，也主要集中在小学课本，且画法比较简单，多为人物画像或示意图。初、高中教科书几乎没有插图，封面也没有图像设计。

有鉴于此，已从事半辈子教材编辑出版工作的人教社社长兼总编辑叶圣陶，开始着手加强和改进这方面的工作。他认为："图画跟写在书里的书面语言有同等的重要意义。……课本是国家对学生进行教育的主要的工具，是学生受教育时期的主要的精神食粮。因此，课本的绘图工作尤其要认真，图画跟书面语言尤其要做到有机的配合。"[②]于

① 《新中国中小学教材建设史（1949—2000）研究丛书、出版管理卷》，人民教育出版社，2010，第 187 页。

② 叶圣陶：《重视书籍的绘图工作》，《编辑工作》1955 年第 9 期。

是，叶圣陶不仅从文字内容角度不断修订和改进开国教科书，而且在形式上进一步提高装帧设计和插图水平，在此基础上形成了人教版第一套教材。对此，《叶圣陶日记》1951年6月15日记载：

傍晚至文化俱乐部，宴请画家数人，希望他们为我之助，于教科书之绘图工作尽力。到者有王朝闻、王式廓、邵宇、古元诸君，皆今日美术界优秀人才。宴饮至九时散。[1]

据查，王朝闻（1909—2004）时任中央美术学院教授、教务长；王式廓（1911—1973）时任中央美术学院教授、研究部主任；邵宇（1919—1992）时任中央新闻摄影局副秘书长兼美术创作室主任，后任人民美术出版社社长兼总编辑、中国书法协会主席；古元（1919—1996）时任中央新闻摄影局美术研究室副主任、人民画报社编辑，后任中央美术学院教授、系主任、副院长、院长，中国美术家协会副主席、中国版画家协会主席。他们四位都是1938年前后赴延安参加革命的"三八式"干部。

通过查阅1951—1952年人教版教材，可以看出叶圣陶与上述著名美术家聚会的成效——在小学课本装帧设计和插图绘制上下了较大功夫，并有了较大改进。具体承接这项工作的主要是古元、王式廓。尤其是古元，他为这套教科书的封面和插图统一设计风格，注意符合小学生年龄特征、各学科特点和教学内容要求，也体现了文字、色彩、图形、符号等元素的运用，以及美术图案和纹样装饰的变化。涉及的教科书主要有：《初级小学国语课本》（8册）、《高级小学国语课本》（4册）、《初级小学算术课本》（8册）、《高级小学算术课本》（4册）、《初

---

[1]　商金林:《叶圣陶年谱长编》第3卷，人民教育出版社，2005，第124页。

级小学常识课本》（8 册）、《高级小学自然课本》（4 册）、《高级小学历史课本》（4 册）、《高级小学地理课本》（4 册）等，均署名"装帧者：古元"，其中封面设计和绘图使用了常用的双色印刷。

古元承担装帧设计工作的小学国语课本

以下是古元等为《初级小学国语课本》第三册新绘制的部分插图。

古元主持的这套教材的装帧设计和插图，大大超越了之前教材的水平，概括起来说，主要有以下特点：一是简洁朴素，庄重大方，构思巧妙，没有烦琐、浮华、怪异的地方；二是教学场景采用写实风格，黑白对比，反映了城乡小学生的真实生活和学习情况，有较强的趣味性和吸引力；三是适应了当时的印制工艺的要求，减少成本，降低定价，减轻了学生家长的负担；四是将小学各科课本装帧绘图一并设计、统筹考虑，基本上形成了一种风格、统一形式，也不失其特色，即画面或图案体现了学科特点。但也存在一些问题，如初、高中教科书几乎没有插图，封面也没有人物图像设计。

链接：古元（1919—1996），字帝源，广东人，美术家、教育家，擅水粉、水彩、版画。广东省立第一中学（广雅中学）毕业，爱好美术。1938年入陕北公学，后在鲁迅艺术文学院（简称"鲁艺"）美术系学习木刻创作。1941年在鲁艺担任美术工场木刻组长，兼任部队艺校美术教员。参加过在重庆举办的全国木刻展览会，引起各界注目，徐悲鸿曾撰文称赞古元作品。1944年，鲁艺美术工场改为研究室，古元任创作组组长，曾被选为"甲等文教模范"，又获陕甘宁边区文教代表大会甲等奖。抗战胜利后，先后任华北联合大学文艺学院美术系教员、《东北画报》美术记者。新中国成立后，任中央新闻摄影局美术研究室副主任、人民画报社编辑。1952年，调任人民美术出版社创作室主任，参加了革命博物馆的历史画创作。1959年，调中央美术学院任教授、版画系教研室主任、第一画室主任。1979年后，历任中央美术学院副院长、院长，并当选为中国美术家协会副主席、中国版画家协会主席。古元还是第一、三、四届全国人大代表，第五至七届全国政协委员。

古元在创作中

三、1952—1953 年：小学五年制语文课本的插图

1951年，中央作出新中国第一次学制改革的决定。1952年，小学五年制开始推行。为此，人教社要编出新教材（包括教科书和教学参

考书）。由于学制变化，这套教科书的编写力量和工作方式都发生较大变化，其装帧设计和插图也达到了一个新水平。其原因有两点。一是1952年夏，人教社在总编室下增设绘图科，负责承担全社图书，特别是教材的装帧设计和插图绘制工作，人员有李惠乔（科长）、孙福熙、陈圣西、蒋德舜、刘承汉、孙全洁。李惠乔回忆说："1952年的一天，叶圣陶社长宣布由我负责绘图科。我惊喜交集，惊的是出乎意料，怕做不好；喜的是我喜欢绘画，合乎我意。"[①]二是邀请了中央美院的画家与人美社的编辑参与其中。人美社1951年9月成立，与人教社一样，都在东城区的总布胡同里的出版总署驻地办公，人美社在北总布胡同32号，人教社在东总布胡同10号，拐个弯就到；而中央美院校址在帅府园，与人教社、人美社只隔两条街，工作联系也很方便。此外，中央美院华东分院（即后来的浙江美术学院、现在的中国美术学院）的几位年轻画家也参与教材插图绘制工作。在这套五年制小学教材中，插图绘制工作主要体现在《小学课本语文》和《小学课本算术》[②]之中。对此，叶圣陶在1952年春天的日记中，较为详细地记载了有关情况：

（4月5日）（下午）关于此语文课本者为作画之问题。先由刘御、文叔写定要求于作画者之要点，将于下星期邀诸画家一谈。诸画家已由春台（即孙福熙——笔者注）接洽，为美术学院之师生。以余所知，教师且未必可靠，学生更难有把握。全册图画，须以两星期完成，大是难题。画成时必多可议处，势须一改再改，即屡改亦未必能满意。

---

① 李惠乔：《在人教社的大地上绘出美丽的花朵》，载《人民教育出版社建社五十五周年纪念文集》，2005，第175页。
② 《小学课本算术》的插图由鲁少飞与中央美院华东分院的青年画家王德威、李震坚、全山石、娄世棠等绘制完成。

余观书籍插图向不满，故有此悲观之想，唯愿其所虑非实耳。

（4月20日）晚饭后，与至善（即叶至善，时任中国青年出版社编辑——笔者注）共评小学语文课本之图画样稿。画共二十余幅，为美术学院诸学生所绘。彼辈亦颇用心，而生活不熟悉，基本训练不充分，几乎幅幅有可议处。然亦有佳者，人物神情绝妙。至善眼光颇敏锐，佐余提出许多意见。余一一书之，准备交回美术学院诸生，请彼辈据以修改其样稿。稿样为铅笔画，铅笔画较易见好，俟用墨笔勾勒，恐尚须打个折扣也。至于十点，二十余幅看毕。

（4月23日）到家，文叔交余看美术学院学生就铅笔画稿加墨之画二十余幅。大体均依余之意见修改，虽笔姿有稚嫩者，而趣不恶俗，较诸以前课本为胜。此事颇出余之预料。良由美院学生之思想已有所改进，深明其事重要，故尽力为之。而各种皆出于集体，多商量，多批评，亦为见好之要因。于此等处，深感可喜。

（4月27日）文叔以美术学院学生续作之小学语文课本图画草样来商，随即逐幅加以批注。

（5月20日）七时，邀美术学院同学十人及刘继卣、鲁少飞二君为茶会，谢他们为小学语文课本作画，并望以后经常相助。余谈话期望他们者三点：一为更多作基本练习，二为更求熟悉各方面生活，三为揣摩看画者之心理。大家谈话颇多，十时散。

语文课本历来是教材插图绘制的重点，也是显示装帧绘图者水平的主要平台。这次新编《小学课本语文》（3 册，朱文叔、刘御等编写，1952）的绘图工作由中央美院办公室主任丁井文和王瑾教授负责，他们带领一批年轻画家，如靳尚谊、任梦璋、傅乃琳、杨之光、詹建俊、刘菁蕙、蔡亮、权正环、张同霞、吴为等，与人美社的鲁少飞、刘继卣、江萤、孙鸿绪等，以及人教社绘图科李惠乔等合作完成。他们为教材绘制了大量黑白插图，封面仍采用双色印刷，还首次在扉页中选用了一些他们创作的彩色插图，大大提升了教材的装帧和插图质量，又为以后的教材编辑出版提供了重要借鉴和参考。

以下是《小学课本语文》课文中的部分插图：

链接：丁井文（1914—2003），又名劳丁，河南信阳人，油画家。1931年考入开封河南艺术师范学校学习，毕业留校从事美术教学。

1939 年入延安鲁艺美术系学习。1949 年进北京后，到中央美院工作，曾任人事科长、办公室主任、国画系主任、美院附中校长，并兼任文化部国画创作组副组长，中国美术家协会理事。在新中国成立初期，曾同王式廓合作大幅油画《毛主席与斯大林》，其传略载入《中国现代美术家人名大辞典》。

靳尚谊，1934 年生，河南焦作人，美术家、美术教育家。1953 年毕业于中央美术学院绘画系。1957 年结业于马克西莫夫在中央美院开设的油画训练班，并留校在版画系教授素描课。1962 年调入油画系第一画室任教。1983 年后担任中央美院副院长、院长，博士生导师、教授，中国美术家协会主席、名誉主席，中国文联副主席、全国政协常委等。

四、1954—1956 年：小学六年制语文课本的插图

1954 年到 1956 年，由教育部组织实施，由叶圣陶、戴伯韬、辛安亭挂帅，在人教社位于景山东街 45 号（清代为和嘉公主府，后成为京师大学堂和北京大学的一部分，今沙滩后街 55 号）的办公处进行了新中国第一次教材大会战，编出了新中国第一套中小学全学科的统编教材。其中，教材的装帧设计和绘图工作是重要的一环，也是教材会战的一个战场。其人员组成如同上次五年制小学教材一样，除了人教社绘图科和人美社创作室的美术编辑之外，还特别邀请了中央美院的一些师生以及毕业于该校的中青年画家，如李宗津、戴泽、邵晶坤、王恤珠、詹建俊、蔡亮、汪志杰、李宏仁、刘禾、刘旦宅、刘菁蕙，与人美社的阿老、刘继卣、陈沙兵、王叔晖、林锴、江萤，以及

费声福、沙更思、林锴、郭振华、吴为等，主要为中小学语文、历史和数学等教材进行装帧设计和插图绘制。其中，李宗津（1916—1977）是著名的油画家及美术教育家，也是我国早期油画画坛上的代表性人物。戴泽（1922—2023）是新中国美术教育奠基人、中国第二代油画家代表人物、中央美术学院奠基人之一，2022年曾在中华世纪坛举办展览，展出他的100余幅经典油画、国画。

下面，选取插图较多的几种教材加以介绍：

——《初级小学课本语文》（8册）装帧和封面绘图者为阿老、刘继卣、戴泽、邵晶坤、王恤珠。这套课本在各学科和各学段中的插图最多，绘制者有刘继卣、王叔晖、王之江、刘典、陈俭贞、傅乃琳、张振仕、邵晶坤、蔡亮、汪志杰、李宏仁、沙更思、肖林、郭振华、毓继明、方涧、刘旦宅、刘禾、苗地、李惠乔等，但扉页彩图和课文黑白插图均未署名。

《初级小学课本语文》（8册）前三册封面插图

我们要好好学习。
我们要做毛主席的好孩子。

《初级小学课本语文》（8册）前三册扉页插图

——《初级中学课本文学》（6 册）仅第一册有一张扉页插图，为李宗津 1954 年创作的油画《东方红》。全书插图有：张仃的《三味书屋》（1955），李宗津的《制造枪榴弹》，古元的《祥林嫂》（石刻，1956），辛莽的《夜归》，司徒乔的《鲁迅与闰土》，沙更思的《鲁迅画像》，刘继卣的《三顾茅庐》《岳飞枪挑小梁王》《红军翻越老山界》《顾大嫂冲牢笼》《社戏》《平原烈火》，罗枫的《不能走那条路》《老吉寡妇》，王叔晖的《牛郎织女》《孟姜女》《花木兰》《鲁提辖拳打镇关西》《范进中举》《渔夫和金鱼的故事》《刘姥姥见凤姐》《打渔杀家》，姜燕的《王冕》、《其香居茶馆》、《春蚕——老通宝》（与左辉合作），林锴的《卖火柴的小女孩》《狼和小羊》，萧肃的《孔乙己》《七斤嫂》《刻舟求剑》《王贵与李香香》《周大勇和他的连队》，陈沙兵的《小二黑结婚》《最高兴的时候》，费声福的《最后一课》《铜墙铁壁》，肖林的《纠纷》，方菁的《三里湾》等。此外，还有中国古代画《杜甫像》《屈原像》，照片《瞿秋白》等。还选用了苏联画家的一些作品，如《列宁和高尔基》《伏契克画像》《托卡列夫同保尔谈话》《罗密欧与朱丽叶》《凡卡》《信》等。

李宗津作

一连打了十几发枪榴弹，个个都打得很漂亮。

李宗津作

萧肃作

古元作　　　　　　　张仃作　　　　　　　沙更思作

司徒乔作　　　　　　王叔晖作　　　　　　刘继卣作

　　——《高级中学课本文学》（4册）的插图有：顾炳鑫的《药》（木刻，1956），王琦的《林家铺子》（木刻，1954），潘絜兹的《孔雀东南飞》（二幅），王叔晖的《琵琶行》《窦娥冤——法场》《杜十娘》《郭排军见崔待诏》，刘继卣的《赤壁之战》《林冲发配》《大闹天宫》《柳毅见龙女》《严监生》《岳家军大败金军》，刘承汉的《日出》，孙全洁的《参军》，以及宋刻书影二幅、《屈原像》（明代）、《屈子行吟图》（明代）、《离骚图》二幅（明代）、《司马迁像》（明代）、《荆轲刺秦王》（汉代石刻画像）、《归去来辞——抚孤松而盘桓》（元代赵子昂）、《渊明逸致图》（明代周元素），清代上官周的《李白画像》《杜甫画像》

顾炳鑫作　　　　　王琦作　　　　　刘继卣作

潘絜兹作　　　　　　　刘继卣作

《白居易画像》《韩愈画像》《欧阳修画像》，清代王石斧的《苏轼墨迹——赤壁赋》《过故人庄》，唐代王维的《江山云雾图》。

链接：刘继卣（1918—1983），天津市人，杰出的画家、连环画艺术大师，新中国连环画奠基人。自幼受其父刘奎龄的影响，酷爱绘画，1936年入天津市立美术馆西画系学习。1947年在天津举办个人画展，一时蜚声津京，受世人瞩目。1949年后到文化部艺术局工作，1950年调人民美术出版社任创作员，先后创作了连环画册《鸡毛信》《大闹天宫》等一批享誉画坛的作品。1954年，毛泽东主席在天津接见了刘奎龄、刘继卣父子，对展阅的刘继卣作品称赞不已，评价为："博古通今，刘氏出人才！"刘继卣生前为中国美术家协会理事、北京市工笔人物画研究会副会长、北京市花鸟画研究会副会长。

阿老（1920—2015），又名老宪洪，广东顺德人，画家、艺术教育家。自幼酷爱绘画。中小学就读于广州市，1938年高中毕业后即赴香港，任岭英中学美术教员。1939年入上海之江大学教育系。1942年参加新四军，入华中苏皖边区抗日根据地江淮大学学习。后历任新四军政治部宣教部宣传科科员、山东新华书店编辑部美术组长，从事书籍出版及装帧设计、插图、年画及群众喜闻乐见的美术创作。1951年任人民美术出版社创作室副主任，1953年任北京师范艺术学院装帧系副教授兼系主任，1978年任中央工艺美术学院副院长。1985年参与创办中国书画函授大学（今重组为中国书画国际大学）并担任学术委员会主席。还任中国老年书画研究会副会长，中国美术家协会会员，中国书画国际大学董事局名誉主席、学术委员会主席、清华大学教授。

戴泽（1922—2023），重庆云阳人，当代画家。自幼喜爱绘画，中小学就读于重庆云阳。1942年考入国立中央大学艺术系，师从徐悲鸿、傅抱石等。1946年毕业以后，应徐悲鸿之邀北上，任国立北平艺术专科学校（中央美院前身）助教、讲师。1949年协助徐悲鸿等人建立中央美院。从教数十年，为中国美术事业培养了大批优秀人才。曾修复徐悲鸿《溪我后》等多幅作品。应邀为国家博物馆、中国美术馆、中央美院美术馆等机构创作大量作品。戴泽是徐悲鸿重要的弟子，新中国美术教育奠基人，中国第二代油画家代表人物，中央美院奠基人。

编写教材内容和为教材绘制插图，是同一件工作的两个方面，只有同时具备好的内容和好的插图，才能成为一本好教材。作为"第二语言"或"形象语言"，教材插图是教材一个有机构成部分，能够起到文字替代不了的重要作用。那么，何为好的教材插图？简单地说，既要符合画画或美术的要求，又要符合课本内容及其教学的要求。也就是说，不仅要画得好，而且要与课文和教学搭配得好。这一标准和理念在新中国成立之初就已经形成，并且在当时的几套教材中都有不同程度的体现。

新中国成立初期的人教版教材装帧设计和插图绘制呈现出了有别于旧社会的新面貌。教材插图绘制人员形成了教材文字编写者、教材绘图编辑与专业画家的"三结合"队伍。教材插图以小学为主，小学又以低年级为主；学科以语文、历史、政治、数学为主，理科主要是线条图和矢量图。从开国教科书到人教版第一套教材，再到新中国第一套统编教材，插图的数量逐渐增加，质量持续提高，形式也逐渐多种多样，如素描、水彩，国画、油画，石刻、木刻、钢刻等，色彩也由黑白到双色再到彩色，教材插图主要是写实画风，并融合了中国传统绘画艺术，展现了很高的艺术水平，描绘出了一幅幅美丽的画卷，为后来的发展树立起一个新标杆。

附：

他把一生都献给了语文教育改革事业

——周正逵先生的语文人生和精神境界

　　周正逵先生是我非常敬重的一位"人教人"，也是跟我交往较多的离退休老干部之一。我认识周先生时，他已是卓有成就的语文教育专家，却没有躺在过去的荣誉和功劳簿上，而是不顾年老体衰，仍然执着地探求语文教育和教材新体系，就像一位还在爬坡上坎的创业者、正在冲锋陷阵的老战士一样，不断追寻着他的"教材梦"，直至生命的最后一刻，令我十分感动。这也是我写文章缅怀他老人家的主要原因。

　　周正逵先生从 20 世纪 50 年代末大学毕业，到 2021 年去世之前，一直活跃于语文界，把全部身心都献给语文教育改革事业。他先后参加了大学语文、中学语文、小学语文的教学和研究，既从事了一线语文课堂教学，又编审了多套语文教材，还专事

周正逵先生（1935—2021）

研究语文教学问题，发表和出版了一系列有关论著，在为我国语文建设作出积极贡献的同时，形成了较为完整的语文教育思想和观点。大致说来，他生命不息、奋斗不止的语文人生主要有三段：

周先生的第一段精彩人生是在景山学校当老师。1960年5月4日，为了落实毛主席关于中小学教育和中央关于"教学必须改革"的指示，主要解决"适当缩短年限，适当提高程度，适当控制学时，适当增加劳动"的问题，中宣部创办了一所专门进行教学改革试验的中小学一贯制实验学校——景山学校。该校校长方玄初（敢峰）与龙卧流等来自中宣部教育处，书记贺鸿琛、教学主任陈心五及苏式冬、游铭钧、周正逵等来自北京师范大学，霍德元、许印章、许南明、张翠英等则来自人教社。其中，周正逵是青年人，北京师范大学中文系毕业留校，教语文教材教法，调至景山学校语文教研室任教师。经过六年的锐意改革和不断探索，景山学校走出了一条九年一贯制整体改革的成功之路，在学制、课程、教材、教法、评价等方面有许多新做法和经验，其中语文、数学和外语是学校教改的强项。周先生是语文教学和研究的骨干之一，不但积极参与教改实验工作，而且所教的语文课深受欢迎，多年之后有学生曾写文章回忆说："周正逵老师为我们讲授朱自清的《背影》、鲁迅的《从百草园到三味书屋》、郭沫若的《凤凰涅槃》和冰心的《小橘灯》，他朗读时的语言、声调言犹在耳。"周先生回忆说，景山学校的主要创办人之一、中宣部秘书长童大林非常支持学校创办和教改实验工作，还会不时召集语文组的教师讨论和研究语文教学的改进问题。其中有一条就是"必须抓住学生学习语文的黄金时代"，在他们青少年的时候一定要打好语文的良好基础。"文化大革命"期间，景山学校教改实验受到冲击，但是周正逵先生潜心研究语文教学的事业并没有停滞，他在70年代初被调到北京市东城区教研中心从事语文教研工作。

周先生的第二段精彩人生是在人教社编辑中学语文课本。1978 年，周正逵先生从景山学校调到人教社中语室，参与或主编了多套全国通用的语文教材，并参与了语文教学大纲、课程标准的制定工作。其中，根据教育部颁发的《关于办好一批重点中小学的试行方案》，人教社陆续编写出版了初中和高中实验教材，供重点中学使用。初中语文实验教材分为《阅读》（张定远负责）和《作文·汉语》（王连云负责），高中语文实验教材分为高一《文言读本》《现代文选读》《写作与说话》，高二《文学读本》《文学作品选读》《写作与说话》，高三《文化读本》《文化著作选读》《写作与说话》，由周正逵先生主编。同时，各地也先后编写出一批语文实验教材。1983 年，人教社成立高中语文实验教材编写组，由周正逵先生领衔开始编写教材，历时 16 年的不断试教、修订，到 1999 年编出了比较定型的《高中语文实验课本》。周正逵先生把这套实验课本的编写经历，概括为"100 年的课题、50 年的经验、20 年的探索和 16 年的磨合"。所谓"100 年的课题"，是指清末语文单独设科以来，语文教育和教材编写是一个世纪中的热门话题和攻坚课题；所谓"50 年的经验"，是指新中国成立 50 年，语文教材建设积累了许多宝贵经验，值得总结和汲取。所谓"20 年的探索"是指对改革开放之后 20 年中语文教育研究成果的整理吸收。这套教材由张志公、刘国正做顾问，主要编写者有余澄清、郭崇元、饶杰腾、田小琳、顾正彪、熊江平、李世中、刘占泉、张必锟、宋子江、程汉杰、唐小平等，体现了学科专家、一线名师、专业编辑的有机结合。教材具有革新的编写思路，能力分级、知识分类、训练分步、教材分编，建立了一个比较科学、系统、新颖而又切实可行的语文训练体系，为我国高中语文教材建设开辟出了一条新路。这套教材在全国普通高中尤其是重点中学中影响很大，受到了语文专家和一线教师的高度评价。时任国家教委副主任柳斌说："你们编的高中语文实验教材，全套书我都看了，我很赞赏。有人反映这套教材难了一点，这没关系，它是为条件比较好的重点中学编写的，师资力量较强的班级也可以使用。……既要考虑到目前大多数水平不高的现实，也要照顾到部分学校水平较高或水平较低这种差别，教材一定要适应这种状况，编出符合不同层次要求的教材，绝不能一刀切。"刘国正评价说："在人教社历史上，普通高中语文新教材整套编完了，这是第一次；新教材完整的一轮实验完了，这是第一次；高中语文教材编得不同于初中的面貌，有自己的特色，这也是第一次。教材要有层次，有普及的，也有提高的。这套教材是属于提高的，它最大的特点是有利于培养学生的自学能力。要真正培养人才，还要靠这样的教材。"朱绍禹说："高中语文实验课本展读一过，觉得旧日体例已破，新的格局正在形成，语文教科书面貌已初步改观，实在可贺！"顾黄初认为："就高中语文教材而言，除了使用已久的那套'统编'教材以外，到目前为止，使用范围较广、实际影响较大的还只有周正逵先生主编的那一套。"

周先生的第三段精彩人生是退休之后继续探求语文教材改革之路。本世纪初，周正逵先生从人教社办理了退休手续，但他终身孜孜以求的语文教育事业并没有停止。他仍然受教育行政部门、研究部门和出版部门的聘请，参与制定语文课程标准，主持编写语文教材，尤其是在语文教育研究上取得了丰硕的成果。当时，正是教材多样化最红火的时候，涌现出了多种实验教科书，人教社不少退休老专家发挥余热，积极参与其中，探寻新的改革路径。周正逵先生一开始想打破小学、初中和高中各管一段的传统分工编法，试图组成一个班子从高中向下延展到初中、小学，编出一套各学段互相衔接的"一条龙式"

的语文教材，其中小学突出先识后拼、多读早写，初中衔接人教版高中教材，突出读写分编、能级递进。这些在他与陈平原教授主编的中华版义务教育语文教科书中有所体现。由于形势的变化和条件的制约，周正逵先生编出一套思想一贯、理念一致的中小学12年语文教材的设想并没有完全实现，这也成了他永远无法弥补的遗憾。他认为，如果能够做到使用一套、实验一套、研发一套，教材建设就可以进入一个良好的循环状态，教材体系建设仍然是任重而道远。值得庆幸的是，他对自己几十年来的教育实践和学术成果进行了总结和整理，相继出版了《语文教育改革纵横谈》（教育科学出版社，2013）、《探索者的足迹——周正逵语文教育论集》（人民教育出版社，2014），为我们留下了一笔宝贵的思想财富。

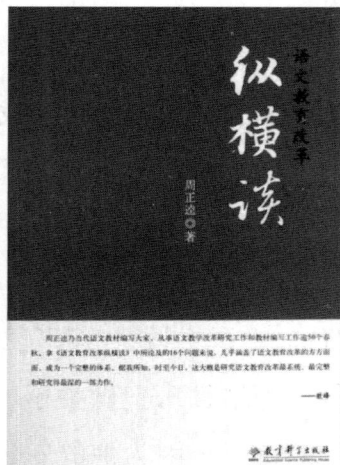

我和周正逵先生相识于2013年初，当时我在人教社担任党委书记，分管老干部工作。初次相见，印象深刻，至今难忘。他说话铿锵有力，思维敏捷，逻辑清晰，有思想、有热情、有活力，完全不像一个70多岁退休养老的人。此后，他会在周六或周日到我的办公室，谈的都是关于语文教育特别是语文教材体系改革的问题。周先生对我国

百年语文教育变迁的历史如数家珍，对过去出版的各种语文教材了如指掌，对语文教改向何处去有着理性的思考和成熟的方案。

经过多次交流，我深深地感到在人教社工作30多年的这位学科老专家的执着精神、创新意识、学术能力和人格魅力，也深感人教社离退休老专家是一笔宝贵的财富，凡是学有所长者均应该纳入课程教材研究所的行列，"以社为家"开展教材编研工作，而不应"自生自灭""浪费国家财产"。周正逵先生工作过的中语室是一个专家林立、名人荟萃的地方，早年有叶圣陶、宋云彬、魏建功、吕叔湘、吴伯箫、张志公、张毕来、王微、蔡超尘、隋树森、王泗原、张中行、刘国正等，改革开放后在刘国正率领下，又有黄光硕、黄成稳、张定远、庄文中、田小琳、余澄清、张厚感、顾振彪、顾之川、王本华等。周先生是后一拨，也是离职不离岗，退休不褪色，耄耋之年活出新精彩的楷模之一。

仅就人教社的工作而言，我曾恳请周先生给我们主办的《课程·教材·教法》杂志、复刊的《中小学教材教学》和新创刊的《中国教育科学》赐稿，很快就收到了他的大作《新时代语文教育改革大发展的创新之路》《要抓住学生学习语文的黄金时代》《语文教改五大疑难问题新解》《语文教材改革任重道远》等。他还应邀多次在人教社举办的学科教师培训班上做关于"语文教育百年发展史"和"语文教材改革论"的讲座。因为他的专长，我还曾想办一个语文教材编写培训班，旨在培养一批对语文教材研究感兴趣或积极参与教材编写的学科专家、一线名师的高级研修班，请周先生及其他教材名家"传经送宝"。作为课程教材研究所研究员，他积极参加教材研究课题，在时任科研部主任任长松协调下，周先生在77岁那年主持的"中小学语文教材体系整体改革研究"项目列入了人教社课程教材研究所"十二五"

规划重点课题。课题成果之一是编写了《文言启蒙》《文言入门》《古诗文鉴赏》《古文经典研读》等课外读物，共 8 册，已交付出版社待出版……为此，我曾在人教社老干部通气会以及青年编辑培训会上赞扬了以周先生为代表的一些老专家坚持搞科研、总结教材史、钻研教材论的精神和作为，说他是活到老、学到老、干到老的典范之一。

在与周正逵先生近十年的交往中，我看到了他最值得学习的一些精神和风范。首先是对教育事业深深的热爱、对语文教育和教材改革的真挚情怀。其次是改革创新的意识。周正逵自称是语文教育改革的"探索者"，他的探索足迹充满着开拓精神、创新意识、研究味道，散发着教育改革家的魅力。再次是执着的精神和认真的态度，倾其一生，不断追求，只为一件事——语文教育和教材建设，并且踏踏实实，要做就把事情做好。最后是科学的态度，就是对语文教育和教材改革的永无止境的探索、实践、研究，形成自己的理性认识和理论观点。当然，要说清楚周正逵先生的高尚精神及其语文教育思想，还需要做全面的总结和深入的研究，这本身就是语文教育特别是语文教材研究的一个重要课题，也可以告慰先生的在天之灵。

2021 年 7 月 1 日，得知周正逵先生突然去世的消息，我很震惊，也很悲伤，因为一个月前我和他还见过一次面，仍然在探讨他孜孜以求的语文教育改革问题。正如唐小平先生所言："他对语文教育教材改革的探索一刻也没有停止，直至他生命的最后一刻。"7 月 3 日早晨，我作为人教社总编辑，更作为周先生的景仰者，与曾任中语室主任的王本华一同参加了在首钢医院举行的遗体告别仪式。记得那天很早，下着大雨，仪式很简朴，却很庄严。尤其是看到周正逵先生《最后的留言》，仍然在惦记着他的"教材梦"，在场的同行无不为之感动落泪。他说道："我从事语文教育改革事业前后共六十余年，其目标是建设具有中国特色的语文教育和教材的新体系。积六十年之经验，深知语文教改是一项伟大而又艰巨的历史任务，也是一项非常复杂而又繁难的世纪工程。……这个历史性的任务，不是一两代人就能完成的，需要有志于改革的人们自觉创新，坚持不懈，步步为营，日趋完善。"

周正逵先生去世一年，我认识了他一个"战友"唐小平先生。唐先生写了一篇纪念文章《个人的渺小与伟大——晚年周正逵的"教材梦"》发到我的邮箱听取意见，还说常听周先生提起我，这让我很欣慰。我回函说："大作收悉，拜读之后，颇为周正逵先生孜孜以求而感动。我与周先生认识于九年前，他的精神一下子感染了我，我为人教社有这样为语文教材事业不懈奋斗的离退休干部、语文教材家而欣慰。之后，时常在周末，办公室里我们相谈甚欢，我也很愿意发表他的大作，给我们的刊物及其他工作以极大的支持。我也在人教社老干部会上表扬过周先生，值得所有人教人学习。从他身上，我看到了我退休后的影子。"认识周正逵先生，是我的荣幸，给我的人生增添了许多阳光和能量，我们之间的互动情分和美好情感将永远留在我的心中。

后 记

  语文不是我的专业，我也不是专做语文工作的，只是长时间爱好写作和研究而已，积累了一些有关语文的经验。回顾自己有限的与语文有关的经历，首先是中小学学了 10 年的语文，大学又学习了"现代汉语"课程，虽然考试成绩还不错，但作文始终不怎么样。文字表达真正有所长进，主要得益于大学时代热衷于搞科研、写论文，在"做中学"。看来语文这种技能，真的只有在主动的实践中学习才能更有效。其次是跟着李秉德先生读课程教学论专业博士的时候，开始接触一些语文教育思想。李先生曾担任全国小学语文教学研究会第一届副会长，写过一本《小学语文教学方法》。20 世纪 30 年代，他跟随著名教育家李廉方在开封教育实验区的大花园实验小学从事"廉方教学法"实验工作，后来写了不少有关文章，其中大都是关于"国语"课程和教学改革的内容。跟着这样的导师，加上博士论文又专题研究李廉方，自然就受到了一些语文方面的教益。为此，后来还编了一本《李廉方语文教育论著选》（2006），出版于语文出版社。

  前些年，因为在人教社工作，分管过中小学语文编辑室，才算真正入了行。要参与编修语文教材的组织工作，耳濡目染、潜移默化，便了解了一些有关语文教育的事情，也接触到不少大中小学的语文教师。加上近些年热衷于总结和研究各科教材编辑出版家的著作和思想，而语文又是最重要的学科之一，于是不知不觉就写了关于 30 多位教材专家的生平事迹和重要贡献的文章，其中语文专家占了大多数。现在将这些涉及编课本的"语文人"的文章结成集子，交由语文出版社出版，为爱好语文特别是关注语文教材的人提供一些素材，也算为语文教材编写的"外围"工作做点贡献。

本书在出版过程中，得到了语文出版社领导班子和人教社副总编辑朱于国的大力支持和帮助。在此一并表示衷心感谢！

由于专业限制，我只是一个新的"语文人"，尚缺乏深厚的语文素养，所以本书还有许多不足之处，敬请读者批评指正！

郭戈

2024 年 3 月 9 日于魏公村